奥格威谈广告

数字时代的广告奥秘

Ogilvy
on
Advertising
In the Digital Age

Miles Young

[英]杨名皓 著／庄淑芬 高岚 译

中信出版集团｜北京

目 录

推荐序　奥格威的再出发　　　　　　　　　　　　I
译者序　永远在线的鞭策与学习　　　　　　　　　III
自　序　来自杜佛古堡的观点　　　　　　　　　　IX

01　小尾声　　　　　　　　　　　　　　　　　1

02　数字革命　　　　　　　　　　　　　　　　11
数字化趋于成熟　　　　　　　　　　　　　　　　15

03　短行军　　　　　　　　　　　　　　　　　27
碎片化　　　　　　　　　　　　　　　　　　　　30
不和谐的喧嚣嘈杂　　　　　　　　　　　　　　　33

04　数字生态系统　　　　　　　　　　　　　　45
万物之死？　　　　　　　　　　　　　　　　　　52
数字贫民窟　　　　　　　　　　　　　　　　　　55
"和"的时代　　　　　　　　　　　　　　　　　　61
即将面临的战争：视频领域的YouTube与脸书之战　62
数字时代领导人的五大须知　　　　　　　　　　　65

05 / 千禧世代存不存在?	73
06 / 后现代品牌	87
文化秃鹫	91
真实性	94
品牌大理想™	98
从真实性到信念	101
正派经营的品牌	103
包容一切的品牌	108
07 / 内容为王,但含义为何?	117
品牌化内容	119
思考内容	126
内容的设计	127
内容的组织	152
08 / 数字时代的创造力	163
给我金奖	165
艺术或科学?	171
无所不在的创造力	184
所以,创意是什么?	189
说故事	196
归根结底,是什么让作品伟大?	201

09 数据：数字时代的硬通货　　　　　　205
大数据注意事项　　　　　　　　　　　210
真正有用的数据　　　　　　　　　　　214

10 "唯有连接"　　　　　　　　　　　　225
付费媒体、自有媒体与赢取媒体　　　230
深度整合　　　　　　　　　　　　　232
关键词如何起作用　　　　　　　　　235
如何评判一个网站：你的自有媒体　　239
亲密度的规模化　　　　　　　　　　244
数字视频　　　　　　　　　　　　　246
深度亲密　　　　　　　　　　　　　249
绩效品牌　　　　　　　　　　　　　253

11 创意科技：甜蜜点　　　　　　　　　255
一切始于代码　　　　　　　　　　　257
前端界面　　　　　　　　　　　　　262
后端系统　　　　　　　　　　　　　265
前沿有多远？　　　　　　　　　　　269

12 / 三大战场：
社交媒体、手机与全时商务   279
让社交重归社交媒体   281
社交型顾客关系管理   293
手机的乐趣   294
全时商务   305

13 / 数字化转型   319
数字化政治   321
政府数字化   327
数字化旅游   331
数字化的社会责任   336

14 / 数字时代的五大广告巨人   347
鲍勃·格林伯格   349
镜明   359
马丁·尼森霍尔茨   365
马蒂亚斯·帕姆—詹森   370
查克·波特   378

15 / 我的头好痛！ 391
我头痛！ 395
助推 399

16 / 全球新格局 409
速度 415
具有中国特色的互联网 420
欢迎来到BAT 423
移动非洲 428
全球化的终结？ 429

17 / 文化、勇气、客户与响板 437
伙伴与仆从 444

结　语 449
致　谢 453
注　释 456
图片来源说明 459

推荐序

奥格威的再出发

宋秩铭
奥美集团大中华区董事长
WPP 集团大中华区董事长

广告史上，有几次颠覆时代的大事件，如 20 世纪电视机的发明、现在的全民数字化。有些东西变了，有些东西反而在当下更被奉为圭臬，比如数据。挚爱直效行销的大卫，一生都在大声疾呼数据的有用，只可惜，那个时代，懂他的人，会用的人，不多。

作为一个从牛津大学毕业的英国人，杨名皓先生（Miles Young）就像一位英国进驻奥美全球的品牌大使，保有当年英国政府承继过往又开疆辟土的使命。

杨名皓先生是学历史的，后走入政界，转入广告行业，在亚洲市场 14 年后，于 2009 年接任奥美全球的 CEO（首席执行官），2012 年升任奥美全球董事长。现在，他是牛津大学新学院的院长。

我亲眼所见，在担任奥美全球董事长的最后两年，他在穿梭世界的差旅间隙，以史学家的严谨收集众多资料，全力写作，很多同业、非同业也乐于接受他的访问，提供自己的看法与洞察。所以，这也是一本具有全球视野的"数字版"《奥格威谈广告》，让现代广告世界一览无遗。

书中的"名人堂"案例，横跨全球，涉及众多行业，现代广告史上你需要了解的著名案例几乎都被囊括其中。这些都是真正重视品牌的企业，随着时代变迁，运用技术长年在线下与线上耕耘。这些深入浅出、融会作者智慧所整合的案例，值得所有行业同侪参考学习。

在一个以改变为不变的年代，客户的即时需要，极大挑战了我们的作业流程，我们积极面对外界的改变，同时在内部就知识、技术、流程及人员等方面做出许多积极的调整。数字时代，无论颠覆了多少过往的方法论、广告法则，有一点是不会变的：如何面对文化的议题，挖掘人性的洞察，打造长久品牌。

杨名皓先生用现在的眼光再次阐述，我觉得意义重大，提醒大家以免迷失。

在此特别感谢杨名皓先生的用心，以及庄淑芬和高岚的联袂翻译！

译者序

永远在线的鞭策与学习

庄淑芬
奥美集团大中华区副董事长
WPP 集团台湾董事长

一路走来,在广告职业生涯的历程中,或源于环境大耦合,或因为机遇找上门,或有幸躬逢大盛会,站在第一线而担任业务管理者的我,似乎与"翻译"结下了不解之缘。

回顾以往,从出道时大胆手译医疗客户的处方药说明书开始,经历中阶职位时,不知天高地厚地为公司大老板造势大会的英文演讲做口译,随后踏进奥美,工作之余动员内部年轻一代将国外培训教材本地化,也因缘际会在不同时期翻译了三本广告书籍:旧版《如何做广告》,新版《如何做广告》和《广告大师奥格威:未公诸于世的选集》。岁月如梭,尽管书籍早已不复出版,但我对能以中文为奥美前辈们传递他们的思维和理念,一直引以为傲,与有荣焉。

时过境迁,从模拟时代走进数字时代,我心想,翻译这档事,至少在人才济济的奥美,我可以封笔告一段落,何况世代交替,员工的语言水平不可同日而语,事实上也真是如此。可想而知,当知道我必须参与翻译前奥美全球大老板杨名皓先生的"史诗级大作"时,我的惊讶指数有多高。

与此有关的小插曲，值得记上一笔——只记得 TB（宋秩铭先生）在 2018 年 10 月中旬某个周六早上，从北京用手机紧急联系我，希望我出手协助本书中文版的翻译，以下是我们俩的对话：

"Shenan，有一件急事，不知道你愿不愿意帮忙？"（口气缓和，提出一道非开放式问题）

"哦，什么事，我能帮什么忙？"（顿时挺直背脊，周末找上门，肯定是大事）

……（此段交谈有不足为外人道的正当理由）

"一定要修改，但是有时候修改比翻译更难。"（继续娓娓道来，开始流露同情之意）

"Miles 的事，我一定要帮忙。不过，原书有多厚？（讲义气的我，也务实地直接问重点）

"我看还好啦，应该不太厚。"（熟悉 TB 的读者可判断此话的可信度）

这本 TB 眼中不太厚的英文书，终于在两星期之后，从亚马逊网站来到我的手中。哇！288 页，密密麻麻像蚂蚁般的英文小字（字号 8 磅），前后一共 18 章，大多数章节都有长达两位数的页数。说实在的，我当即傻眼，顿时焦虑上身，只能思考应对之道；同时也心生佩服，杨名皓先生身为守护奥美集团的全球领导人，为了传承创办人遗留的领航思维，犹如使用"乾坤大挪移"的魔法师，排除万难，亲力亲为，完成了划时代的专业巨著，书中的"21 世纪颜如玉"集知性、理性、感性之大成，更一夫当关地把"能者多劳"发挥得淋漓尽致。

他能，为何我不能？有为者亦若是！我从此开始了一段案牍劳形的紧绷岁月。幸好我有先见之明，邀请一级帮手高岚加入，她是我在北京工作时的特助，也是被我戏谑为"天塌下来也知道怎么挡的'智慧奴隶'"。与我有着长达13年的工作默契，再加上身负《奥美观点》杂志编辑的角色，高岚有令人惊艳的专业知识和使命必达的超人效率。此时此刻，我们两人联手爆发最大动力，不仅为这本巨著落地华人世界助一臂之力，也为双姝此生的合作无间纪录再创新高。

叙述了接下翻译工作的心路历程，接下来，责无旁贷的我，就聚焦在作者杨名皓先生及其广告大作，从人的逸事说起，再分享下我翻译与阅读的心得。

你所不知道的作者

奥美人心中的杨名皓先生，一心多用，博览群书，每到一个地方，总是比当地的"我们"更能洞察相关的人文艺术、历史背景与市场趋势。他知书达理，广结善缘，出差工作之余，从来不需要当地办公室安排任何娱乐行程。据我多年观察，他总有非业界的朋友圈和聚会活动，与人互动的"在地化"指数独占鳌头，和一般跨国公司大老板的行径截然不同。但是，对所有专业领域的公务项目，包括大型会议（事必躬亲）、客户业务（全力以赴）、论坛活动（巨细靡遗）、演讲文稿（一改再改）等，他的高标准需求和超完美的要求，使凡是有缘与之共事者，莫不厉兵秣马，严阵以待。举例而言，奥美在中国举办的思维论坛，只要有中英文同步翻译而杨名皓先生也参加，他一定拿起耳机，亲自聆听现场的口译，然后对身为主办方的我正色直言，哪位可以，哪位不到位，必须更换。魔鬼都在细节里，一丝不苟，永不妥协。

不过私底下的他，却流露出人性的温暖，且记忆力超强。只要到了当地公司，他总设法抽时间即兴走到他认识的员工那里，和对方交谈致意，时隔多年还会关怀当事人的近况。面对身为美食家的杨名皓先生，大伙儿若要聚餐，最伤脑筋的就是哪里有"好吃的地道餐厅"。幸好，如前所言，我们不需要经常劳师动众，一般通则是，午餐水饺打发，晚餐自行解决。（简单生活，值得给他一个赞，对吧？）值得一提的是，有一年，广为人知的亚太地区专业杂志 Campaign 举办读者投票，邀请营销传播界从业人员选出除他们自己的公司外，最想为之工作的领导人，结果杨名皓先生高票当选第一名。我和所有奥美人一样，都觉得他当之无愧！

杨名皓先生一直喜爱收藏艺术品，记得我有年受邀参观他在香港的家，那地方简直就是一座小型博物馆的复刻版，品位独到，藏品丰富，应有尽有，令人叹为观止。当年我在北京奥美办公室设立的"O Gallery 奥美零空间画廊"，就是在他全心全意的支持下，得以提拨预算常年维系，他对人文艺术的热爱可见一斑。多年来，让我感动莫名的是念旧惜情的杨名皓先生对奥美前辈们的礼遇与贴心，譬如他当年在伦敦的直属老板或奥格威夫人，只要到亚洲，尤其到中国，我们都必须尽地主之谊，无微不至地照顾访客。

事实上，杨名皓先生于公于私的精彩故事不胜枚举，需要另一本高人撰写的书才能描绘出他的生动形象，而本人碍于拙笔，心有余而力不足，于此暂且打住。

你所要知道的这本书

话说回来，杨名皓先生亲自写书，也完全不令人意外。自从担任奥美全球负责人之后，他在方方面面所引领的公司变革之中，从知识深耕到研发投资，一向一马当先，从不迟疑。

自认为当不成史学家的他，义不容辞地以身作则，发挥学历史的本事，重新诠释《奥格威谈广告》，殚精竭虑地整理横跨数字时代的人、事、物，穿越过往，爬梳当代，放眼未来，揭开在外人眼中颠覆一切的神秘面纱，也抽丝剥茧地解说现今传播世界的错综复杂；不忘广告业就是人的行业，所有和人相关的记录，包括全球 15 位数字时代的创建人，以及 5 位广告界的数字巨人（虽然一如作者所言，很遗憾都是男性），字里行间都启发人心。在我看来，这本书就是一部栩栩如生的"现代广告史"。

与此同时，看尽千帆竞发、百舸争流的广告界，作者以高识远见之姿，用心良苦地囊括所有专业知识，并且本着奥美文化的多元开放精神，毫无私心地与外界分享可用的工具。换言之，这本书绝无高不可攀的抽象理论，反而是在喧嚣嘈杂的数字环境中，让人不疾不徐地从中汲取诀窍，醍醐灌顶。由于长年处于企业制高点，作者也从经验中沉淀现代领导人须知，并且在专业领域提出层次分明的观点和建议。

我相信，从事任何行业的读者，都可以通过这本书对当今所处的数字世界有一个清晰的通盘理解，进而激发战略层次的特定对策。尽管无法解决所有问题，但我以为，在拨云见日之后，面对未来，读者能产生更大的信心，采取行动勇往直前。

你不妨一读的译者留言

两岸猿声啼不住，轻舟已过万重山。如今转换跑道，担任牛津大学新学院院长的杨名皓先生，从广告界走向教育界，我确信以他长年累月所铸造的广告魂，无论他身在何处，对行业发展势必萦怀在心。眼前的世界，一切都在翻转。此时此刻，有幸参与这本大书的中文翻译，不仅让我个人领悟受益良多，也为我此生的广告职业生涯增添光彩。最后一点也很重要，"永远在线的鞭策与学习"是我从作者数十年如一日的所作所为中萃取的心得，在此与读者共勉！

自序

来自杜佛古堡的观点

有别于一般作者挂虑为何而写的心态,我的目的再明确不过。拙作重点旨在说服广大读者去阅读或再次阅读奥美创办人大卫·奥格威先生所写的《奥格威谈广告》一书。至今,该书含金量依然纯正十足。放眼广告这一行,没错,阵容改变了,情境不同了,管道脉络焕然一新;然而整体行业中,悲喜交加的主要情节、犹如插曲的次要情节与反面行事的情节等都坚如磐石,没有改变。可想而知,此现象激怒了那群打算翻天覆地改变一切的人。

此时,我正在杜佛古堡的书房里奋笔疾书,这里是大卫·奥格威退休后,在法国西南部所安的家。当年,奥格威写下《奥格威谈广告》部分内容的书桌还被保存着,只是不在同一个房间。五花八门的书籍陈列于书架上,证实了奥格威的信念——最具生产力的人,往往最懂得博览群书。一目了然的书脊,涵盖历史、自传、建筑、旅行等不同领域,也总结了一个人的一生。毫无悬念,广告书籍也在其中。

杜佛古堡一边紧邻低矮林地,一边依靠维也纳河畔,而维也纳河就

/ 历经不同世纪，杜佛古堡在不断演变，但建于 12 世纪用来防御的原始建筑始终没变。

慵懒蜿蜒地穿越在普瓦图的乡间。1973 年，大卫和他的第三任太太赫塔定居于此。随后，大卫伉俪以数十年时光不断修复古堡，将一片平淡无奇的土地变成宏伟壮丽的花园，一个富丽堂皇却亲切无比的家从此诞生。

　　1999 年，大卫在此去世，他的骨灰遍撒在花园里。赫塔在奥美继续保有母亲大人的角色，我们也不断地在古堡召开董事会、执行委员会、客户会议、工作坊等。

　　2013 年，我召集数字化委员会齐聚杜佛古堡，汇合一群来自世界各地与各个生态系统，诸如移动营销、顾客关系管理（CRM）、社交、创意和科技领域的年轻狂热分子。这类会议以往都在加州的帕洛阿尔托举行，不过，大伙儿置身于此中世纪的场景中，畅谈传播业的未来，也丝毫没有违和之处。事实上，古堡带来了加州无法提供的东西——视野。当谈及奥美本身的数字化转型之时，我要求大家回归基本面讨论。什么是数字化？它是演进还是革命？它是否非常新奇特殊，以至于人们必须予以差别对待？或者我们

上图：1984年，奥格威和妻子赫塔在旧金山。

下图：大卫的"来自杜佛古堡的观点"录像带，反映了他对数字化的见解。倘若他地下有知，当会主张"数字化"绝非传播技能，而仅是一条渠道；同时大声疾呼，所有丰富内容，都为销售而生。

根本就要将之融入业务核心，视它为整合者？从某种程度而言，奥美有大卫生前留下并将之称为"来自杜佛古堡的观点"的录像带作为指引。内部培训时，该录像带有时候还会派上用场。虽然它的内容是针对平面广告的，但对解答上述问题依旧有所助益。

大卫的论述，犹如一道灵光启发了我们，也提示了"内容大于形式"的最高指导原则，众人的讨论顿时峰回路转，遵循与坊间完全不同的途径继续开展。此一思路最终引领我们没将"数字化"视为一门"传播技能"，而只是一条"渠道"。数字化是传统业务的强化剂，而非不同领域的产物。

01.

小尾声

Ogilvy

小尾声，即一段乐曲的结尾。

《奥格威谈广告》的开篇章节名为"序曲"，充分体现了大卫的风格：开门见山，直言不讳。 这也与他一贯的简洁文风相互呼应，其中包括他的一句名言："我憎恨规则。"

该书简要而充分地展现了大卫广博的知识涉猎范围，包含丰富的案例说明，甚至引用了18世纪的妇产科学和古罗马文学家贺拉斯（Horace）的著作。同时，书中到处可见大卫的如珠妙语与绝佳的幽默感，他在"序曲"的最后写道："如果你认为这是一本烂书，那你还真应该在我的伙伴乔尔·拉菲尔森竭其所能拯救此书之前，好好读一读。祝福你，乔尔。"

我的这段小尾声，试图让大卫所掀开的序曲有一个圆满的结束，虽然这将不会是最后一笔。

《奥格威谈广告》一书写于20世纪80年代。乔尔是大卫的资深文书助理，在回想该书完成的速度时，他亲口说道，大卫每周都邮寄一个章节给他。乔尔那时在科罗拉多休长假，但他的工作就是帮助大卫编辑书稿和提供建议。大卫在法国杜佛古堡的书房里写下书中的部分章节，又在瑞士的小木屋里完成了其他部分——该书的写作本身就是一场论战。

大卫从不认为《奥格威谈广告》是他写得最好的书，他说对了。唯有《一个广告人的自白》才有资格获此殊荣，因为书中的文学含量更高。多数撰稿人员发现把短文扩展为书籍是件困难重重的任务，然而大卫却有与生俱来的写作才华。

不过，《奥格威谈广告》别具一格：该书以再优雅不过的方式，驳斥外界对广告业的海量误解；对有志于此行业的入门者，它是一本启蒙书；它不仅巧妙简洁地陈述了教条式的观点，也展示了大卫本人最心仪的作品（包括他一生中大部分的创作）。

出版数个月之后，《奥格威谈广告》就取得了巨大的成功。它跻身广告业的经典书籍之列，发行销售超过30年，被翻译成多种语言，并在世界各地被用作教学大纲。更有甚者，我遇到的很多人，无论对方是否从事广告业，都不约而同跟我说：他们与大卫所创的奥美集团的第一次或唯一接触点，就是《奥格威谈广告》一书。

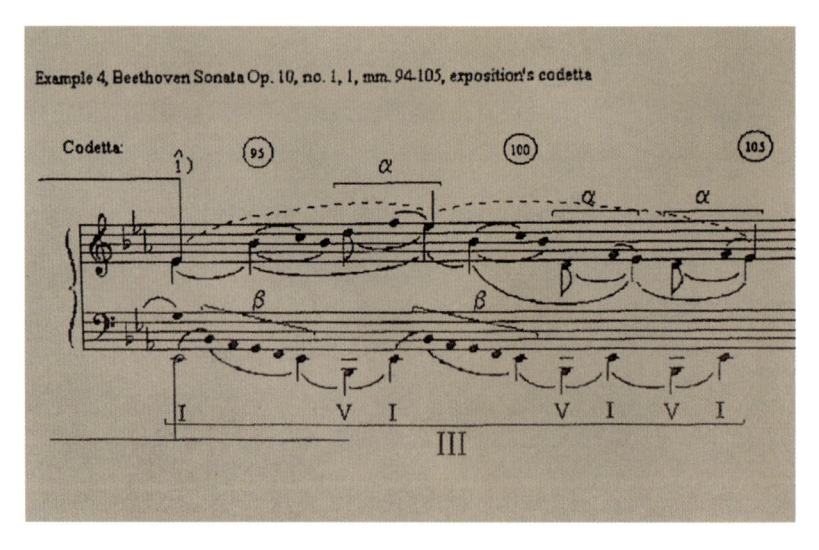

Example 4, Beethoven Sonata Op. 10, no. 1, 1, mm. 94-105, exposition's codetta

/ 小尾声是乐章的一个简单小结，将音乐导回已奏乐曲的呈示部或再现部，间或导回乐曲的展开部。我的小尾声就是起第二个作用，立足于大卫的著作，增加一些崭新注解，阐述数字时代广告业的细微差别。

CHÂTEAU DE TOUFFOU
86300 BONNES

March 19, 1982

Dear Joel:

Your telex today has given me a huge lift.

Fancy the Harvard Business Review buying our piece.* I did not think they would. It is a first for Ogilvy & Mather--in thirty-three years. Let us hope that Tony Houghton never sees it.

How wonderful that you had a good meeting with Bill Phillips on the house campaign. And what a relief that I don't have to get into the act.

* * *

While I write this letter on Touffou paper, I am actually holed up in a chalet in Switzerland, working on my book. It has to be 80,000 words--twice as long as Confessions, and profusely illustrated.

I wonder if you could be persuaded to edit the draft when it is ready, sometime around August 15. It would take you longer than it took me to edit your much shorter book--although I did both versions of yours. What I shall need to be told is stuff like this:

    Repetitious
    Incomprehensible
    Clumsy sentence
    Bad taste
/   Inconsistent
    Just plain nonsense
    Wrong order

*How come you heard this when I haven't? Have you a relation at the HBR?

    Dangerously tactless
    Boring
    Egotistical
    Senile
    Flogging a dead horse

If you cannot face it, say so. I shall probably be in a hurry, because the thing has to be delivered to the publisher on October 1.

Yours,

David

/ 大卫写《奥格威谈广告》时很高效，每周都跟亦友亦文学知己的乔尔·拉菲尔森分享一个章节。

杜佛古堡
法国博内，86300
1982年3月19日

亲爱的乔尔：

你今天的电报给了我极大的鼓舞。想想《哈佛商业评论》要购入我们的作品，就让人高兴。*我之前觉得它并不会买。这也是我们奥美公司在33年里第一次（与它合作）。我们就祈祷托尼·霍顿（Tony Houghton）永远都不会看到这封信吧。

得知你在业内交流会上跟比尔·菲利浦斯（Bill Phillips）谈得不错，真是太好了。而且，无须参与此事，也让我大大松了口气。

在杜佛古堡的信笺纸上写下这封信时，我其实是躲在瑞士的一栋小木屋写我的书。这本书要写8万字，是《一个广告人的自白》篇幅的两倍，而且还要有大量的说明范例。

不知道你是否愿意在我写完初稿后（大概会在8月15日）帮忙校订？估计这次的校订比较费时，要比我看你那本精简的书用时长得多，虽然长短两个版本我都为你校订过。我需要知道是否有重复、费解、语句生硬、趣味低俗、前后不一致、明显废话、顺序错乱、言不得体、枯燥、自大、老糊涂和白费唇舌，诸如此类的问题。

*为什么你听说了这件事而我不知道？你在《哈佛商业评论》那里有什么关系吗？

如果你无法接受我这个请求，请直说。看来我得抓紧时间了，因为这本书要在10月1日付梓。

大卫

左图：1983 年的首版《奥格威谈广告》的封面，这本书启发了我的灵感，而从中获取的智慧也贯穿我的职业生涯。

右图：1983 年《奥格威谈广告》出版时，大卫做客大卫·莱特曼（David Letterman）的《深夜秀》节目。

  1982 年第一次见到大卫时，我是奥美伦敦广告公司一名年轻的业务总监。那天傍晚，我正在窄小的办公室里工作，他恰好从旁经过，看到里面有张新面孔，就折回来走进办公室，猛地坐在一张椅子上，随即问："你是谁？你在做什么？"当时，我的回答都是关于新近赢得的客户健力士黑啤，以及精彩的创意作品。而大卫只是看着我，问道："不过，他们是绅士吗？"几个月后，健力士黑啤的CEO厄内斯特·桑德斯（Ernest Sauders）"像撒旦一样跌落倒地"。[①] 大卫独具的预知能力，有时真的神秘难测。

  然而，大卫并未预知数字革命。这场革命从多方面翻转了我们思考与行事的方式，并且创造出各种新概念、新语言和新技术。我认为（据大卫对当时"创意革命"一词的反应判断），他不会喜欢"数字革命"的说法。

---

① 当时桑德斯被控作假操纵股价而入狱。——译者注

不过，如果因为他无从预知数字革命而加以批判，那就太幼稚了。特别是在退休后，他投入大量时间在他的"初恋和始终不渝的真爱"——直效营销领域。1994年，为了巩固我们在欧洲的客户IBM（国际商业机器公司），我开始在奥美巴黎工作，无意中发现当地有两个办公地点：一为设在乔治五世大道旁的广告公司，可谓"高档华丽"；二为位于毫不起眼的布鲁内尔街的直效营销公司，堪称"低档晦暗"。后者就是我的团队的栖身之处，大卫退休后也选择了同样的办公地点。显然那是一种深思熟虑的表态，他对身为传播业老大的广告公司所显示的自我放纵、不负责任与势利深感不屑。而对一个从广告公司逃离的"难民"而言，本人多少有些感同身受。

在大卫出席的最后的工作会议中，有一次是在伊斯科里蒙城堡（Château d'Esclimont）举行的直效营销领导人峰会。那是一座位于巴黎郊区的塔楼建筑。当时，大卫是以奥美所尊崇的标志性人物的身份出席，而非一名参与讨论的积极分子。大多数时候，他都坐在会议室后方，平静而被动，远看就是一副昏昏欲睡的模样。紧接着，时任奥地利公司负责人开始提案，荧幕上展现的内容前所未有的复杂，很显然，那是一个过程远胜于内容的简报。5分钟后，一阵咆哮声爆发了。

"闭嘴！"大卫怒吼，"看在上帝的面子上，闭嘴！"接着，大卫稍缓语气，却更痛苦地说："我听不懂你在说什么，也不觉得你说的有任何用处。"然后，他以无比痛楚的声音继续说："你还来自莫扎特的故乡！"那是令人羞愧又惧怕的一刹那，想必当时在场的人都不会忘记，尤其是那位倒霉的奥地利同事。如果那位同事正读到此文，请千万不要觉得难受。不过，这件事隐约告诉我：对于围绕着数字革命的啰唆词句——宣传炒作、冗余累赘、过度复杂和毫无根由的乐观主义，大卫若在世，势必有所回应，相信他会在一旁观察，并暗中破坏数字革命所宣称的厚礼。

在"序曲"一章中，大卫说他的目标之一是"将永恒的真理与短暂的风尚予以区分"。

多年之后,我这篇小尾声的副歌所要传达的是,这些真理依然存在,坚定不变。在重要和不重要的事物之间,冲突从未消失。虽然数字世界掀起一股崭新风潮,但是我们也正好形成诸多看法。

重申真理,就是此时此刻。

我从事广告业早期的照片。过去的 30 年是数字化转型的时期,但很多早已灌输于我脑中的原则一如既往,依然重要。

名人堂

有时候,数字革命会被协助为其定义的若干作品圈点强调。我在本书中汇集六大个案研究,并以"名人堂"的形式点缀其中,讲述广告史上禁得起时间考验的杰出作品。我们至今依然可以从中汲取经验。和所有案例筛选一样,这次也充满个人色彩,因此我乐于接受挑战。

02.

数字革命

Ogilvy

1958年，美国总统艾森豪威尔设立了美国国防部高级研究计划局（ARPA）。ARPA主要是在暗中运行，但它的一大创举——创建阿帕网却几乎是一个公开的秘密。阿帕网的目标既简单又吓人：创建网络化通信，并保证在遭受核打击致使基础设施损坏后，通信可以继续进行。阿帕网的创建最后吸引了电气工程、信息架构、数学、计算机科学，甚至是心理学等领域的顶尖天才，此外还有政府（主要是美国国防部和美国国家航空航天局）聘用的临时专家团、民营企业和权威学府的共同参与。

1969年10月29日，阿帕网传输的第一条数字信息从加州大学洛杉矶分校（UCLA）的32位系统电脑SDS Sigma 7传到了位于加州门洛帕克的斯坦福研究院的主机SDS 940上。信息传输途中，系统崩溃，但就在那天，互联网诞生了。

当然，彼时的阿帕网只是一个两节点的网络。在那之后的一年内，网络节点的数量增至14个，然后增加到100个，再往后则增至数千个。最开始，它只是一个网络，但很快，通过沿用至今的公用语言，它把许多其他网络连接进了网络之网——互联网。

这就是数字革命的最初动机：一个旨在保证遭受核打击致使基础设施损毁后，可以继续进行网络化通信的军事研究计划。

1969年10月29日，阿帕网传输的第一条信息，从加州大学洛杉矶分校工程学院 Boelter Hall 3420 室，传到了 350 英里（约 560 千米）外的斯坦福研究院。信息传输途中，系统发生崩溃。原计划发送的命令是"Login"，系统传完"Lo"后，在传"g"时宕机。如今，我们每天都发送 2 000 亿封邮件和 500 亿条短信。

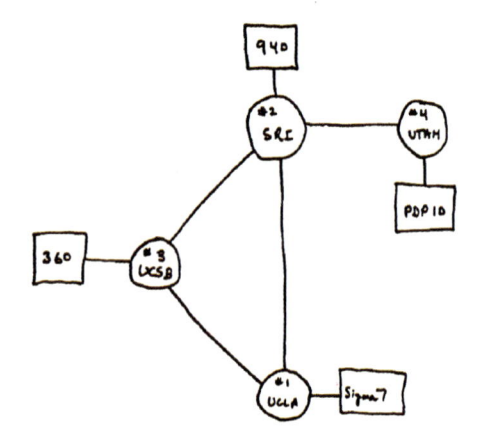

当今互联网的起源，潦草地写在信封背面。1969 年 12 月，第一次在一个网络内成功连接 4 个节点（节点即计算机之间的连接点）。

数字化趋于成熟

长久以来,人们都急盼能够指名某人为互联网的发明者。然而,这个时代的历史相当不简单。以前,也就是在阿帕网创建期间和创建后,许多人都为互联网的发明做出了贡献。不过,为了他们各自的名誉,在汇集多数看法并逐一证实后,我认为可以在此挑出 15 位人士,他们在数字革命这条路上,各自承担了比他人更多的责任(见 17 ~ 21 页)。

上述贡献者,平日所谈包括促使互联网进化的改善方式,以及在完成首次国防使命后,互联网俨然成为一门正寻找商业模式的技术,而非一种探讨技术解决方案的商业行为。

互联网如今无所不在的力量正翻转广告界(和许多其他行业)。置身于此竞技场,数字媒体带来的机会和挑战,与当时奥格威等人在 20 世纪 50 年代所面临的大不相同:奥格威、比尔·伯恩巴克(Bill Bernbach)、罗瑟·里夫斯(Rosser Reeves)、特德·贝茨(Ted Bates),以及其他许多广告人过往面临的机会和挑战,乃是伴随当时颠覆性的发明——电视而产生。

互联网是数字信息的传播媒介、存储器和发生器,由于其多样的构成分子,在数字时代得以为广告业带来超大能力。当然,自 1969 年的第一条数字信息之后,数字技术并没有完全取代模拟技术,例如劳力士腕表,用模拟的时针显示流逝的时间,比起数字竞品提供更多信息。

从哲学上和现实层面而言,数字技术都造成等量齐观的深远影响,它将信息分层,以数字形式下达。

模拟成品以完整一块的整体显现,但数字成品则是模拟世界的二元近似——尽管有一种极高的保真度。或许,不可避免地,任何将所有事物缩减为数字的处理方式,必然不及采取他法来得全面。这其中存在一道真正的数字鸿沟:局部相对于整体,你更重视哪一个?

模拟技术

模拟技术表现信息

排版 ▶ 摄影 ▶ 原图 ▶ 校色 ▶ 印刷

数字技术

数字技术转化信息

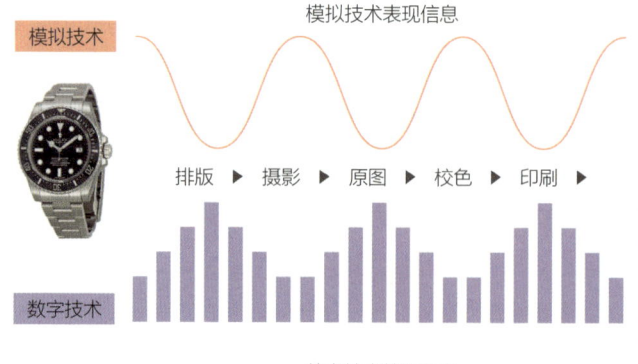

正如绕着机械钟面走的时针模拟时间，广告创作的模拟过程是"再现"每个创作阶段的信息。

另一方面，数字技术是把信息直接"转化"成数字。用数字技术创作平面广告就是信息抽样。创作阶段都一样，但过程截然不同。

模拟技术与数字技术

数字时代并未终止模拟纪元，但提供了一种全新的信息捕获方式。模拟技术就像 35mm 相机的胶片或黑胶唱片的槽线，是将信息再现；而数字技术，则是将信息转换成数字，以简单的 0 和 1 呈现。不论用数字技术，还是模拟技术，我们都可以制作出看似一样的平面广告成品，区别在于，一为信息再现，一为高保真的近似物。

答案是，以上皆非。数字世界的进展如此快速，以至于让人容易对这两者搞不清楚。是重视令人惊艳的局部突破，还是在意总体全面的发展？无疑，你需要两者并重；事实上，你必须了然于胸，究竟何为你所期望的终点，哪一个只是抵达目的地的手段。

也许，环绕在本质周围的不确定性，让当今的互联网因为矛盾而分裂。在我看来，关于当前的互联网，有一个最贴切的描述，就是受挫的理想主义与强大的既有利益的混合体。

互联网的 15 位创建人

从起步开始，互联网就是同心协力的努力成果。这 15 位人士所做的独特贡献，不仅让信息技术民主化，也从此开启数字时代。

约瑟夫·卡尔·罗伯纳特·利克莱德
（Joseph Carl Robnett Licklider）

美国人（1915—1990），智慧巨人，拥有物理学学士、数学学士、心理学学士和心理声学博士学位。1951 年，利克莱德协助建立麻省理工学院林肯实验室。两年后，任 ARPA 信息处理技术办公室（IPTO）主任。1962 年，他撰写备忘录，设想了一个向所有人开放的电子公共领地，"面向政府、机构、企业和个人的主要信息互动媒介"，换言之，互联网。

唐纳德·戴维斯
（Donald Davies）

英国人（1924—2000）。分组交换技术的共同发明人。ARPA 开发的分组交换方法论融合了美籍雷纳德·克兰罗克（Leonard Kleinrock）、保罗·巴兰和劳伦斯·罗伯茨等人提出的观点。戈登·韦尔什曼（Gordon Welchman）提出"分组"的概念（即数字数据单元），并共同发明了分组交换技术。20 世纪 60 年代初，戴维斯造访麻省理工学院，发现高级分时计算机系统存在的瓶颈。返回英国后，他开发了分组交换技术，将计算机信息拆分为一个个可以单独加标签并独立发送的代码分组，最后在单一 IP 地址（互联网协议地址）聚敛重构。分组交换技术是阿帕网运行的核心技术。

道格拉斯·恩格尔巴特
（Douglas Engelbart）

美国人（1925—2013），1966 年，在加州门罗帕克的非营利机构斯坦福研究院设立了增强研究中心（ARC）。之后，他领导团队创建了多层次计算机协作系统 NLS（非线性系统）。NLS 将不相干的计算元素，如超文本链接、图形用户界面、鼠标、按关联性组成的信息、屏幕视窗和演示程序（如 PowerPoint）等结合在一起，是一项开创性发明。

02　数字革命

保罗·巴兰	罗伯特·泰勒	劳伦斯·罗伯茨
（Paul Baran）	（Robert William "Bob" Taylor）	（Lawrence Roberts）

波兰裔美国人（1926—），提出了"分组"和"分组交换"的概念，但用的术语不同。1960 年，巴兰加入美国兰德公司（RAND），领导开发分组交换节点的分布式阵列或网络。之后，他拓展了分布式通信的概念，包括 OFDM（正交频分多路复用方法）。此概念认为，数据传输可以通过几个紧密关联的通道进行，是数字宽带、DSL（数字用户线路）互联网接入、无线网络和 4G 移动通信的基础。	美国人（1932—），任 ARPA 信息处理技术办公室主任数年，其间带领团队实现第一次阿帕网数据传输。泰勒认识到美国国防部需要网络化的分时计算机，就像在加州伯克利和系统开发集团的一样，亦即阿帕网。1968 年，他与利克莱德合著论文，布局互联网开发。他也是施乐帕克研究中心（Xerox PARC）负责人，该研究中心开发了 WYSIWYG（所见即所得）文字处理程序、激光打印机和 Alto 计算机（苹果电脑的基础）。	美国人（1937—），罗伯特·泰勒的邻居和朋友。1966 年，受罗伯特之邀加入 ARPA 信息处理技术办公室。在 ARPA 任职期间，他创建了一个系统，连接了麻省理工学院和加州大学洛杉矶分校的巨型计算机。这个"两节点"的系统为犹他州大学和斯坦福研究院计算机的增设连接铺平了道路。受利克莱德著述的影响，罗伯茨编写了实现分组交换技术的代码。1969 年 10 月，该类信息首次传输得以实现，传输终端的计算机分别设在加州大学洛杉矶分校和斯坦福研究院。

罗伯特·卡恩
(Robert Kahn)

美国人（1938—），电气工程师，与加州大学洛杉矶分校校友温顿·瑟夫共同发明了TCP/IP协议（传输控制协议和网络协议）。1973年，卡恩聘用温顿·瑟夫加入阿帕网的继续开发工作，此后二人保持紧密合作。随后，二人加入互联网工程特别小组，使阿帕网得以建立并投入运行。1972年，卡恩在一次公开会议上展示阿帕网的分组交换技术，这后来被视为互联网发展进程的一个分水岭。

伯纳德·马蒂
(Bernard Marti)

法国人（1943—），法国公共信息网终端Minitel（万维网的前身）的联合发明人。Minitel于1978年在法国布列塔尼推出，1982年推广至全国（2012年终止运行）。该终端是一种综合视讯文本联网系统，它让电子商务成为可能，同时支持文字聊天、视频聊天和邮件通信。Minitel按联网时间向用户收费，并从网购中分成，奠定了沿用至今的数字营收模式的基础。

温顿·瑟夫
(Vinton "Vint" Cerf)

美国人（1943—），最早的数字文艺复兴巨匠，跟卡恩一起创建了TCP/IP协议。1982—1986年，瑟夫主导了首次互联网的商业电子邮件服务MCI邮件工程。他后来致力于研究能够利用互联网同时传输数据、信息、声音和视频的应用系统，目前担任谷歌的副总裁和首席互联网布道师。

乔恩·波斯特尔
(Jon Postel)

美国人（1943—1998），阿帕网 RFC（一系列以编号排定的文档）管理人，组建互联网名称与数字地址分配机构（ICANN）的关键人物，参与阿帕网创建的加州大学洛杉矶分校人员之一，在创建互联网架构中扮演了重要角色，也是互联网实际运行的中心人物。从 1969 年到去世，他编写塑造了互联网的 RFC 文件（一系列以编号排定的文件），并加以校订，辑成索引目录。1972 年，他为互联网域名设计了"套接字编码"。与同事保罗·莫卡派乔斯一起创立了 DNS（域名系统）。

罗伯特·卡里奥
(Robert Cailliau)

比利时人（1947—），曾与万维网之父蒂姆·伯纳斯-李在瑞典的欧洲核子研究组织（CERN）共事，为信息工程师和计算机科学家，先从事大型强子对撞工作，后在数据处理部门负责该机构的办公计算机系统。1989 年，伯纳斯-李提议采用超文本系统，以便让该研究所的研究员能够读取研究所内的所有文件。1990 年秋，伯纳斯-李创建万维网。卡里奥与伯纳斯-李共同起草了万维网筹款提案，后来二人共同开发了苹果电脑操作系统 Mac OS 的第一款网页浏览器 MacWWW。

保罗·莫卡派乔斯
(Paul Mockapetris)

美国人（1948—），DNS 联合创始人，是南加州大学研究员，阿帕网团队成员，发明了 SMTP（简单邮件传输协议）。波斯特尔向莫卡派乔斯提了 5 个利用 host.text 系统改良域名服务的建议，但莫卡派乔斯未加理睬，而是跟波斯特尔一起编写了 DNS。DNS 给遍布服务器网络上的主机分配域名，并提供冗余备份链路，以便在任一服务器出现故障时，网站能继续运行。1999 年以来，他一直担任全球域名服务器提供商 Nominum 的首席科学家和董事会主席，负责更新 DNS、开发安全软件和创建垃圾邮件黑名单（可以把从已知的恶意 IP 地址所发出的信息自动转到垃圾邮件夹）。

蒂姆·伯纳斯－李
(Tim Berners-Lee)

约翰·麦卡锡
(John McCarthy)

马克·安德森
(Marc Andreessen)

英国人（1955— ），取得牛津大学物理学学士后，开始做程序员，为智能打印机编写排版软件。1989年，伯纳斯－李向欧洲核子研究组织递交了一份建议书，建议采用超文本系统，促进研究员之间的信息共享与更新。他编写的 ENQUIRE 浏览器原型就是万维网的最初概念。后来，伯纳斯－李运用超文本技术，并将其接入传输控制协议和域名系统，创立了万维网。

美国人（1955—2011），于1955年提出人工智能的概念。而后，通过同时运行多程序和多任务，实现兼容分时系统（CTSS）的运用，让更多的用户能够使用计算机资源（如应用程序网络机）。1961年，他在麻省理工学院百年校庆的演讲中提出，分时技术可以像水、燃气和电力等公用事业一样进行售卖，这就是现在广为人知的云计算的商业模式。

美国人（1971— ）。与伊利诺伊大学的同学艾里克·比纳（Eric Bina）共同开发出第一款网页浏览器 Mosaic；一年后推出网景（Netscape）搜索引擎，使互联网被重新定义，在民主化、增加赋能与实现各式各样的数字交易的可能性等方面潜力无穷。

02 数字革命

爱彼迎（Airbnb）大致算是完全数字化的商业体，但在某些地区，它仍沿用户外广告牌和平面广告等传统沟通模式。它在有很多房源的地区或印有很多租房广告的刊物上做广告，就是要表达："四海为家"（belong anywhere）即处处是家。

受挫的理想主义源于诸多互联网创建人，特别是与万维网密切相关的人士。过去，这些人真心认为，他们即将引领某种自由而平等的事物，带来一个比现实世界更美好且更高尚的虚拟世界。然而从许多层面而言，他们却伤心且失望，不过那属于另一本书的故事。如今说互联网既不自由也不平等，实不为过。（他们也曾认为互联网是一个民主世界，历史却表明，如果落入坏人手中，互联网真的会变得极不民主。我们可以看到，互联网是如何被政府用来左右选举或滋生暗箱操作，也可以看到它是如何形成虚幻的错误信息泡沫。《牛津词典》公布，2016 年度的国际词语是"后真相"——一个由互联网带给大众的概念。）

在互联网过往的发展中，有一种观点认为，如果采取筹资模式，由使用者付费，或许互联网会变得好一点，但这在当时是一种无法被接纳的意识形态。而传统媒体向数字化发展之初，大肆免费发送其宝贵的传统内容，更加剧了问题的复杂性。慢慢地经过很长时间的发展，用户订阅才成为当今互联网商业模式中不可或缺的一部分——一直到现在，此观念依然在遭受无数的抵抗和否决。

对广告业而言，以上皆是事关紧要的重点，因为广告业必须参与其中，为互联网提供大量资金。就以各位操作的谷歌搜索来说，无所谓真正的"免费"：广告帮你付了钱。但是很奇怪，坊间还是有很多人以为谷歌搜索是不花一毛钱的！事实上，谷歌平均每年从地球上的每个人身上获取 3.25 美元的盈利。如果只按联网人口计算，此盈利值将增至 7.25 美元。谷歌绝非免费。

尽管商业互联网的理想主义属于一种不屈不挠的基因，然而它却可能具有误导性。如今，它在所谓的共享经济中找到了一席之地，并得到充分体现。"共享经济"一词，顾名思义，暗示某种利他的本质。有人认为，这是一种诱惑框架，经不起进一步检验，对此我完全赞同。优步和爱彼迎提供的服务无比好用，但与共享无关：它们就是一种租约，仅此而已。何况，实际的租赁成本是有折扣的，吸收折扣的都是一群在不对等的竞争环境中奔波，但用户却看不见的经营者。前述平台以去中介化的方式运行，但并不具有真正的颠覆性。如果你真的想与人共享一栋房子或一个房间，我建议到这个网站：couchsurfing.com。

当互联网不得不趋向更商业化，自然演进为一连串高规格的既有媒介利益群。它们当下造成的混乱，远远大过政府。这一伙利益群体正在筑墙狂欢，墙后的花园早已变成足以收费的地产。人们完全可以理解，它们创造了一套数字广告的言辞，借此自圆其说。这套说辞有很多主题，包括：

- 顺我者生，逆我者亡：或敌或友，任君自选。旧媒体的消亡无可挽回——截至目前，看似如此。
- 这是新事物的世界。唯有"新"才有意义。而在所有可能的层面，此"新"不似以往的"新"。

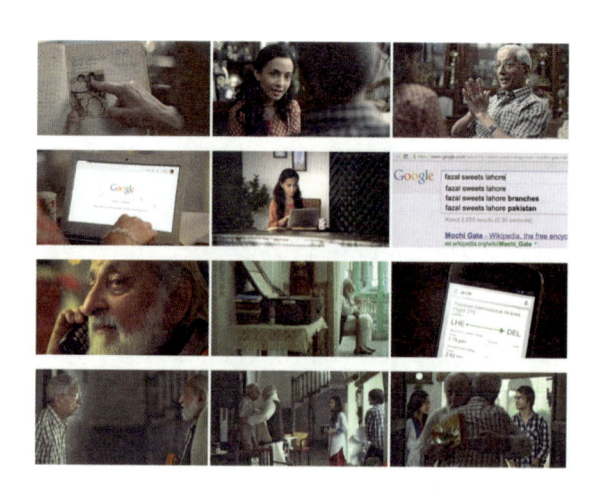

尽管谷歌有时对传统广告不屑一顾，但它还是会采用非互联网渠道来提高产品效益。比如，在印度和巴基斯坦，谷歌就使用电视广告来表达：搜索能让人重聚。

被大肆炒作的物联网概念，也能在传统渠道中畅通无阻。智能家居品牌 Nest 在推出高科技居家监控摄像机时，踏踏实实地采用了平面广告和传统的户外广告牌。

这就是数字排他性和数字例外论的说辞。从哲学上讲，它的驱动效果远不如植根于吸引广告收入的刚需；但是，它已经成为大量新闻报道和著作的潜台词，而且大部分与数字革命相关的书都顺着这个主题。

就个人而言，我完全同意"旧"媒体终将消失或数字革命有很多新奇点这样的看法。可是，那套数字广告说辞并不足以证明数字革命的丰富性。那套说辞导致的是零和博弈，一头是激进的、意图破坏的"数字塔利班"——如约翰·赫加迪（John Hegarty）所言，另一头是保守的、抗拒改变的"卢德派"。但真正富饶、给人带来收获的区域，却在这两者之间。

我们也很清楚，如果你现在是客户，"买主自负其责"这条经典法则，比以往任何时候都要适用。而且，你需要最好的建议，帮你培养一定的审慎精神和怀疑意识，带你穿过花言巧语的丛林。

02　数字革命　25

03.

短行军

Ogilvy

20世纪90年代末，我第一次到中国工作。世纪之交时，我还在中国，一项不寻常的统计数据引起了我的注意，那项数据造就了历史上极为深奥的一个交叉表。彼时，中国网民人口第一次超过穴居人口。穴居人口曾经（现在也是）多得惊人，大约有3 000万，但在2001年之后，中国网民的数量激增，很快就将穴居人甩在身后。

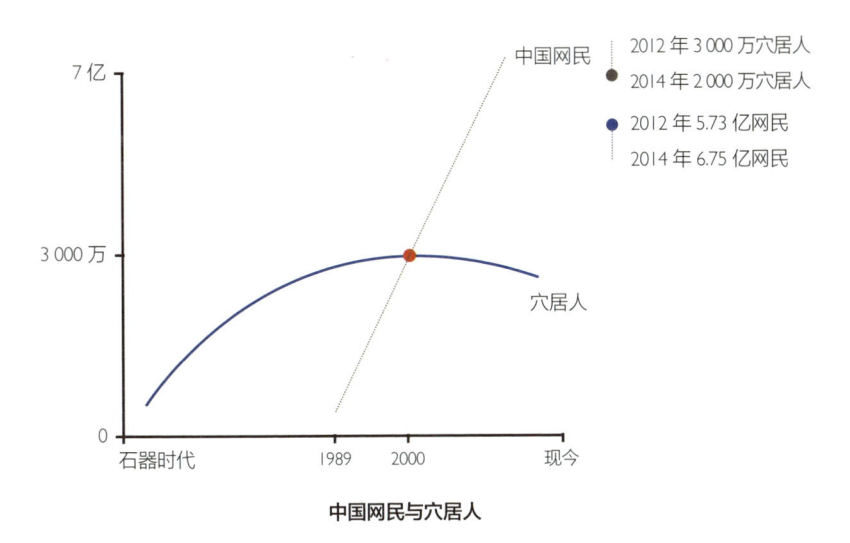

中国网民与穴居人

图例：
- 2012年3 000万穴居人
- 2014年2 000万穴居人
- 2012年5.73亿网民
- 2014年6.75亿网民

横轴：石器时代 — 1989 — 2000 — 现今
纵轴：0 — 3 000万 — 7亿

/ 在千禧年，中国网民的数量开始超过穴居人——现在看来这是一种进步。从此之后，互联网的使用率惊人地提升。

中国的短行军，清晰地体现了数字革命俘获世界的威力。在此我就不赘述相关数据，以免读者生厌。但从广告业的观点看来，未来还有一个关键性的交叉点，即数字广告花费超越非数字广告花费的时刻，它即将到来。

碎片化

我们的世界饱受资讯爆炸的影响。以往，制造商借由创立品牌，通过有序链来刺激需求，同时针对广大受众，一次传递一个信息，驱使他们前往卖场；曾几何时，这一切破成碎片。

放眼望去，碎片俯拾皆是：分散四处的股东和利益相关者；细分化的受众，构成数百个迷你市场；与日俱增的平台和触点，断裂的供应链和需求链；越来越多的绩效指标和信息传递。与此同时，品牌自身也区隔成数以百计的库存单位（SKU）。

广告公司也支离破碎。以全传播服务著称的代理商网络，面临崭新的竞争对手，包括清一色的数字代理商、社交媒体群、内容行销代理商、进行品牌植入的娱乐节目制作人和行动营销代理商等。

除了碎片化，尚有去中介化。亚马逊取代了书店经营，同性社交软件 Grindr 取代了同志酒吧，优步取代了出租车。的确，各行各业都遭受冲击，唯有程度之别而已。不过，故事本身永远比表象更加复杂。事实上，若干去中介化的经营者，例如爱彼迎所带来的影响，威胁性较弱，不妨说它是市场扩张者。

谷歌被视为——也自我认定为广告业的去中介者。脸书现在也加入了这无可置疑的美好幻象之列。聘用杰出的创意人才；组成与客户直接对话的销售队伍；或干脆从客户中直接挖角，以协助制定更引人入胜的商业提案；此外，也不忘提供一系列通常由广告公司负责的服务；诸如

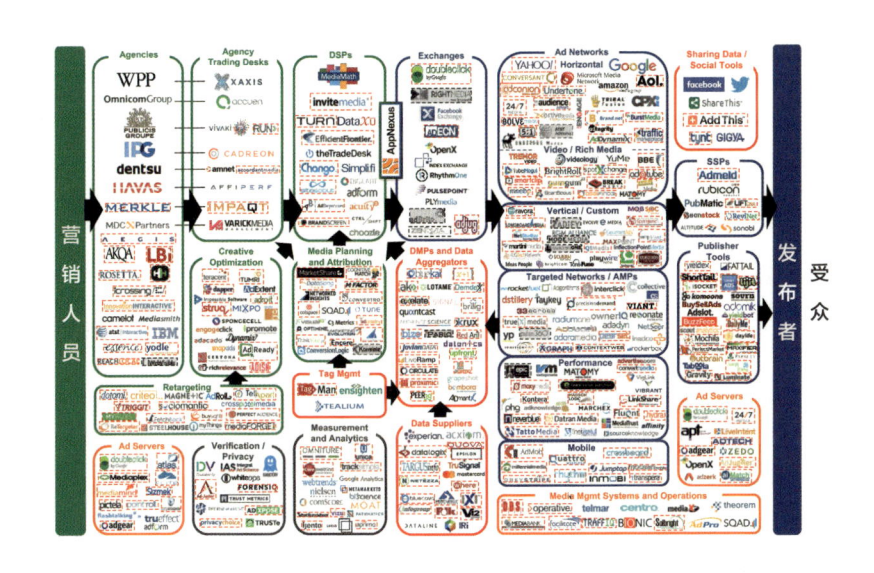

> 这是数字时代最具代表性的图表之一，原图是由战略咨询公司 Luma Partners 所绘制，目前的浏览量已达 600 多万次，同时也催生了数以百计的相似图。从来没人能以如此形象的方式，将数字平台、代理商网络、应用程序和服务等之间的喧嚣杂音予以视觉化。

此类的动作，实在无一是善意行径，遑论此类数字广告媒介从全球广告市场截取了 69 亿美元的营收，且这一数字每年继续增长的事实。

时至今日，我依然记得过去几年中，置身不同的会议场合，谷歌与脸书的演讲人都礼貌地否认他们的所作所为："肯定有些误会吧？"

话说回来，在写此书之际，数字平台所提供的每一项与我们这行直接竞争的服务，尚未导致任何去中介化的结果。回到现实，数字平台至

03 短行军 31

今无法示范如同我们一般的专业能耐，即基于最佳建议的原则打造品牌。虽然如此，数字平台的确有数据库，并可利用其积累以小搏大，在这方面，广告业完全无法复制。事实真相是我们需要彼此。

这一场数字革命实在是够复杂，亟须他们和我们一起加入。我们有能力，也应该尝试一起工作。放眼世界，我目睹了逐渐发生的双方合作：如同以往，距离总部越远，真正的团队合作就越多。

这个由艺术家隋建国创作的恐龙雕塑，是我同事宋秩铭赠送的。我们很棒的客户之一，金佰利的托尼·帕尔玛（Tony Palmer）曾说，传统广告公司就像注定会灭绝的恐龙。所以，从 2008 年起，这只红色恐龙就被放在书桌上提醒我：这一行无须走上灭绝之路。在那之后，奥美成为全球最大的数字代理网络，而且，金佰利是我们的一个以数字为核心的客户。

不和谐的喧嚣嘈杂

伴随碎片化所诞生的不被人乐见的产物,就是不和谐的喧嚣嘈杂。噪声,噪声,四处丛生的噪声。几年前,我碰巧看到被人遗忘的加拿大社会学家奥林·克拉普(Orrin Klapp)的一些著作,他曾在西安大略大学任职。我读的是二手旧书,那书甚至闻起来都有点霉味,但现在值得大加宣扬,因为克拉普以如今依然罕见的清晰思路,预见了即将发生的一切。

计算机可以加速处理数据,却对人们理解印刷品的意义帮助不大。所谓的意义一直享有迟到的名声,没错,最高层次的意义——智慧,总是最慢抵达……所以,社会要忍受一个意义缺口,即事实信息输入与共同意义构建之间的差距。意义缺口的悖论源自信息超载,不断堆积的众多事实,虽然可信度毋庸置疑,但是系统本身的总体意义不大,再加上花言巧语的虚伪修辞,而遭人排斥。换言之,整体力量小于各部分之总和。[1]

/ 奥林·克拉普的文章讲述了信息与意义之间的缺口,以及平庸与噪声带来的社会乱序风险,与数字革命完全不相关,尽管该文早在个人电脑问世前就完成了。

于是，一系列现象创造出一个崭新的维度，而新维度面临的挑战非常不简单——要在信息超载、分心走神、注意力不足等情况下，吸引众人的关注。如新闻记者约翰·洛兰（John Lorinc）在《海象》（*The Walrus*）杂志中所言：

> 数字通信展现出一种惊人的能量，压制我们的注意力，将之缩为越来越小的增量。于是逐渐地，纯粹的数据过剩，似乎取代了原本能发挥作用的聚焦和反射性的注意力。[2]

以下两大真理，我们需要牢记在心：

1）我们天生会善加选择。
2）我们天生会创建模式。

至少我认为，身处负荷过重且被多重工具围绕的生活里，我们经常遗忘代理商所承担的单纯任务：我们才是意义的创造者。洛兰引述了一名颇感困惑的技术会议与会者的提问："如果信息是海，那航海术是什么？……我们讨论的不是'人与风的互动'，而是航海。"[3]

人与信息之间的矛盾，并非从中择一的问题，也不是我们观察到但却无意影响的二分法：我们同时需要大海和水手，但唯有水手才承担了决定航行方向与选择途径的任务。

数字航海术本身需要做到两件事：凝聚、团结和重组碎片，有使一切产生意义的能力；同时，必须秉持长期盈利主义。无奈一群来自新媒介、技术平台，以及数百万的应用程序所组成的大同盟的人，也是前文提及的领航这次短行军的人，普遍认为这两件事都不太重要。

碎片化本身早已沦为视战术为目的之地步：任何能够衡量的短期

项目，只因其广为人知的浏览量或点赞人数，便能名噪一时。有人将之比拟为吸食可卡因：迅速蹿红就是一切——因此容易让人上瘾。

与此同时，幸好有理性之声存在。借此介绍广告技术公司Grapeshot的市场总监梅洛迪·甘比诺（Melody Gambino）所言：

> 当我发现新一拨数字营销技术者，面对美国麦迪逊大道的老派广告人所遗留的资产，千篇一律保持刻意贬低的心态时，我感到十分难过。不论那些运营广告技术公司的"极客哥们儿"如何固执己见，像《奥格威谈广告》这类的广告巨著，依然深具意义。

说得也是，大卫·奥格威早在20世纪50年代就一直在斩杀类似的恶魔。恶魔不曾远离。电视曾强行带来一段清醒时日，在当时的大众传媒界，确实汇集了一股凝聚力，但过了不久，恶魔却卷土重来，如今更以全新的诱人盛装，公开示人。1995年，奥格威在一场对美国广告代理商协会（广告业首屈一指的协会之一）做的演说中提及：

> 我猜测，在当前所有坊间宣传的广告活动中，有95%在创作过程中都缺乏真正的长远考量，它们就是心血来潮的一时之作，因此摇摆不定，翻来覆去，也因此在每季之间毫无连贯的品牌个性可言。随波逐流地匆促改变，很容易却很悲惨。然而，至高无上的奖赏，正等候一群头脑灵光的广告主，他们不仅能创造良好的品牌形象，也能长期坚持品牌形象稳定不变。

至今，依然如此。

星巴克

创始的时代

读者不妨想象一下，穿越至1971年，坐在西雅图的一家咖啡店里，小口品着一杯口感顺滑、豆香浓郁的独特风味咖啡。这杯咖啡采用了西岸烘焙法，相比之下，一般的咖啡淡然无味。10年后，霍华德·舒尔茨（Howard Schultz）加入了当时还鲜为人知的星巴克，任市场总监。很快，他就发现星巴克的独特风味大有潜力，足以颠覆了无生气的全球咖啡市场。于是，他买下了星巴克公司。

除了味道之外，舒尔茨还设想把意大利的咖啡厅传统引入美国。随即，他就一心致力于改变喝咖啡的体验。柜台服务人员摇身一变，成为非常重视"顾客亲密关系"的咖啡师，愿意花时间询问顾客的大名，并写在杯子上。舒尔茨创造了一种关怀他人的员工文化，星巴克也一直被评为最佳工作场所之一。

星巴克体验立即带给众人不同感受，也颇具异国风情。在星巴克的场域，顾客心甘情愿采用一种新行话，点着他们的"大杯双倍脱脂奶玛奇朵"。而所有一切都有品质支撑——从咖啡豆种植者、烘焙师，再到分销的整条供应链，星巴克完全一手控制，以确保独特的咖啡口感稳定一致。结果呢？从20世纪90年代末起，星巴克在美国和全球市场都取得了爆炸性的增长。

漠视的时代

舒尔茨是不折不扣的市场营销者，根据过往历史，他一直武断地认为花钱做广告毫无必要，品牌早已通过口碑大获成功，而且会继续维持。当星巴克宣告它是生活中的"第三空间"，一个介于住宅与工作地之间的据点，并对所有人开放之际，品牌的所作所为重新界定了"体验式品牌行销"，一种将其他营销活动排除在外的信念，顿时让外界如痴如狂。当时的数据显示，星巴克的老顾客平均每月光顾门店6次，因此坚定不移一心一意致力于店内活动的愚蠢之举，或许勉强可以被原谅。令人始料未及的是，一种反对广告

星巴克创始人杰瑞·鲍德温（Jerry Baldwin，英语老师）、杰夫·西格（Zev Siegl，历史老师）和戈登·鲍克（Gordon Bowker，作家）根据《白鲸》中的一个角色给品牌起名"星巴克"。起初，他们设计的海妖标识是一只双尾美人鱼的木刻版画，后来的改良版现在仍是星巴克的品牌标识。

霍华德·舒尔茨曾说过一句名言——他不相信"广告"，但这些年来，他对广告的渴求持续增长：开始是促销广告，紧接着是伙伴联名广告，然后出现了流露出稍许味道的战术广告。

舒尔茨的广告意识觉醒了！《在星巴克与我相见》是星巴克的首次全球性品牌广告活动，影片中的星巴克温情而栩栩如生，活力四射地捕捉场域之外的感觉，也适时（虽然有点迟了）阻挡了大小不一的竞争者。

03 短行军　37

的意识形态，无形中重重伤害了品牌。

取而代之的是，星巴克实行了地方性捐赠项目、持续不断地改善服务，以及（无效的）音乐发行合作等，但一切都显得薄弱乏力。与此同时，星巴克在 50 个国家增设门店到 15 000 家，并经由杂货零售渠道等寻求扩张的举措，完全破坏了品牌的本地特色。2009 年，星巴克开始关闭门店，总部资遣 1/3 的员工，总体裁员共约 2 000 名。所谓"只要开店，顾客就来"的经营哲学，一败涂地。于是，星巴克体验，也如同店里的香草拿铁一样，平淡无奇。

统合的时代

邓肯甜甜圈和麦当劳在美国市场的咖啡饮品不断升级，世界各地的山寨咖啡连锁店四处扩展，潮人社区街角的精品咖啡馆此起彼伏，强敌环伺之下，星巴克被迫从长计议。

舒尔茨从重塑品牌着手：焕然一新的品牌标识，在全球各地的每一家店和每一个咖啡杯上赫然展现。此时他心中有数，只依赖产品早已不足。星巴克先开始尝试电视广告，与百事可乐合作，为星巴克的一系列即饮饮料做宣传，结果不仅大获好评，更重要的是增加了销量。自此之后，一向不列入考虑的广告就派上了用场。

2014 年，星巴克启动第一次主要的品牌广告活动，推出热情洋溢的品牌广告片《在星巴克与我相见》。广告片就在星巴克 28 个国家的 59 家门店开拍，拍摄时间超过 24 小时，主题为追溯品牌的源头，将星巴克展现为温暖、舒适、无比多元的咖啡店，一个让人们面对面建立联系的好地方。此时的星巴克，数字广告的花费比重依然不足，而产品（非其母品牌）广告投放却过重，但它学得很快。

舒尔茨曾说："我们的故事就是我们的广告招牌。"虽说如此，那些故事本身似乎也恰如其分地展现在电视广告、YouTube 纪录片、平面广告，以及许多其他的渠道中。星巴克在培养出自有的广告品位之后，如今被《财富》杂志评为"全球最受仰慕的企业"之一。

1971年，星巴克在西雅图开了第一家只卖烘焙豆的单一门店，霍华德·舒尔茨的加入，将那些烘焙豆变为国际品牌。他发明了"第三空间"的概念，一个让朋友、同事和社群在住宅和工作地之外聚会的场所。此商业模式曾经很有效。

数字革命大事记

数字化的短行军时期始于20世纪90年代中期，一直延续至今。互联网的到来、宽带的接入和移动电话的使用，无一不让全球社会数字化。到2020年，数字广告花费必定超过传统广告花费。

20世纪初

恩尼格玛密码机问世，第一批机型在第一次世界大战后出现。其外形似装在木箱里的大型便携式打字机。它是第一款机电式计算机，用于进行信息编码，以保护商务通信、军事通信和外交通信。

20世纪40年代

英国数学家和计算机科学家先驱艾伦·图灵（Alan Turning）领团队开发出一款设备，可以破解纳粹用恩尼格玛密码机加密的信息。图灵因发明出第一台"通用机"——相当于数字计算机的数学工具而备受赞誉。

20世纪50年代

美国、英国和法国政府出资开发数字网络，主要是国防相关项目。早期网络传递信息的"分组技术"，为电子邮件的出现奠定了基础。

20世纪60年代

计算机科学家和美国国防部员工发明了一种面向商业的通用语言（COBOL）。这种计算机代码设计最初是为了让公用事业公司能够追踪使用情况，但后来很快被许多企业采纳，至今仍被广泛应用。

```
IDENTIFICATION DIVISION.
PROGRAM-ID. HELLO-WORLD.
ENVIRONMENT DIVISION.
DATA DIVISION.
PROCEDURE DIVISION.
PARA-1.
DISPLAY "Hello, world.".
    EXIT PROGRAM.
END PROGRAM HELLO-WORLD.
```

1961年

IBM推出1400系列计算机，用晶体管取代烦琐的真空管，缩小了计算机体积，并降低了成本。

1968年

IBM再次实现新的突破，用顾客信息控制系统（CICS）的客户信息处理代码，取代穿孔卡片计算。很多公司用CICS存储顾客信息，进行线上交易。

1969年

阿帕网启动由美国政府出资的数据通信系统，为互联网奠定了基础。该系统连接了加州大学洛杉矶分校、斯坦福研究院、犹他州大学和加州大学圣巴巴拉分校等地的研究中心。

阿帕网采用了接口信息处理机（IMP）技术——类似于路由器的小型计算机网络，并且是以分组交换技术将一堆数据第一次性散发到多个IMP，而不是像打电话那样，要通过线路交换进行线性数据传输。后来开发出TCP/IP协议，让在一个多计算机网络内同时进行全方位数据通信成为可能，这也是互联网的基础。

"为了商业利益或政治目的，通过阿帕网发送电子邮件这一行为，既反社会又违法。"麻省理工学院出版的一本手册写道。后来，麻省理工学院的人工智能实验室也接入了阿帕网。

1971年

斯坦福人工智能实验室和麻省理工学院的学生利用阿帕网进行了第一次锅盆买卖。这是第一次网络销售吗？阿帕网的用户只不过用阿帕网开了一场网络会议。

约翰·马科夫（John Markoff）在他的书《睡鼠说》（What the Dormouse Said）中表示，这是"电子商务的开创性行为"。

1972年

"个人电脑"的概念诞生，泛指施乐帕洛阿尔托研究中心（The Xerox Alto）为个人使用而设计的第一批电脑奥托。施乐奥托的图形用户界面为数年后的苹果机（Macintosh）和微软操作系统提供了灵感。

纳粹德国用恩尼格玛密码机加密信息

20世纪30年代中期 — 1940 — 1942 — 1944 — 1946 — 1948 — 1950 — 1952 — 1954 — 1956 — 1958 — 1960 — 20世纪60年代中期

全球范围内的电脑（成千上万台），50%以上都是IBM 1401S

奥格威谈广告 *Ogilvy*

1974 年

IBM 洛斯加托斯科学中心开发出一款便携式计算机原型机，名为"便携式 APL 专用计算机"（SCAMP）。摩托罗拉试水移动电话市场，推出第一款手机，包括俗称砖头机的摩托罗拉 8000 系列。

"乔尔，我是马丁。我现在是用手机，一款真正的手持便携式手机给你打电话。"

这是手机通话史上的第一句话，由摩托罗拉资深研究员兼高管马丁·库帕（Martin Cooper）于 1973 年 4 月 3 日，打给在新泽西贝尔实验室的主要竞争对手乔尔·S. 恩格尔（Joel S. Engel）。

1976 年

第一封垃圾邮件出现了，计算机厂商数字设备公司的市场总监给近 400 名阿帕网用户发送促销活动信息，推广其最新机型。此举虽然遭到阿帕网联网社区的尖锐批评，但却吸引了南加利福尼亚州的目标受众，产生销售。

1979 年

就职于 Redifon 计算机公司的英国发明家迈克尔·奥尔德里奇（Michael Aldrich）创建 R1800/30 紧凑型办公系统。《泰晤士报》报道说，该系统让用户能够"订购商品，获取信息，参加编程学习课程"。奥尔德里奇吹捧其为"订购商品"一说，并声称创造了电子商务。

1981 年

IBM 推出第一款集成件个人计算机系统，获得"PC"（个人计算机）缩写的所有权。首台个人计算机 IBM PC 5150 包括显示器、独立键盘、打印机和立纸器。同年，英国旅游公司汤姆森假日（Thomson Holidays）安装了第一套 B2B（企业对企业）网络购物系统。

1982 年

法国电信公司在全国范围推出网上订购系统 Minitel。电子商务正在变成事实。

1984 年

苹果公司用 90 万美元的"超级碗"（美国职业橄榄球大联盟年度冠军赛）广告推出苹果机，这支广告在美国家庭中的到达率为 46.4%。在线信息服务机构 Compuserve 在美国和加拿大推出电子商城，标志着 B2C（企业对消费者）电商模式的一大迈进。

20 世纪 80 年代中期

数字营销的早期形态 ChannelNet（原名 SoftAd 集团）在杂志上附上读者回应卡，然后给申请人回寄内附车型信息和试驾服务的光盘。

1992 年

在 2G 移动网络扩张和手机的使用大幅增长后，短信服务接踵而至。

1993 年

全球网络导航器（GNN）卖给 Heller, Ehrman, White, & McAuliffe 律师事务所的可点击网页广告，直接链接到该律所网址，但它是"可点击横幅广告"还是只是一个链接，尚属疑问。诸如康泰纳仕集团和时代公司一类的出版商也都在加快推进网站的开发。

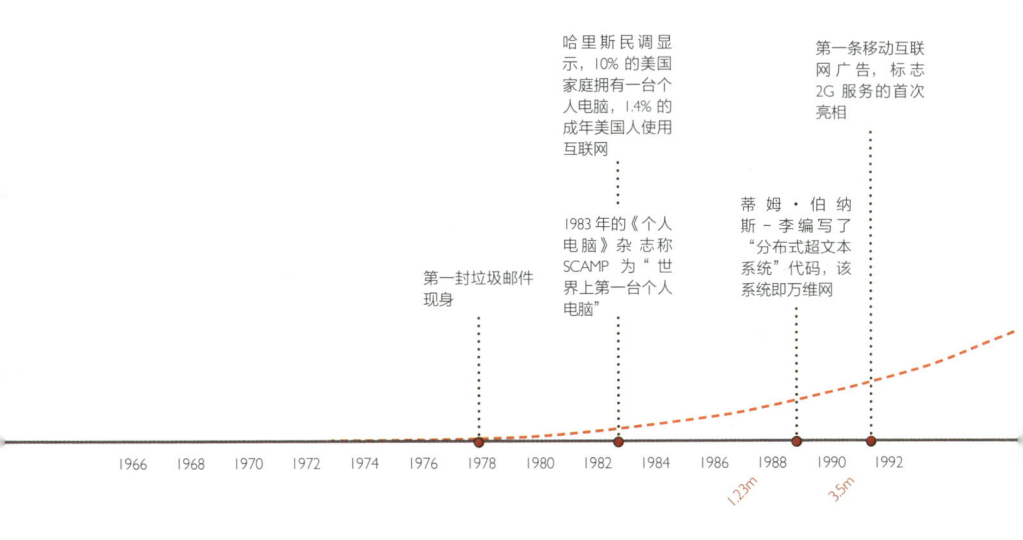

哈里斯民调显示，10% 的美国家庭拥有一台个人电脑，1.4% 的成年美国人使用互联网

1983 年的《个人电脑》杂志称 SCAMP 为"世界上第一台个人电脑"

蒂姆·伯纳斯-李编写了"分布式超文本系统"代码，该系统即万维网

第一条移动互联网广告，标志 2G 服务的首次亮相

第一封垃圾邮件现身

1966　1968　1970　1972　1974　1976　1978　1980　1982　1984　1986　1988　1990　1992

12.3m　3.5m

03　短行军　41

1994 年

第一本网页杂志《热线》（*Hotwired*）创刊，成为第一个为客户提供网络流量报告的网站，也是第一个网络评估标准。"横幅广告"一词诞生，并在类似于新闻版面和杂志页面的网页上创建模块空间。美国电话电报公司（AT&T）发布第一条可点击广告。娱乐杂志 *Vibe* 成为广告主钟爱的对象。MCI、Jim Beam、通用汽车和天美时花费 2 万美元向该杂志购买主页广告位。网络广告支出已达数千万美元。在线信息服务机构 CompuServe、美国在线和网景问世。

第一条可点击横幅广告

"你的鼠标点过这里吗？你会点的。"

美国电话电报公司说对了：这个广告的点击率达 44%。上钩的用户畅游了全球 7 间博物馆。

美国政府推广电子商务

将主机托管业务从美国国家科学基金网（NSFNET）转至包括美国电话电报公司和 MCI 在内的美国商业网络供应商。次年，由于网站代管业务从政府转向企业，数字广告支出上涨。雅虎和远景搜索引擎问世，多媒体营销集团（MMG）在美国俄勒冈州成立，促成了 SEO（搜索引擎优化）这一术语的诞生。SEO 排名成为衡量品牌市场实力的一个重要指标。

1995 年

诺基亚推出第一个智能手机系列，侧翻盖设计的诺基亚 9000 可以通过无线应用协议（WAP）和标准全键盘上网。早期的应用服务提供商 DoubleClick 成立，提供广告服务（以横幅广告为主），两年后，DoubleClick 进行首次公开募股，成为十大网站之一。

1996 年

第一台数字录像机在消费者电子展上问世，使得广告可以被跳过、被屏蔽，而且它具备与电视一样的功能。

1997 年

网页和搜索引擎用户从两年前的 1 600 万剧增至 7 000 万。

1998 年

电视广告收入达 83 亿美元。谷歌和微软门户网站 MSN 推出搜索引擎。谷歌开发出网页排名算法，用以衡量来自外部网站的链接的质量与强度，进而判断网站的相对价值。网站 GoTo.com 推出提高搜索结果排名的竞标。

2000 年

纳斯达克指数上涨 500%，表明科技公司发展到前所未有的高度。2000 年 3 月 10 日，该指数高达 5048 点，科技市场崩盘。互联网进入以信息共享、用户导向设计和协作为特点的新阶段。消费者与品牌建立关系的方式变得更自然、更人性化。营销拥抱"为客户创造价值"的理念，广告投放不再只是简单地推送给在线客户，而是传递更符合他们的生活方式、个性、人口统计特征、需求与欲望的广告。

2001 年

由日本移动通信运营商都科摩（NTT DOCOMO）推出的 3G 移动连接登上历史舞台。同年，第一次有品牌植入内容的宣传活动开始启动，呈现为由一线导演执导的一系列戏剧化视频短片。该系列名为《赏金车手》（*The Hire*）的广告片，由宝马买单，每一集都是以宝马车型为主角。

2003 年

基于网站用户行为定向的谷歌广告问世。可以通过谷歌关键词、域名、主题和人口统计特征进行广告投放，这很快就成为谷歌的主要营收来源。同时，品牌内容市场营销协会在美国成立。研究显示，相较于传统广告，消费者更青睐原生广告。《2003 反垃圾电子邮件法案》（全名《2003 控制非自动索求的色情及推广邮件攻击之法案》）由美国前总统乔治·W. 布什签署。

第一个互联网标准

第一款智能手机

14% 的美国成年人可以造访互联网

63% 的人表示从未听说过互联网，或者只是对互联网有模糊了解

"返回高度相关结果的神秘绝技"，《个人电脑》杂志如是报道谷歌，并在"100 个最佳网站"名单中，称谷歌为"理想的搜索引擎"

MARCH 10, 2000: POP GOES THE NASDAQ!

互联网泡沫破灭

领英和聚友网（MySpace）问世

脸书问世

谷歌根据点击率，推出数字广告相关性排名，作为其定价模式的一部分

推特问世

亚马逊创下高达 100 亿美元的销售金额

1993　1994　1995　1996　1997　1998　1999　2000　2001　2002　2003　2004　2005　2006

16m　　　　44m　　　　　　　　109m

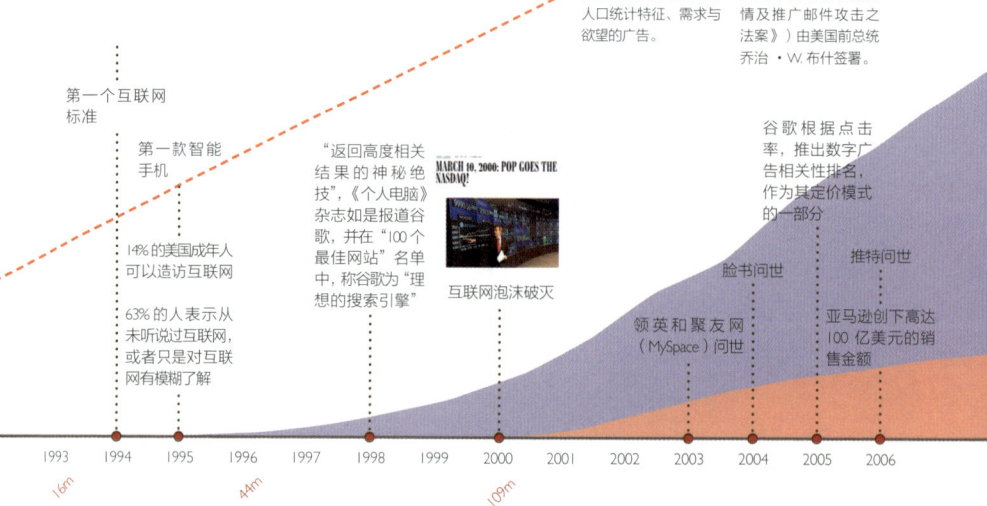

42　奥格威谈广告　*Ogilvy*

2005 年

谷歌根据用户的搜索历史，提供个人化搜索结果，并且推出品牌版的谷歌分析（Google Analytics）。

2007 年

程序化广告购买系统问世。广告交易平台通过多个广告网络售卖库存广告，而广告则基于每次曝光付费的原则，以实时竞标的方式进行买卖。全球的3G网络用户人数达2.95亿（仅为全球网络用户的9%）。音乐流和视频流风靡一时。

2009 年

谷歌即时搜索提供实时搜索结果。信息流广告主 Ad. ly 通过它的信息流广告服务，付给电视明星金·卡戴珊（Kim Kardashian）发布的每一条推特推文1万美元，此举为推广推文的测试。脸书的自助广告购买服务提供定向广告栏目，可以通过地理定位和语言进行投放。亚马逊的销售额达250亿美元。

2010 年

推特推出推广趋势（Promoted Trends）和推推文（Promoted Tweets）广告服务。第一条推广趋势是迪士尼的《玩具总动员3》。同时，维珍美国公司、星巴克和精彩电视台也付费置入推广信息。

2011 年

美国互联网广告业的第二季度业绩达76.8亿美元（较2010年的第二季度上涨24%）。数字视频广告上半年的业绩在全互联网广告收入中的占比仅为6%，但其有效性促进了信息流广告的增长，如电视广告。广告拦截软件问世。

摩斯拉（Mozilla）公布，旗下火狐浏览器将增加广告拦截功能。随后微软 IE、苹果 Safari 和谷歌 Chrome 浏览器也照做。至今，42%的美国家庭都有一台数字录像机，其主要用途就是跳过电视广告。

2014 年

广告自动程序制造"假流量"。研究发现，由于自动化广告计数器或广告自动程序，广告主花"数十亿美元投入在线广告，真正的消费者却从未看到这些广告"。自动程序制造"假流量"，降低了发布者的观众指标可信度。

2015 年

实时竞价广告大获成功，使基于曝光付费的实时广告买卖予以实现，这种竞拍模仿了金融市场的交换机制。实时竞价广告的体量达150亿美元，预计到2020年的增幅为65%（数据来源于商业内幕网）。全球的广告收入达170.8亿美元（其中70%是源于移动广告）。亚马逊网站在美国售出近5亿库存单位，在全电商增长中的占比超过五成。雅虎确认，它会以阻拦个人邮件的方式，"惩罚"那群使用广告拦截功能的用户。

2016 年

全球知名市场研究机构 eMarketer 预测，社交媒体宣传的广告支出将达到236.8亿美元，较2015年上涨33.5%。美国政府正式指控俄罗斯进行了国家支持的黑客行为，意在干扰美国2016年总统大选。

2017—2019 年

到2017年，社交媒体广告支出达360亿美元，或占数字广告总支出的16%。全球的数字广告支出从2 267亿美元增至2 830亿美元，分别相当于所有媒体广告支出的35%和39%（数据来自 eMarketer）。

谷歌以31亿美元收购DoubleClick

300m

人们在移动设备上花的时间（109分钟）赶上看电视的时间（168分钟）

移动广告营收对比
推特：1.297亿美元
脸书：0.727亿美元

美国观众在设备上所花时间之比较：每天看手机177分钟，看电视168分钟

309m

谷歌广告营收达794亿美元

全世界最受欢迎的社交网络——脸书的月活跃用户超过20亿人次

■	互联网用户
■	广告花费（美元）
----	手机订阅

2007　2008　2009　2010　2011　2012　2013　2014　2015　2016　2017　2018　2019　2020

03　短行军　43

04.

数字
生态系统

Ogilvy

身处碎片化的新媒体世界，熟谙从中整合的诀窍，势必带来大好的创意机会，就连当年的大卫·奥格威也梦寐以求。眼前确实是一个耀眼夺目且机会遍布的生态系统，尽管你满腹狐疑，但尚可忍受该系统精心策划的炒作。

　　在如此这般的生态系统中，成功的含义为何，值得大家公开探究。谁做得真的很好，谁则不然？谁在赚钱，其赚钱之道为何？奇怪的是，新闻评论如潮涌至，从中却找不到简单而有系统的一组对比，协助大家解答问题。幸好，在之后的篇幅，我们特地进行了对比。

　　通过对比分析，我们发现两件既重大又简单的事情可供学习：

- 对广告主而言，无所谓一站式商店。绝大多数的新媒体，彼此之间在诸多层面都需互补。与谁互补，如何互补，则取决于我方的战略，而非他方。
- 一场运算（algorithms）竞赛开始了，获利能力是奖赏，而不单是规模。所幸赢家尚未出炉。

　　此数字生态系统依然还在演进中。我的同事，奥美旗下咨询机构OgilvyRed的合伙人扎克·纽康比（Zach Newcombe）将之描述为处于"寒武纪"[①]的时刻,意思是说在此时间点,突如其来的最大连接性,衍生了一种新生命形式的爆发。问题是,在这些新生命形式中,哪些适应得最好,同时也将存活下来?

2011年,社交网站Friendster一败涂地,就因为它缺少社交网络应具备的社交互动功能。这就好比有人身在鸡尾酒会,却只一味看简历表。无可讳言,未来还会出现其他的Friendster。下图所示的美国社交媒体生命形式,或许缺乏最佳可行的商业模式。稍后我会阐述中国互联网生命形式如何演进,它们原本具备更好的演进潜能。

不过明眼人都看得出,当今崛起的数字生命形式,以谷歌、脸书和亚马逊"三巨头"为主,其中,谷歌和脸书将付费广告深植于各自的运算核心。以谷歌来说,这种做法并不令人意外。然而,脸书可是花了几年的时间,

/ 看似所向披靡的社交平台,迅速地臣服于更胜任的接班者。
六度空间(Six Degrees)昙花一现,勉强撑到了21世纪的开端。接着,聚友网和Friendster登场,随后又被脸书挤到一旁;此时,Xanga也让位给YouTube。再说Orkut,不久之前,它在世界某些地方还是最受欢迎的社交网络,如今已基本从人们眼中消失。

---

① 寒武纪是距今约5.4亿~4.8亿年前的一个地质年代,出现了门类众多的无脊椎动物,称为"寒武纪生命大爆发"。——译者注

48 奥格威谈广告

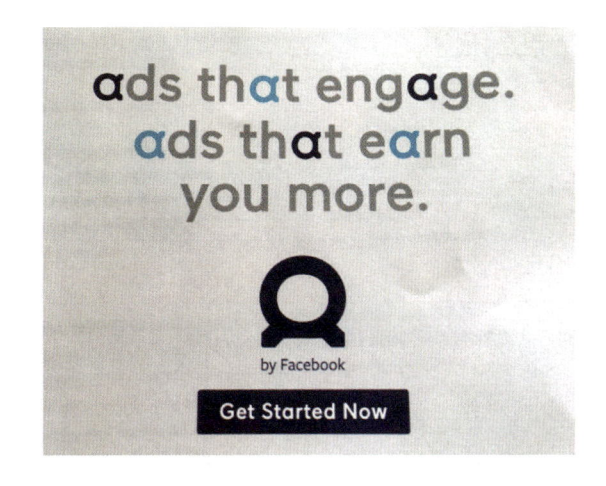

/ 脸书过去只强调广告，深信大量用户对广告主极具吸引力。随后，营销人员发现它还有更强大的功能——社交型顾客关系管理（Social CRM）。如今，脸书削弱了广告平台属性，而彰显社交型顾客关系管理的功能，于是品牌能高效率地开发客户，譬如我们为飞利浦发布新产品所做的宣传活动。相关预算都适得其所地重新分配，以充分利用社交型顾客关系管理的效果。

才从一个类似利他的社交网络，转型为野心勃勃的媒体所有者。记得早些时候，我曾说它们就是全球最大的直效营销数据库，此话一出，广受批评，当时它们不愿意承认，如今也没有丝毫内疚之心。再说，具备一个由移动存取性、目标准确化、精明的广告费率和不断增进的直效回应引导力等组合而成的数据库，对任何媒体计划来说都是极具吸引力的一部分。

综上所述，一种双头垄断现象似乎开始成形。全美国的数字媒体花费为 690 亿美元，谷歌和脸书两家就将近 360 亿美元纳入囊中，占比高达 52%！美国前总统西奥多·罗斯福在 1906 年接手标准石油时，该公司在石油和煤油市场中的占比为 70%。未来，当谷歌和脸书的占比达到同一水平时，我们是否会改变对垄断交易的看法？届时，还会有如西奥多·罗斯福一样的人来"屠龙"吗？

04　数字生态系统　49

数字生态系统

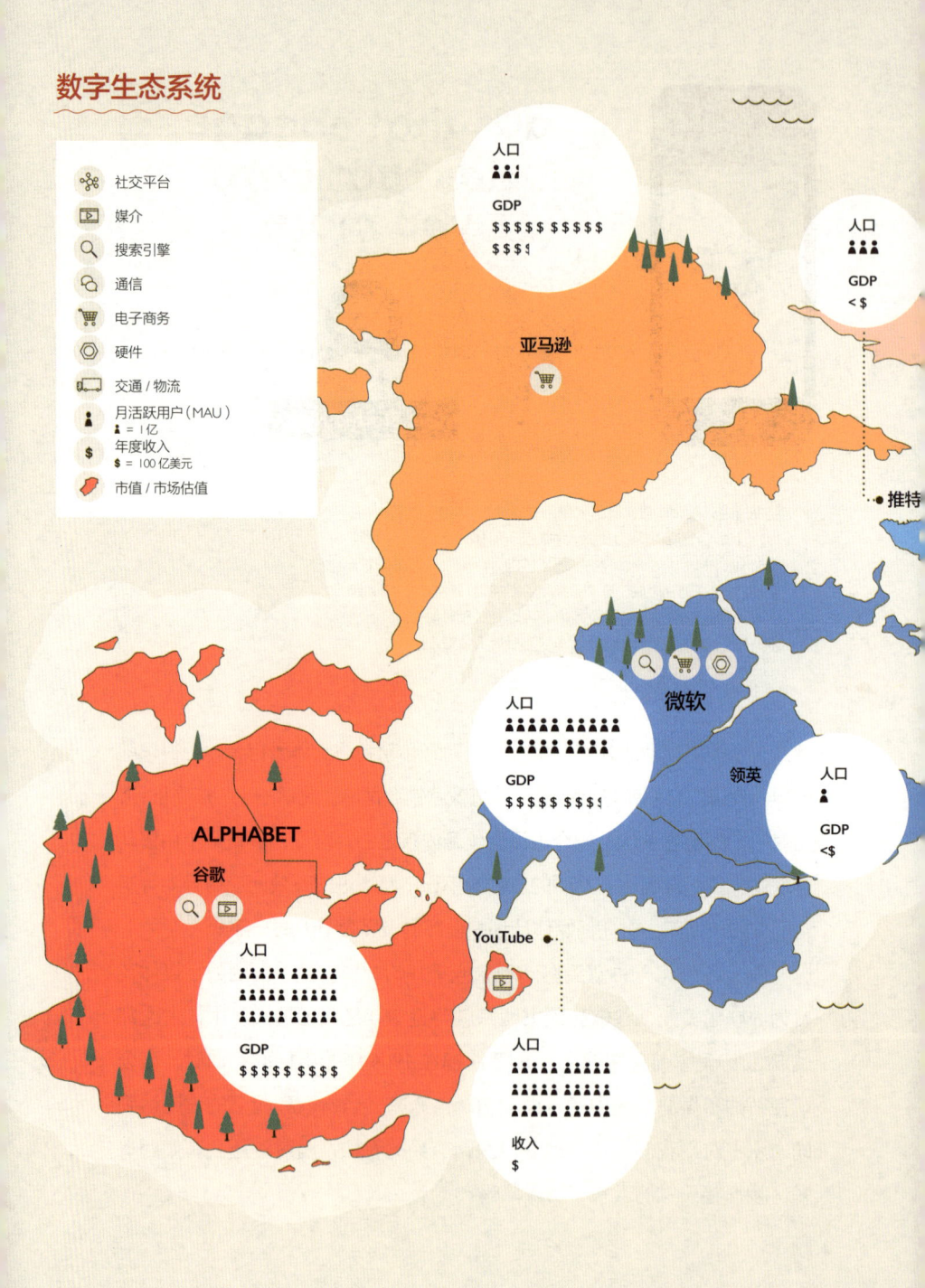

- 社交平台
- 媒介
- 搜索引擎
- 通信
- 电子商务
- 硬件
- 交通 / 物流
- 月活跃用户（MAU）
  👤 = 1亿
- 年度收入
  $ = 100亿美元
- 市值 / 市场估值

亚马逊

人口
GDP
$$$$$ $$$$$
$$$$

推特

人口
GDP
< $

微软

人口
GDP
$$$$$ $$$$

领英

人口
GDP
<$

ALPHABET
谷歌

人口
GDP
$$$$$ $$$$

YouTube

人口
收入
$

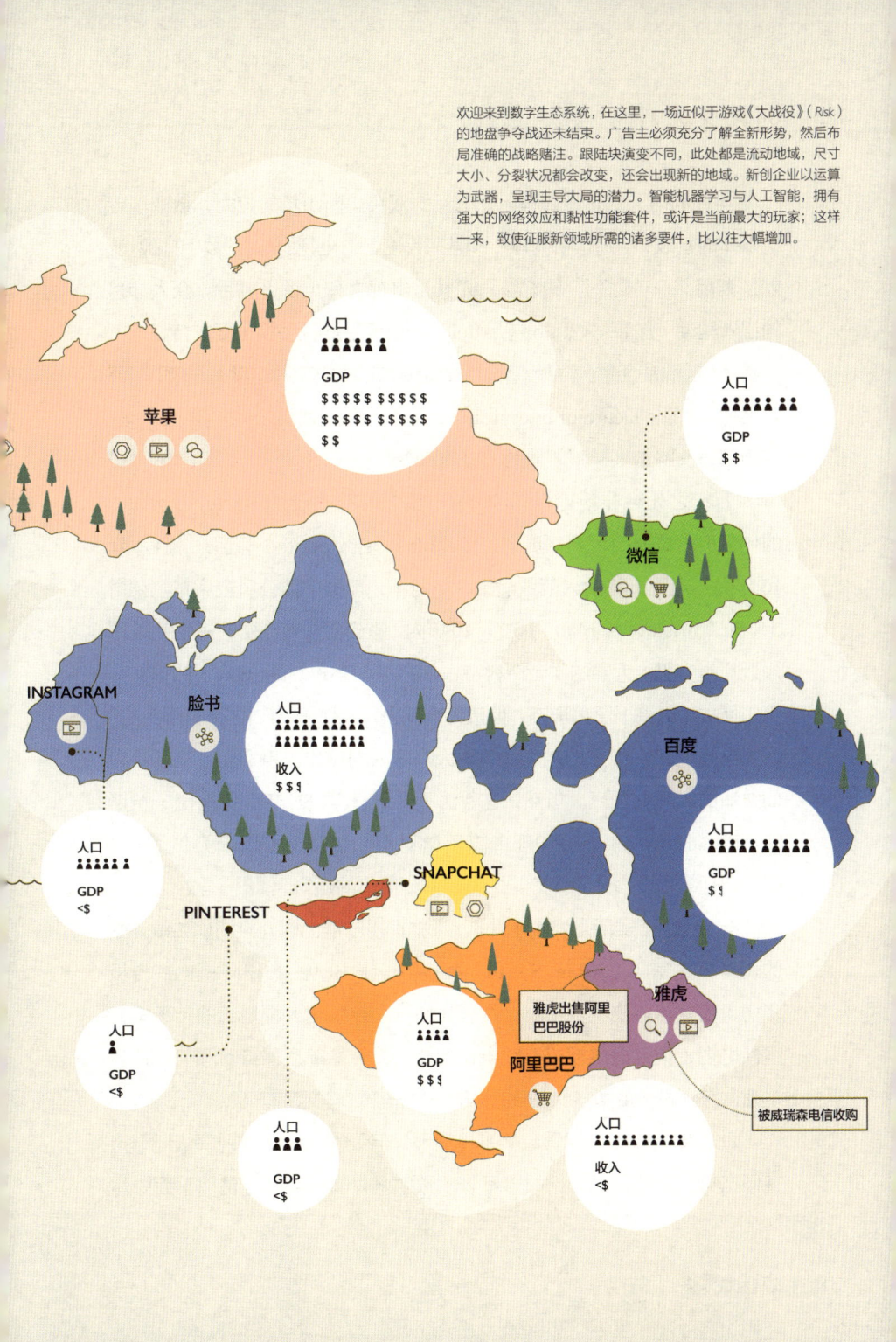

欢迎来到数字生态系统,在这里,一场近似于游戏《大战役》(Risk)的地盘争夺战还未结束。广告主必须充分了解全新形势,然后布局准确的战略赌注。跟陆块演变不同,此处都是流动地域,尺寸大小、分裂状况都会改变,还会出现新的地域。新创企业以运算为武器,呈现主导大局的潜力。智能机器学习与人工智能,拥有强大的网络效应和黏性功能套件,或许是当前最大的玩家;这样一来,致使征服新领域所需的诸多要件,比以往大幅增加。

苹果

人口
GDP
$$$$$ $$$$$
$$$$$ $$$$$
$$

人口
GDP
$ $

微信

INSTAGRAM
脸书

人口
收入
$ $ $

百度

人口
GDP
<$

SNAPCHAT

PINTEREST

人口
GDP
<$

雅虎出售阿里巴巴股份

雅虎

人口
GDP
$ $ $

阿里巴巴

被威瑞森电信收购

人口
收入
<$

人口
GDP
<$

万物之死？

与此同时，"传统媒体"怎么了？双头垄断市场的拉力，截取了传统媒体的营收，特别是新闻媒体和某些程度上的电视媒体。"数字排他性"就是套用"……之死"的说法。尤其是电视之死，备受瞩目。众人仰慕的记者鲍勃·加菲尔德（Bob Garfield）一直都是此说法的主要支持者——在其著作《混乱场景》（*The Chaos Scenario*, 2009）中，甚至就有一章以"万物之死"（The Death of Everything）为名。现在我想，鲍勃可能会承认，这场革命一路走来，不如他的末日预言惨烈。

万物之死绝非新论点。1996 年，《数字化生存》（*Being Digital*）的作者尼古拉斯·尼葛洛庞帝（Nicholas Negroponte）写道："在不到 10 年内，电视机将会大范围消失。"同年，英国广播公司主席布兰德爵士（Sir Christopher Bland）说："10 年内，遍及全球的电视机将被丢弃。"最近几年，纽约大学的学者斯科特·加洛韦（Scott Galloway）的论文，不知何故，更流于意识形态。他认为电视之死隶属于"广告工业情结"，亦即电视业和广告主的阴谋，多由大品牌人为操作。事实上，这就是我们熟知的品牌化之死。当然，这看法了无新意。1994 年，罗纳德·拉斯特（Ronald Rust）教授和理查德·奥利弗（Richard Oliver）在《广告研究期刊》上发表文章《广告之死》时，给出的预言也如出一辙。

自此之后，实际上发生了什么？我的同事，群邑媒介集团（GroupM）的亚当·史密斯（Adam Smith）准备了一张 1999—2017 年间的广告投资衡量表，透露出不少信息。图表显示，在数字化大幅增长的市场里，线性电视（指直播电视或有线电视的非时移转播）还保持着强势地位。电视占媒介投放的 40%，跟 1999 年一模一样。电视没有死！

此中原因在于，尽管数字媒体涌现，但线性电视的收视率依旧维持良好态势。当然，真正的故事不外乎数字媒体有所斩获，是以平面媒体

电视在全球媒介投资中的占比（%）

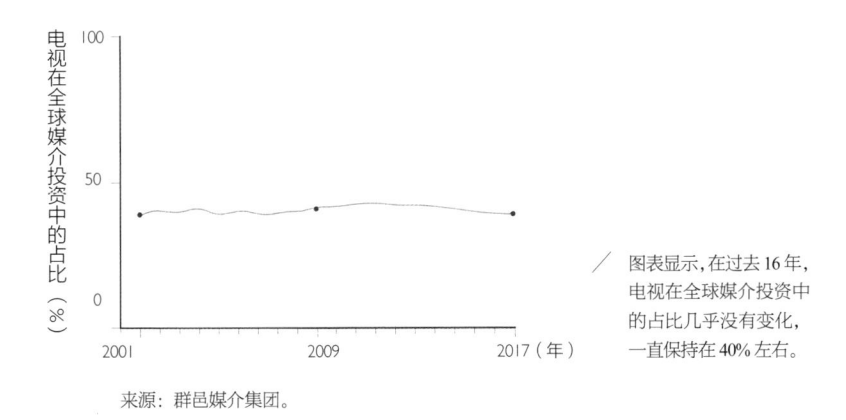

> 图表显示，在过去16年，电视在全球媒介投资中的占比几乎没有变化，一直保持在40%左右。

来源：群邑媒介集团。

的牺牲为代价的。分类广告已死无疑，而直效广告（direct response）也全部转移到数字媒体。甚至可以说，平面媒体并未完全死亡。当优质的新闻业者得以提供铿锵有力的内容，又有足够规模或足够专业的精英受众愿意买单支持时，平面媒体依旧韧性十足。如此一来，以广告为主的可持续商业模式依然可行，尤其如果能以发行量作为计费标准。以上提及的要素，只要其中有一个破功，此种商业模式便随即瓦解。

所以，电视没有死：虽然它的变化难以辨认，但比起过往却更为有用。"订户退订有线电视服务"、"电视无所不在"和"通过互联网电视提供服务"（over-the-top，OTT）正大肆干扰电视的局势，但三者都不算致命之疾。其实，它们预示着一个更庞大的电视消费时代正在来临。

付费电视业，经由合并与提供多频道按需供应的订阅服务，以适应全新的收视形态。人们普遍认为电视广告乃强弩之末，而广播和数字节目却欣欣向荣，成长快速。现在的电视内容呈现前所未有的进步——更多样化、更高质量，但观众却散布在不同的媒体中。截至目前，我们还不知道如何更有效地衡量收视群众，这一点（而非用户退订）也许是电视业面临的最大威胁。

04 数字生态系统　　53

毋庸置疑，"电视已死"的论点确实导致了客户"超目标化"的挥霍行径。我个人相信——纯粹基于与真实客户的交流经验，除此无他——所有历经上述实验的品牌，目前正回头寻求营销的基本法则。何者给予品牌所需的到达率？何种组合给予品牌更高的到达率与更大的影响力？

从长远来看，凡需求所在之地，供应本身通常会自找出路与之匹配。到目前为止，媒体业大概都遵循此定律——寻找新途径以达到全体受众。天晓得，说不定对数字大众媒体从业者而言，此举可能带来极有趣的挑战：到底是要跻身电视业，还是设法一手摧毁它？我之所以如此说，并非自我陶醉的妄加猜测，而是面对大量反电视的盲目偏见，就是借此痛批还击一下。电视业在发展中市场活得好好的，而在许多发达市场中，也依旧生气蓬勃。

电视没有死的六大理由

1) 电视是大规模达成"净到达率"的最安全途径，任何其他方法至今无法实现。
2) 电视可免于陷入广告作假的困境，而广告作假可能为数字投资带来高达三分之一的损失。
3) 由于电视内容在电视机之外的其他设备都可收看，电视受众因此被大幅低估。当收视人口统计出"真实"数目时，电视广告花费将会增加。
4) 电视，毫无疑问依然是情感沟通的最佳工具；品牌平台需要情感支撑。
5) 计量经济学的结论证明，电视广告预算的削减对销售有害。
6) 线上广告本身就是持续不断的电视广告：它已成为第二大广告花费类别。

数字贫民窟

多年来，我的客户，也是杰出的现代营销者之一，史蒂夫·迈尔斯（Steve Miles）引用"数字贫民窟"一词谈论多芬品牌。的确，此言不虚："贫民窟"源自一种不假思索的敬畏心态。我们敬畏，然后我们分离。我们分离，接着我们竖立起筒仓，以确认事实存在，并力保势力范围；我们形容此举为"纯粹"玩法，让其合理化。

如史蒂夫所言，世界上并无所谓的数字营销或数字广告，只有出色的营销和出色的广告。他的说法如下："如果多芬擅长于数字营销，让它在某处表现良好的因素，到任何地方都会让多芬一样出彩。此乃营销的基本法则。"[1]

雀巢曾经聘任数字化大师皮特·布莱克肖（Pete Blackshaw）来推动品牌营销的数字化，皮特也说了非常类似的话："基本原则就是基本原则，始终不变。"[2]

大体而言，数字化多由相反的观点出发。它是偶然发生，而非源自根本。数字化一举架高媒体平台，使其超越品牌平台，而且，它无法扩充规模。

正因如此，我对2013年"超级碗"比赛时奥利奥饼干发送的一条相当出名（或十分狼狈）的推文（见下页图）自有看法。当时，那条推文首度真实记录了一种利用片刻时间创造永远在线的潜能。

一位澳大利亚学者马克·里特森（Mark Ritson）教授也义务出手帮大家的忙，他仔细分析了该推文背后的实际状况。

通过剖析奥利奥的实际粉丝数量、点击率和扩大率（推文转发量），里特森教授表示，这条推文的到达量只有6.4万人——或者说，只有奥利奥顾客总数的0.02%。

他说得很清楚，并且不忘以滑稽而玩世不恭的方式表达。不过，也许这观点的可贵之处，在于它着重抨击了外界对推文的狂热崇拜，袭击了不可一世的数字筒仓，痛击了一条易被屠宰的龙，而非锁定推文本身的内容。所以，最终而言，它有更重大的意义。我深感荣幸，曾经同时经营一家广告代理商和一家公关公司。在我看来，那群大肆炒作说奥利奥推文是广告大突破的人士，实在是在帮倒忙。无可讳言，这的确是精彩绝伦的公关活动，针对了一系列从员工到投资人的利益相关者的诉求。然而该活动以前所未见的数字广告方程式，不幸陷入"贫民窟"，既毫无规模可言，也缺乏复制的可能性，虽然最后的结果是，该推文让奥利

"黑暗中，你仍然可以泡一泡。"
"停电了？没问题。"

／ 2013年"超级碗"比赛时，一支具备勇气、敏捷和创意的社交媒体团队，充分利用了停电的时机创造了推文，随后又不眠不休地大肆宣传。此推文也引发了其他新闻标题，如"奥利奥停电推文打赢百万美元超级碗广告"。

奥出名，让推特声名大噪，让亿滋国际（奥利奥的母公司）广为人知，也让推文的创作者打响名号，甚至让"揭露"真相的学者一战成名。

当新的社交媒体试图切割旧世界，自称是独立自主的筒仓时，问题就来了。道理很简单，新媒体在自家筒仓里无法发挥明显的作用。只有奋力成为团体的一分子，新媒体的功能才能广受瞩目。

长久以来，我们一向渴望以成功示人，也不免深受其害；容我借此率先请罪——我曾经为不少只以"浏览量"为衡量标准的传播案例背书，这样一来，好像浏览量就代表一切。的确，浏览量很重要，因为数量显示该作品具有吸引消费者观赏的能力；然而，所谓的吸引力必须基于良知而为。迎合群众文化，要达到的最低标准，易如反掌：每支视频，只要有一只猫就行了。

"数字贫民窟化"导致很多诉求主张容易被外界攻击。品牌化内容就

▷ 我们在加拿大多伦多的公司 John Street 一直深深明白，凡是为数字的未来做预测时，人性就会缺乏幽默感。他们端上一道解药——以令人捧腹的滑稽视频系列（如图示视频截图）嘲讽，猫就可以引发很多浏览量，在影片中也趁机取笑广告行业。

04　数字生态系统　　57

是此类受害者,简而言之,就是累积的总收视人数不如线上视频创作者所吸引的流量(见下页图表)。何以如此?因为前者依然背负品牌推广或销售的目的,难免内容受限。视浏览量为单一目标,任何专业营销人士都会觉得索然无味:数字成分是整体形态的一部分,通常在传播议题设定层次运作,也最能发挥功效。此外,我们也有堆积如山的证据显示,当数字媒体与传统媒体合作无间时,效果最好。

坊间颂扬社交媒体的夸大论述,让评论家(以学术界为主)轻而易举发出连珠炮般的吐槽,如曾被斥为是该死的"喧闹的套环游戏"[3]或"屁话一货车"[4]的说法。他们所说不无道理,但是,一面倒的批评犹如错置"贫民窟"和"筒仓"的用词一样夸大。对任何营销人员而言,扩增和铁粉都是如假包换的实质收益,但就是不能单以浏览量去衡量效果。

不论对数字辩护者还是数字评论者来说,问题的核心都一样。这两派人都使用广告语言,并且倾向以广告术语——到达率、接触频次、创意、消费者、广告和品牌等诸如此类的用语来思考。因此,本书书名继续沿用"广告"一词,也不足为奇。

然而,置身于数字世界,广告早已不是广告。广告、公关、直接营销、销售支持和其他领域等的传播技能,着实一一瓦解。("传播技能"一词,也显露控制的欲望,最好每一技能都独立自主。)如今,所有领域再也无法各自存活。多数广告即公关,多数公关即直接营销,多数直接营销即广告;但是,此一辩证关系只是以广告来表述,真正的挑战在于懂得将数字媒体和传统媒体视为添加物,发挥良好的整合能力,达到合适的整合程度,从而成为一个更优秀的沟通者。

数字革命之前的局势,看似一目了然:媒体赚取的营收包括广告主支付媒体广告投放的费用,以及消费者按媒体标价或订阅所付的钱。

如今,新形态的关系浮现了,一种微妙的隐形"契约"乍然存在于媒体拥有者、广告主和消费者之间。

排名	视频	所有视频观看量（百万）
	被浏览最多的创作者（vlog 形式）	
1	PewDiePie	13 411
2	The Diamond Minecart	8 196
3	PopularMMOs	6 605
4	Smosh	5 930
5	Vanosgaming	5 818

／ 看到 PewDiePie 和 Smosh 等网红主播的总浏览量时，各大品牌心生艳羡。但是，这些网红的浏览量是积累而来的，甚至需要迎合观众，靠多年来每天发送视频而取得。对于品牌而言，这种方式并非特别有用。

排名	视频	观看量（百万）
	被浏览最多的品牌视频	
1	Akria：夏奇拉（Shakira）的 La La La（《啦啦啦》）	561
2	安卓：Friends Furever（《永远的朋友》）	201
3	多芬：Real Beauty Sketches（《真美素描》）	139
4	依云：Roller Babies（《旱冰宝宝》）	133
5	墨尔本铁路：Dumb Ways to Die（《愚蠢的死法》）	114

／ 图中所列数据更具价值。相关视频之所以能获得如此高的浏览量，是因为这是隶属于具有商业目标的整合活动的一部分。

排名	视频	观看量（百万）
	被浏览最多的视频	
1	鸟叔：《江南 Style》	2 600
2	维兹·卡利法 See You Again（《与你重逢》）	2 000
3	马克·容森/布鲁诺·马尔斯：Uptown Funk（《放克名流》）	1 900
4	贾斯汀·比伯：Sorry（《对不起》）	1 800
5	泰勒·斯威夫特：Blank Space（《空白格》）	1 800

／ 通常，在每个视频播放量榜单上，名列前茅的多是音乐视频，其原因在于音乐的消费是通过免费媒体和串流服务形成。但这并不代表少数杰出艺人的胜出，就足以完全颠覆音乐产业。

04 数字生态系统　59

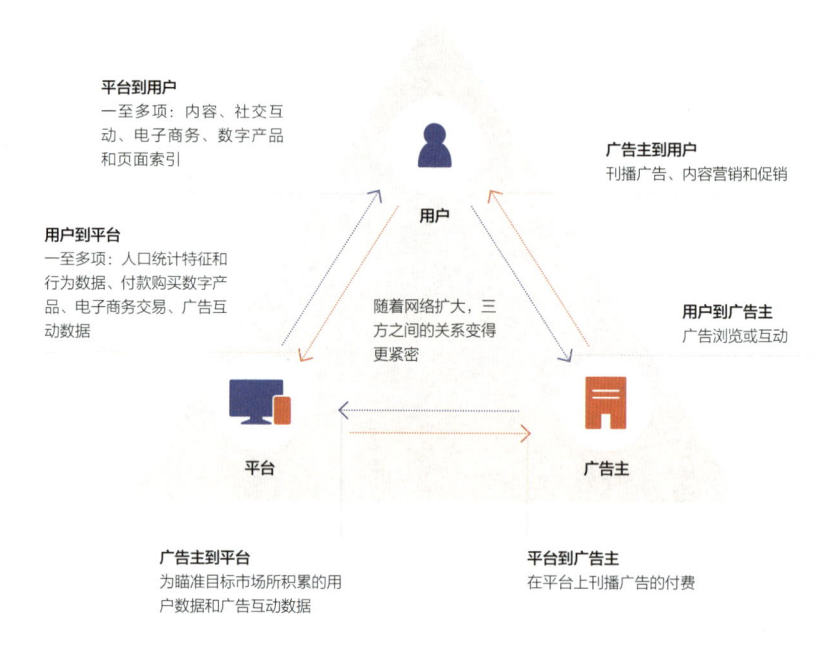

平台到用户
一至多项：内容、社交互动、电子商务、数字产品和页面索引

广告主到用户
刊播广告、内容营销和促销

用户

用户到平台
一至多项：人口统计特征和行为数据、付款购买数字产品、电子商务交易、广告互动数据

随着网络扩大，三方之间的关系变得更紧密

用户到广告主
广告浏览或互动

平台

广告主

广告主到平台
为瞄准目标市场所积累的用户数据和广告互动数据

平台到广告主
在平台上刊播广告的付费

数字社交契约

在数字时代，我们可能不知不觉就以用户的角度签署一份新的社交合同。平台、广告主和用户相互交换价值，即由数据、金钱和互动三者组合而成的价值。相对于过去的模式——媒体拥有者只是单纯地销售广告或订阅服务，一切更复杂。当平台蓬勃发展而网络效应也形成之时，此新动态模式，对所有人都更具价值。

"和"的时代

我一直把数字世界描述为此"和"彼,而不是此"非"彼。这绝非偶然。我们在内部谈论数字广告,经常使用"和"这个字。早在以前,这个字就备受瞩目,特别是受商业理论家们的关注,其中赫赫有名的当属吉姆·柯林斯(Jim Collins)。他在《基业长青》(2005)一书中说:"拥抱'和'的精神……一家真正高瞻远瞩的公司拥抱永续体的两端——持续与变化。"

自从他撰写此观点之后,零和博弈就不那么明显了,也迫使我们接纳人为的两极性。

所以,我乐于再进一步呼吁,当下就是"和的时代"。

在一切革命中,多少无法避免,都会出现狂热者与阻挠者,激进派与保守派。矛盾展露无遗,但是,此时此刻,我们可能也必须认清所谓的添加物和互补物带来的好处,譬如:

模拟"和"数字
一体化"和"专业化
片段"和"规模
理智"和"疯狂
形式"和"内容

以上数点,本书后文都会一一阐述。

在《奥格威谈广告》中,大卫列出了一张他最喜爱的词语清单。现在,容我添加一个字。美国人有一个描述"和谐幸福"的词,这个词在20世纪20年代不知怎的冒了出来,它就是copacetic,意为"极好之至"。或许答案在于,我们在极好的共识中找到和谐。

值得一提的是,有一种"零和博弈"的说法早在《奥格威谈广告》

出版之前，就一直困扰我们的世界，那就是马歇尔·麦克卢汉（Marshall McLuhan）的口号"媒介即信息"（1964年）。后来，此话也被人以五花八门的方式赋予数字新生命。我认为这彻底错了。就以此口号为例，所谓"和"的精神实在是被彻底压制了：信息就是信息，哪怕媒介可能会影响信息。

和大卫共事过的还健在的同事记得他的忠告："重点是你要说什么，而不是如何说。"当今，比过往任何时候，我们更需要如此这般的忠告。

即将面临的战争：视频领域的 YouTube 与脸书之战

近日，我随同若干同事和一位客户，花了一天时间，前往谷歌和脸书拜会。那是很特殊的体验——就像在同一天造访雅典和斯巴达。

对我那位负责视频业务的同事罗伯·戴维斯（Rob Davis）来说，当天的拜访，让他具体对迫在眉睫的战役有了大致的概念。

罗伯早就开始对"短暂型"（以视频保留时间而定）和"存档型"视频网络予以区别。

短暂型视频网络可在片刻之间散发最大影响力，也是为互动而生。视频观赏不过是此类网络社群的使用功能之一。这类网络的搜索价值微乎其微，因为对于视频的归档和储存，它们不做优先处理。脸书、Instagram、Snapchat 和 Periscope 都属于短暂型视频网站。目前此类网站正快速成长。

存档型视频网络锁定视频收看体验，可托管和安排内容。此类网络为视频观赏而生。它们具有强大的搜索影响力，是搜寻视频人士的首选。YouTube、Vimeo 和 DailyMotion 属于仅存的存档型视频网站，其他大多数平台都已停止运营。

在 2014 年底之前，YouTube 吹嘘每天有 40 亿次的视频浏览量，那时尚无其他平台能与它相提并论。脸书当时的视频播放量约为 YouTube 的 25%。但在 2015 年 2 月，YouTube 创立十周年时，状况有了变化。脸书宣称其网站浏览量与 YouTube 不相上下，同时将很快批露数据，证明脸书的日收视率已超过 YouTube。

　　脸书的视频浏览量剧增是技术调整所致，而不是因为有大量的观众汹涌而至。它推出了视频自动播放功能——当用户将页面缓慢滚动经过视频时，视频开始播放——并且将此类自动交互计为一次"浏览"，这就是脸书的视频日浏览量瞬间翻倍的戏法。相比之下，YouTube 只有在用户点击了播放按钮时才算一次浏览。脸书的新战略让浏览量一夜间翻倍。

　　拜访谷歌时，我们目睹了一家存档型视频网络正与成熟度方面的难题搏斗。在崛起之际，YouTube 的影响力定义了整体视频市场。很不幸，YouTube 也曾为其识别定位纠结不已。每隔 18～24 个月，YouTube 的网站都经历重大变革：究竟是一个内容平台，一个社交网络，还是一个互动体验中心？大概两年前，在下线了量身定制的功能后，YouTube 的身份得以明确。此后，YouTube 就一直为用户提供标准的视频体验。它的商业模式的基石是前贴片广告和一项新的免广告付费订阅服务—— YouTube Red[①]。

　　全球性的网红谢尔贝格（PewDiePies）和少壮派（Young Turks）的栏目，为 YouTube 的文化相关性打下了基础，并且（与依旧占总流量很大部分的音乐视频一起）带动了 YouTube 的平台流量。

　　与 YouTube 不同，脸书起步时一点都不关注视频。最初，它鼓励用户把其他网络的视频直接嵌入个人发布的脸书中。后来，脸书终于增添了自家的视频服务。从那之后，脸书就大力推广该服务的鲜明特色，为其视频浏览量助一臂之力；有时候，这难免与我们为 YouTube 或一般网站推荐的做法背道而驰。

---

① YouTube Red 现已改名为 YouTube Premium。——译者注

04　数字生态系统　　63

例如，像同类型的众多短暂型视频网络一样，脸书属于滚屏式体验。用户滚动屏幕迅速翻阅，直到某些有趣事物引起他们注意。我们喜欢将脸书那些引人入胜的内容称为"停下拇指"。造访脸书时，我们当场听到的绝大多数建议，都与停下拇指有关，但是，脸书也有意经由视频推送信息——就算用户本人并未选择看视频——如此一来，就为品牌和创意打造了一套独特的多样情境。

缩略图（用户播放视频之前出现的静态图像）被全屏网（FullScreen）称为"在线视频世界的封面"。我们从脸书之外的经验中得知，视频缩略图应该是准确描绘视频内容的吸睛图像。公认的最佳方式就是千万不要在缩略图里展示产品或品牌标志，因为用户不太可能去看显而易见是广告的视频。

然而，脸书的建议与此相悖。它建议使用包含产品图片和文字的缩略图。为什么？因为用户放慢滚屏速度去读文字或看产品缩略图时，会触发视频自动播放的功能，于是就算该视频有了一次浏览量。

当脸书和YouTube继续一决胜负时，其他的短暂型视频网络正大举进军。Vine（短视频托管网站）引进短"循环"视频的概念，而视频直播

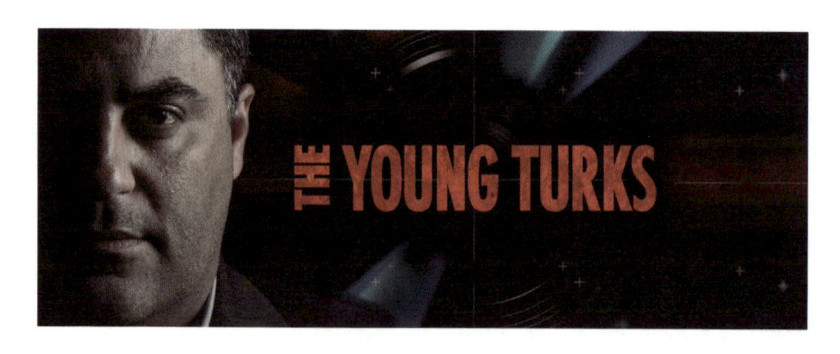

"少壮派"（在YouTube播放美国新闻评论节目）作为最历久不衰的网络视频品牌之一，凭其本事早已成为独立媒介实体。

> **数字化最能为谁加持**
>
> 议题框架
> 强度——引导宣传
> 热点——口碑宣传
> 时事话题
> 参与度
> 互动性

网站 Periscope 和脸书直播平台则抓住公众的想象空间，让他们转而看广播。近年，YouTube 和脸书都不约而同设置了直播功能。

从长远来看，质问 YouTube 能否保持市场占有率的，势必大有人在。如今，创作者都爱上了短视频，这批人也没有放弃 YouTube，但是 YouTube 正变成他们的图书馆和搜索目标。所谓的分享和互动，则在其他渠道发生。

假以时日，脸书预计会推出全视频库功能。它早已准备就绪，随时会夺走 YouTube 的一大主要优势。

数字时代领导人的五大须知

无论数字生态系统如何急速变化，领导的本质丝毫没有变，尽管如此，层出不穷的鼓噪、困惑、炒作和新奇之物，有时候确实让我们难以招架。在数字进程已推动 20 年之后，我认为有五条须知非常重要，我不认为有商学院曾经传授下述内容：

1) 切记不断提问："可是为什么？"像一个好奇心十足的 5 岁小孩，执着坚决，一再反问。"为什么"是唯一可以穿越云雾，找到真正问题的词语，也能协助我们区分手段和目的。为什么？为什么？为什么？在内部培训时，我甚至设计过一系列以"为什么的力量"（The Power of Why）为名的课程。
2) 切勿盲目崇拜必然性。随手可得的一系列措施并非一定有用。审慎看待所有 KPI（关键绩效指标），面对单一 KPI 时，将其视同瘟疫病源，抱以很大程度的保留态度，因为它可能呈现一时扭曲的轻重缓急，进而影响整体组织。

3) 要切记鞭策自己完全开放。身为领导人的你，拥有难能可贵的机会，大力破除内部如筒仓般的各自为政。同时，比起以往，你需要更多人保持同心协力的态度。此时，守口如瓶、秘而不宣，无异于输家的下策。

4) 切勿聘用目中无人的"天王天后"。他们比比皆是，容易让人目眩神迷，随即让人大失所望。正如我的一位客户所言："才华不过是基本配备，唯有不屈不挠，才能与众不同。"当我对毕业生们一再重复此话时，他们往往倒吸一口气，但没有什么比这更千真万确的了。

5) 切记懂得欣赏二元论。数字世界的张力，可以把你或你周遭的人推入一场零和博弈的游戏。然而，成功之道有赖于管理两者之间的张力，绝非一味坚持非"此"即"彼"。两者兼具，则有趣多了！

| 名人堂 |

多芬

蒂姆·派珀（Tim Piper）在我们的多伦多办公室，曾是一名筋疲力尽、前途未卜的年轻澳大利亚人。他既是电影导演，又是传统撰稿者。2005 年，他为人造黄油品牌 Becel 撰写并拍摄了一支 30 秒的电视广告，名为《失灵的电梯》（*Broken*

Escalator）。电梯发生故障，不幸受困的乘客呼叫求救。蒂姆深感不得不再拍摄长秒数的版本。奥美互动（OgilvyOne）的创意总监看了这支广告后，告诉蒂姆有一个叫 YouTube 的平台。于是，该广告在 YouTube 曝光，几乎立即获得 5 万次的浏览量，让所有人大吃一惊。

2006 年，多伦多办公室接到多芬客户的开放性创意简报，要求把"真美"（Real Beauty）的品牌活动发扬光大。蒂姆提出了一系列以情感驱动的短片创意，包括《演进》（*Evolution*）。此是为了向创意总监简娜·凯斯汀（Janet Kestin）和南希·冯克（Nancy Vonk）联手培育的开创式创意文化致敬，她们总是赋予创作者足够的能量，鼓舞后者为其热衷的想法提案。当时，客户喜爱情感短片的创意，但比起与简报稍有不符的《演进》，他们更喜欢其他概念。但是，蒂姆有一种直觉，他说这其中含有"某种不寻常的视觉元素"，会让人想要分享。

《演进》并未获得拍摄拨款，所幸在导演雅埃尔·斯塔夫（Yael Staav）和公司制片人布伦达·舍敏斯基（Brenda Surminski）的协助下，蒂姆得以在完成别的制作后，随即拍摄被客户通过的《演进》，同时也明智地告知了客户。此时，蒂姆需要更多的帮忙。他寻求了一位当地的时尚摄影师、一位化妆师和一家后期制作公司的帮助，甚至让女朋友出镜当主角。蒂姆编写剧本，还跟创意合伙人迈克·柯克兰（Mike Kirkland）一起担任现场美术指导。后来，客户非常喜欢这支短片。

这支短片虽然在没有任何发行计划安排的情况下曝光，但它就是"走红"了，并且成为早期在互联网上产生病毒爆红效应的品牌广告之一。此例带来若干教训，但也有好处：因为没有预算，短片省略了市场调查测试的程序。真正的启示是——假如你能找到引起视觉共鸣且具体捕捉品牌价值的东西，你也就能发掘一种运用视频引人瞩目并让人在意的方法。人们一旦在意，就乐于分享。

现在让我们追溯最早的起源。有了大卫·奥格威的协助，利华兄弟公司在 1957 年推出多芬品牌。多芬一问世，就以与众不同的美容香皂自居，含有保湿润肤霜，完全取代一般香皂给人"无比干净"的感觉。同时，广告代言人以当代平易近人的女明星为主，如琼·夏伊（Jean Shy）和皮尔兰·沃特金斯（Pearline Watkins）。多芬品牌一直崇尚真实。直到 21 世纪初，当通路品牌和电商分化了拥挤不堪的品类，多芬请我们协助转型，从单一产品变成系列产品组合。

多芬的广告《演进》是一支快速蹿红的病毒式视频，由蒂姆·派珀和他事前不知情的女朋友，以及我们多伦多办公室足智多谋的制作团队共同创作。以微薄的制片费拍摄，一个自发性开展的宣传活动，却将多芬品牌的价值提升了 12 亿美元，同时增加了 5 亿美元的营收。

我向来笃信一个理念——品牌必须兼具大理想（详细解释见 98 页）和大创意。所以，我们的解决方案是为品牌发展文化观，这不仅有助于商业获利，也能发挥社会影响力，让一切更美好。如果有人问多芬的大理想是什么，我将回答："多芬相信，如果女性被容许对自己感觉良好，这个世界将会变得更美好。"大理想是一个强而有力的组织工具，能与品牌的最佳真我相互关联。正如负责多芬全球业务的史蒂夫·迈尔斯所言："有宗旨的品牌不仅有益于社会，而且为杰出的业务成长铺路。"

美妆美肤产业的运作是基于一个不容置疑的假设，即美丽让人充满正向而愉悦的感受。所以，我们很震惊地发现了一个数字——高达 98% 的女性对自己的外表深感不满。于是，我们寄望一个世界的来临，让女性相信美丽是信心而非焦虑的来源。多芬，即是提倡此宣言的品牌，于是顺势推出"真美活动"。

/ 截至目前，《真美素描》是最广为分享，也最多人收看的广告视频。它揭露了女性对自身美丽的过度挑剔，相比之下，来自陌生人的评价更显慷慨。简言之，短片传递的信息是你比你自己所想的美丽多了。

对于多芬，或对消费品牌在文化沟通中的潜在影响，这都是决定性的关键时刻。

然而，到 21 世纪 10 年代初，全球"真美活动"却因其成功而深受其害。真正美丽的女性突然俯拾皆是——彼时美妆美肤产业大肆自清门户，而坊间少女也想看到真美女性在杂志上出现。于是，我们着手重新评估先前的洞察，虽然颠覆性早已荡然无存，但却揭开了另一个层次。**96%** 的女性依然宣称不喜欢自己的长相，可见问题所在已非不切实际的美丽典范。我们从调研中找到一条新路线，那就是女性的内心独白：**54%** 的女性认为她们就是对自己最严苛的挑剔者。同时有三分之一的女性吐露：自己最大的焦虑，就是"我要求自己变美丽的压力"。

多芬心知肚明，若要持续推动富有意义的品牌，就必须不断演进。所以随后三年，我们在每年春季揭开序幕，推出一年一度的"英雄式"活动：2013年是"真美素描"（Sketches），2014年是"美丽记号"（Patches），2015年是"选择美则美"（Choose Beautiful）。自2013年开始的三年间，此系列活动赢得全球140亿次的曝光量，从《赫芬顿邮报》到《今日美国》的新闻报道中获取了超过9 000多万美元的媒体价值，其中绝大多数都属于数字媒体的曝光量。

根据WPP传播集团的BrandZ研究结果，当今多芬的市场价值已超过50亿美元，其中超过40%的品牌价值要归功于广告。同时，多芬的自身计量经济建模也显示，就梳理销量增长来源而言，价格、经济信心、分销变化和媒体支出等项目都早已剔除。由此证明，在广告中妥善驾驭品牌宗旨，可以长驱直入文化的核心。

不久，其他广告公司也东施效颦，试图为负责的客户品牌创作类似《演进》的活动，如同蒂姆当初为多芬所做的一样，无奈经常不得其门而入。原因无他，主要是奥美多伦多的蒂姆是依靠直觉深入了解，此外，多芬也并未剥夺女性的焦虑感，反倒是为焦虑发声。多芬将之转变成一个公共议题，让女性团结一致，全力对抗焦虑。置身数字时代，多芬是深具同理心的领导品牌，拥有独树一帜的生态系统。多芬呼吁的倡言，就是来自四面八方的女性心声。如果社会能让女性公然发声，那她们会发出由衷之言。数以百万计的女性终于认同自身的美丽，或许这就是所有女性最佳的成功指标。

05.

千禧世代
存不存在？

Ogilvy

如果你相信若干权威专家、新闻记者、营销人员和社会学家，所谓的千禧世代，代表特立独行而团结一致的族群，是世界上前所未有的变革的代表。好吧，和其他任何随便引用"千禧世代"一词的人一样，我也难辞其咎。贴标签这档事，我们常做，就是因为容易做。

我们历经 X 世代，现在我们又有 Y 世代——或称为千禧世代，即将到来的一代是 C 世代（Centennials，或称 Z 世代）。对了，为了分类的完整性，我们或许也该将年长者标为 S 世代。无须多言，每一世代在某些主要层面都不尽相同。我猜想，即使一个人有点愤世嫉俗，也谈不上新鲜，更不会令人惊奇。何况，许多评论家也指出，X 世代曾经用来贬损 Y 世代的语言，风水轮流转，如今也被 S 世代用来对付 X 世代。

C   Y   X   S

C 世代（9～17岁）　　千禧世代（18～34岁）　　X 世代（35～54岁）　　S 世代（55岁及以上）

/ 只有有助于我们理解各个族群，为每一世代贴标签才有用。在数字革命中长大的千禧世代，以不同方式定义他们的生活，一般被称为数字原住民。紧随 Y 世代而至的 C 世代，则是"天生数字化"的人。目前，我们尚未看到 C 世代对世界的影响。

不过，千禧世代之所以与众不同，乃因他们与数字革命不谋而合。他们是第一批数字原住民。嗯，其实也不全然如此：处于千禧世代年龄谱上端的经历标志可能是索尼随身听（播放 CD，而非盒式磁带的迭代）或拨号上网，这一族群处于数字化的原始开端。真正的数字原住民代表，其实是 2000 年后出生的 C 世代。

事实上，如同要以有效方式确认千禧世代为数字族群困难重重一样，若想在其他层面将之视为同一族群也充满挑战。在相关千禧世代的提案中，我们往往会做的第一件事，就是否认有千禧世代这个说法。毕竟，我们在谈论这个世界上 38.1% 的人口——再说，巴基斯坦的 9 900 万千禧人，与美国的 9 100 万千禧人，相似之处微乎其微。就算把范围局限在美国，我们也很难去谈论一个同质性的群体，举例来说，富裕的千禧人（通常是此族群的典型代表）和贫穷的千禧人，两者的收入差距有天壤之别。

在我看来，千禧世代的早期特征描述，来自一群因污蔑千禧人而获取好处的变态既得利益者。当然，恐怖也让人着迷——下页的图片就很吓人。我称之为最重大的"自恋诽谤"事件（narcissism calumny）："他们被描述为独一无二的世代，执迷、自恋、冲动。"对此一说，我一点都不相信。幸好，上述观点所根据的学术研究，如今遭受广大批评。与此同时，奥美也进行了独立调研，我们得出了完全相反的结论。千禧世代，实际上更偏向利他主义——面对社会不幸人群，千禧人远比他们的长辈们，付出更大的关怀，给予更多的布施。

与生俱来的权利意识，是千禧世代被贴上的另一个标记，不过它就是洗不掉。事实上，比起 X 世代，千禧世代有更大意愿储蓄金钱，也抱有节俭意识，比方说，他们耐心十足、认清现实——当要购屋置家时，自己必须"准备就绪"。

自我的一代？我完全无法苟同。我们的研究显示，千禧世代比他们父母那一辈更利他无私。他们确实看起来对人的关怀超过对事物的关心。

无独有偶，面对相同事件的反应，C 世代显现出更极端的倾向。他们非常不乐见自己被看作"享乐"或"凡事爱冒险"的人。除此之外，他们对未来早已忧心忡忡，也确实如此，尤其是对环境。

　　所以，美国千禧世代面对的挑战如下：他们正与历史上一段好景不长的时期狭路相逢。如此也意味着他们有鲜明的特征。这群人拥有房子的可能性不大，信用卡使用率低，买车或开车不多，甚至很少在父母结婚的年纪结婚。但他们非常乐意与人分享，珍惜多样性，也相信所有生命的可贵——无论黑人还是白人，同性恋还是异性恋，等等。感谢上苍，让我们有千禧世代！

　　虽说如此，人们却随即踏入第二个谬论的大风险中。那是巨大无比的千禧年幻想，认为一个等同于"基督再临"的社会即将来临。问题是大部分的千禧世代根本就不是千禧年的信徒，绝大多数不相信自己将去引领一个黄金时代——活在其中的人无须工作，彼此之间以自种蔬菜交易买卖，然后大家共度不受拘束的幸福生活。如此这般的天真论述，无非是从小众趋势梳理而出的夸张说法。举例说明，一种名为"极简风"（Normcore）的时尚风格——只穿从沃尔玛或里昂比恩（LL Bean）购买的普通服饰——在我看来，不太可能摧毁全球时尚产业。（再说，极简风绝非新鲜事：本人就曾实践非常极致的平凡风——身穿二手衣服，当时满意无比，却煽动不了任何的"基督再临"。）

　　当然，千禧世代对工作的观点不一样，所有聘用他们的雇主都知道——奥美就雇了数以千计的千禧人。老一代的观点是循序渐进，划分清楚。然而，根据我个人经验，对于工作如何发挥个人潜力，千禧世代有更高的要求——确实也该如此。这意味着更频繁的横向移动，更多样的途径变换，更密切联结个人兴趣，更有机会暂停工作去做别的事。可想而知，管理也许变得困难，但谁能否认眼前是更文明的体现？与此同时，再一次强调，大家必须谨慎以待。我们将不会见证组织架构的全面改革，

传统的职业生涯

- 升职，管理他人
- 按个人条件顺阶梯向上爬
- 新人入职

· 社交与工作网络各自区分
· 热情聚焦在工作外的某种爱好
· 社交与职场生活平行前进

千禧世代的职业生涯

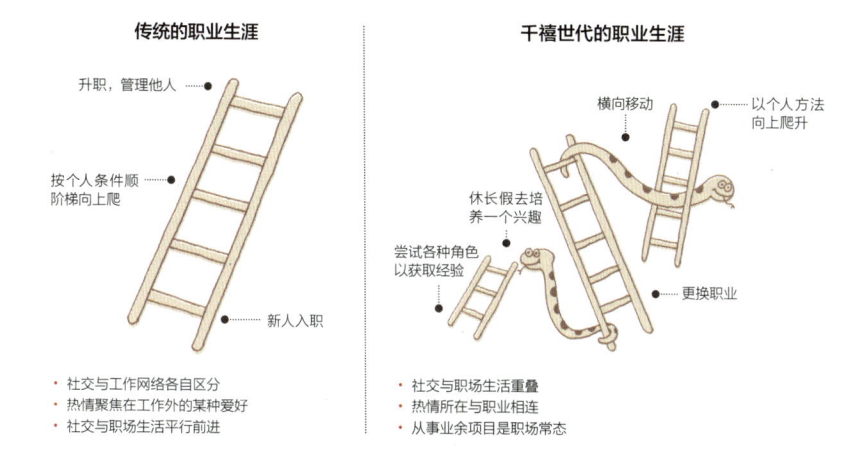

- 横向移动
- 以个人方法向上爬升
- 休长假去培养一个兴趣
- 尝试各种角色以获取经验
- 更换职业

· 社交与职场生活重叠
· 热情所在与职业相连
· 从事业余项目是职场常态

千禧世代勤奋工作，富有创业精神，更不怕风险

/ 千禧世代不再面对一个简单的职场阶梯，倒更像是一场蛇与梯子的游戏！他们频繁地做横向移动，休个短假，然后向上爬，或跨阶梯去接受更多的技术挑战。万一失败，他们就掸去尘土，继续尝试另一阶梯。我佩服千禧世代的努力和勇气，这绝对有利于他们在人生旅途中获取若干有趣的体验。

也不会目睹等级制度的废除。恰恰相反，组织体系会自动调适——假如它足够智能的话。

上述许多有关千禧世代的观点，无论优劣与否，都深受技术认知，以及技术带给此世代的冲击力的影响。由此可见症结所在：一种结合数字革命与世代交替的概念。

但两者是一体而且一样的吗？

在某种意义上，毫无疑问，是。数字革命带来的一大恩赐是连接性，再也没有人比千禧世代——或者在更大程度上说，C世代——受益更多。以数字接入存取的工具而言，手机太重要了，以至遗忘或丢失手机都会让人产生显而易见的焦虑综合征。我们都罹患此症，只是千禧世代病得更严重。

我最喜爱的统计数据，是一组来自美国电话电报公司在 2016 年所做的线上调查。受访者是 2 000 名美国公民，当他们被问及宁可牺牲什么来换取互联网的使用时，居然有 40% 的受访者说宁可失去一只眼睛，30% 的受访者回答愿意切掉一根手指。哇，好极了！

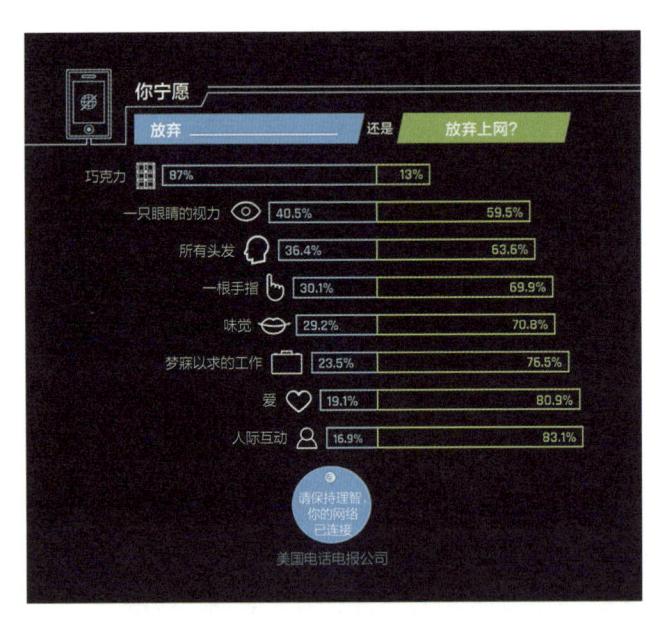

你宁愿放弃 ___		还是放弃上网？
巧克力	87%	13%
一只眼睛的视力	40.5%	59.5%
所有头发	36.4%	63.6%
一根手指	30.1%	69.9%
味觉	29.2%	70.8%
梦寐以求的工作	23.5%	76.5%
爱	19.1%	80.9%
人际互动	16.9%	83.1%

请保持理智
你的网络已连接
美国电话电报公司

对于数字原住民，互联网真的已经成为自我的延伸。在 2016 年美国电话电报公司的调研中，约三分之一的美国数字原住民受访者声称，他们宁愿切掉一根手指，也不愿意弄丢手机。

连接性，确实已成为相互依赖的原因，也引发了一系列的行为，其中到处可见的就是"从事多任务"。但是，除此之外，我们也要小心，切勿假设所有人在使用科技时的反应都呈现出相同特性。我至今尚未看到任何证据提出这样的意见。

例如，人口细分研究通常乏味，了无生气。尽管这类研究能揭示若干含义，但必须审慎看待，特别是报告会让人有一种错觉，以为细分区隔就是真正的人群。这也说明，目前针对数字化产生的影响，具有显著意义的细分研究为数不多（令人意外地稀少）。当然，细分之构建与标识的方法，各家研究自有不同，任君自行挑选——技术爱好者、鼠标网虫、技术电玩专家、配件抢夺者。无论如何，根据以上研究报告，我们有把握得出若干结论：

- 人看待技术的态度并无通则可言。
- 人们对技术的恐惧确实在降低，但无法推断技术冷漠也同时下滑。事实上，后者正在攀升。
- 即便是数字原住民，对技术的态度也不同，这取决于个人与社会互动的程度。换句话说，连接性不是一个常数，而是一个变量，在不同的人身上，显现方式自然不同。这听起来再明显不过，但数字狂热者的态度却并非总是如此。原因当然就在于，就技术而言，"领先优势"本身既是手段，也是目的。作为推动突破界限的手段，技术极为高效；如把技术当作目的，大家就必须加以掌控，不然技术就转而控制我们的思想。无论对数字广告还是模拟广告来说，"除非是领先优势，否则无关紧要"的说法都是无比危险的默认选项。C世代或许以令人惊讶的方式证明了这一点。他们使用社交媒体的方式跟千禧世代不同。他们不太用脸书，更偏爱小规模生态系统的社交平台，如私密性较高的 Snapchat。

> **美国的数字原住民大致如下：**
> 1. 有道德意识
> 2. 在乎自我形象
> 3. 善于融合文化
> 4. 矢志单身
> 5. 移动自如

> **对千禧世代的五大误解**
> 1. 他们是科技爱好者
> 2. 他们是自我迷恋者
> 3. 他们不爱读书
> 4. 他们不去实体店
> 5. 他们不看广告

- C世代更具怀疑精神，更小心翼翼。三分之二的C世代偏爱与朋友进行面对面的互动，相比之下，有15%的人则乐于通过网络与朋友互动。大部分的C世代也偏爱在实体店购物，而不是网购。

- 智威汤逊广告公司的调查显示，千禧世代对于技术的看法，比外界所认为的更加细腻。事实上，千禧世代深恐为技术所困。

- 千禧世代呈现一种让人不安的倾向，根本不符合那帮试图为之下定义的始作俑者，千禧人反其道而行。比如，他们看书。皮尤研究中心（Pew Research Center）2015年的一项调查显示了一个令人惊喜的书籍阅读模式：18～29岁的人，比起他们的年长一辈，更有可能在过去12个月中读完一本书。他们其中很多人现在还是学生，但这一点依然成立。在最年轻的群体中，足足有80%的人读了一本书；相较之下，30～49岁有71%，50～64岁有68%，而65岁以上有69%。

- 实际上，千禧世代依然继续与传统广告形式互动，频次比S世代还高。当然，他们通常以不同方式进行。

- 千禧世代是"融会贯通者"。他们在一个设备上读取内容时，会用另一台设备进行内容补充。而且，他们是"抄码族"，意思是说他们在网络上搜寻已在现实中看好要买的东西，然后再购买。

品牌赞助

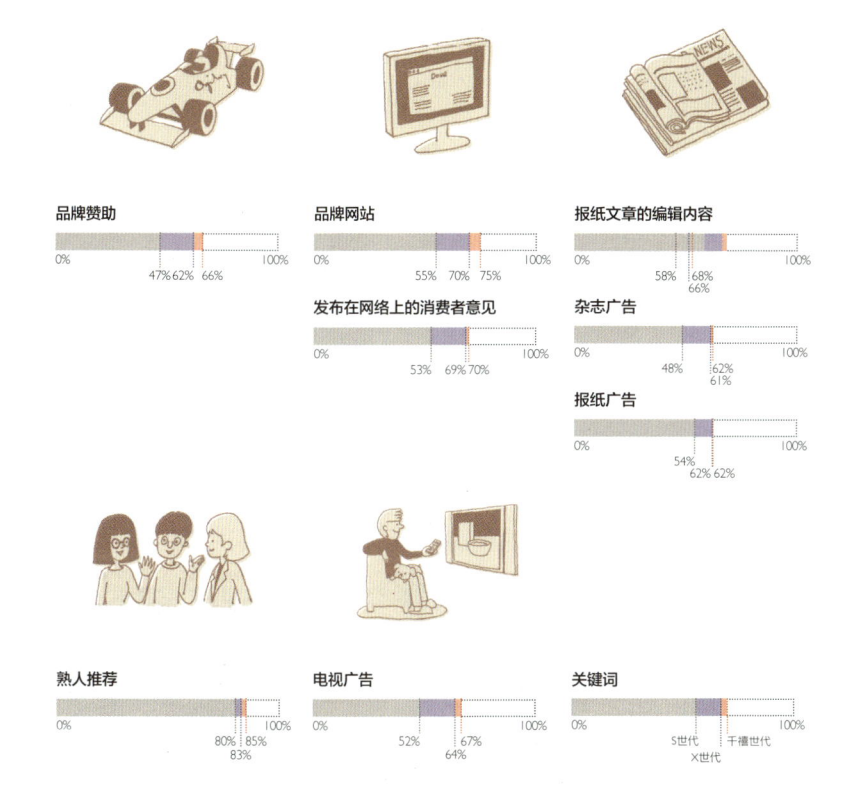

0%　　　　　　　　　　　　　　　　　　100%
　　　　47% 62% 66%

品牌网站

0%　　　　　　　　　　　　　　　　　　100%
　　　　　　55% 70% 75%

报纸文章的编辑内容

0%　　　　　　　　　　　　　　　　　　100%
　　　　　　58% 68%
　　　　　　　　66%

发布在网络上的消费者意见

0%　　　　　　　　　　　　　　　　　　100%
　　　　　　53% 69% 70%

杂志广告

0%　　　　　　　　　　　　　　　　　　100%
　　　　　　48% 62%
　　　　　　　　61%

报纸广告

0%　　　　　　　　　　　　　　　　　　100%
　　　　　　54%
　　　　　　　 62% 62%

熟人推荐

0%　　　　　　　　　　　　　　　　　　100%
　　　　　　80% 85%
　　　　　　　83%

电视广告

0%　　　　　　　　　　　　　　　　　　100%
　　　　　　52% 67%
　　　　　　　64%

关键词

0%　　　　　　　　　　　　　　　　　　100%
　　　　　　　　　S世代　千禧世代
　　　　　　　　　　X世代

**千禧世代的线上互动度最高，
但他们也选择性地与所有形式的广告互动**

来源：联合利华－凯度零售咨询

/ 千禧世代与一系列广告形式进行互动时，表现出的倾向与前几个世代非常相似，尽管他们更关注来自朋友、论坛和熟悉品牌的影响。

05　千禧世代存不存在？　　83

- 购物时，千禧世代已经向我们所有人摇着一面巨大的黄旗。在为数甚多的大品牌营销权益中，千禧世代的索引指数都偏低。个中原因值得深思：先不谈所谓的支付能力如何，这个所谓的自恋世代，实际上是在搜寻某种超越满足感的东西，他们寻找道地真实而且行为良善的品牌。此说法用于 C 世代也千真万确，甚至有过之而无不及。

本书后面将再深入阐述以上内容。现在正是时候，值得撒点盐巴在一个我所希望的开放性伤口。没有什么比千禧世代的话题，更能凸显简单概括带来的危害。他们和外界所言不一样。他们既不是数字受害者，也不是数码狂热分子。他们更加复杂，也更为有趣。

/ 可口可乐用"#CokeTV 时刻"活动说明，千禧世代非常乐意与电视类的广告内容互动。他们以挑战参与者与话题参与者的身份，在 YouTube 的某个专栏主持了一系列节目，节目里充满了青春的率真。虽然这次活动是在线上进行，但它包含了面向青少年的传统电视节目的所有特征。千禧世代是多元频道的思考者，也是活跃的参与者，不过他们依然喜欢靠在沙发上看电视。

千禧世代与所有世代的年轻人一样，都有共通点——不愿为遥远的未来做规划。然而，当涉及退休储蓄时，趁早行动可能有巨大的影响，这是保诚保险公司与哈佛大学心理学家丹·吉尔伯特（Dan Gilbert）合作证明的一点。为了说明即便是微小的投入也可以随时间产生巨大影响，保诚和吉尔伯特竖起了一系列尺寸不断变大的多米诺骨牌，然后将其推倒。虽然第一块骨牌只是正常大小，但是要推倒的最后一块骨牌高达30英尺（约9米），创下了新的世界纪录。

05　千禧世代存不存在？　　85

06.

后现代品牌

Ogilvy

长久以来，在我的记忆中，品牌一直身陷危机之中，一度遭遇零售商自有品牌的威胁，后者据称可能把所有品牌驱逐出境。如今在数字时代，品牌显然又陷入垂危的困境中。只要扫一眼一些标题就知道了："可能消亡的九大图腾品牌""垂危的品牌忠诚度正在缓慢而痛苦地死去吗？""企业品牌死了吗？"眼前正是权威人士的天堂，除此之外，还有人以更浪漫的说法铺陈，可不是，我们肯定都见识到"品牌的暮光之城"[①]了。

当然，我们心里有数，为何品牌看似处于危险中。在一个充斥着完美信息和同侪评议的世界里，为什么还需要品牌本身来告诉大家一切美好？

但是，千万别想把品牌注销。品牌离死亡远得很，而且我相信，品牌会在数字时代安然生存。

一般认为品牌起源于对牲畜印上标记，以示主人所有权。我们在奥美并不养牛，但是我们以前人遗留的品牌打造形式为基础，从商标注册到信任建立，以及通过其他方式，不断将品牌发扬光大。

[①] 《品牌的暮光之城》（Twilight of the Brands）为2014年发表于《纽约客》杂志上的一篇文章。——译者注

有时候，有些人试图将品牌化的历史按阶段分门别类。过于简明的划分不免伴随风险，就像坊间历史课本的做法。不过，如果没有其他原因，而仅仅为理解品牌从何处来和下一步可能的新方向，此时尝试为每一波品牌大浪潮贴上标签，的确很诱人，也说得过去。

　　一切都始于一块火红的烙铁——"那是我的牛"，逐渐演变成"商标品牌"。品牌是品质的标志。随后，品牌进入了"铁的事实和尖锐观点"两者并存的时代：起初是如何通过理性的诉求让产品与众不同；但随后，电视机把声音和动态影像带进消费者家中，我们随之进入了品牌形象和感性品牌塑造时代。每个阶段都是在前一阶段基础上的积累、叠加，有时候甚至是共存。而这就是原来《奥格威谈广告》一书的结尾之处：以铁的事实打造品牌的全盛时期。

	19世纪50年代				●2015年后
浪潮	商标品牌	理性品牌	情感品牌	文化品牌	大有作为的品牌
作用	品质保证	产品差异	品牌绑定	文化相关性	创造价值和实用性
		m&m's	Do you know these people?	JOHNNIE WALKER. KEEP WALKING.	Dove
术语	信任 主张 平面销售术	独特的销售主张 独特卖点 产品示范 大创意	个性 品牌金字塔 品牌形象 承诺	运动 宣言 文化占有率 宗旨	转型 品牌行动 互动引擎 行为 体验
媒介	店头陈列物 邮购 平面印刷	电视	电视	付费 自有 赢取	内容

品牌化的浪潮

／所谓的"品牌化"历经一系列浪潮。在原本的《奥格威谈广告》一书中，大卫表明他本人是"情感品牌"的创始者——确实，他的大创意可见一二。如今，数字化迫使业界回归具体之物。尽管此时代依然基于过往时期的宗旨和情感承诺，但一个"行为品牌"的崭新纪元赫然在目——在奥美，我们喜欢称之为"大有作为的品牌"（Brands that Do）。

紧接着，数字世界开始进场了。就在当下，由戴维·阿克（David Aaker）或菲利普·科特勒（Philip Kotler）等大师所明确定义的"品牌"概念，似乎显得过时了，我们于是开始目睹后现代品牌的兴起。

文化秃鹫

"文化"一词，并未在《奥格威谈广告》一书出现。但在20世纪80年代，品牌所有者开始谈论文化，将之视为可以拥有的一种资产。而一般认为耐克就是此中代表，该品牌在论述竞争之时，发掘了一道丰富的文化缝隙，即通过蛮横的意志力，展开一场个人对抗世界的战役，并运用内心威力战胜身体实力。"只管去做"（Just Do It）的广告语先于互联网出现，但在这条广告语出现的1988年及之后，除了付费媒体，新增的自有媒体和赢取媒体也都变成文化线索的有力推动者。它为品牌创造许多目的地，可以呼朋引类广邀同好参加。更由于文化产生了一个共享的意义体系，也容许品牌得以"发起一场运动"。不久之后，业界以"文化占有率"为目标，取代了常用的"市场占有率"，于是众品牌为文化占有率竞相争夺，就像秃鹫为夺肉而战一样。

眼看着前一代人的肤浅作风，一群文化捍卫者发动攻击。出自学术界的道格拉斯·霍尔特（Douglas Holt）就是文化品牌的先驱者，他将以上现象称为"大宗商品的情感陷阱"。随即，大企业的官僚体制，导致文化在最坏的情况下，形成一堆毫无意义的抽象概念。霍尔特就以调侃的口吻阐述了一个例子，相信所有广告同业必然心知肚明。

他们从品牌愿景入手：这款饮料将"让生活过得绝对、彻底、完全充实"。其核心主张是"这种新款的止渴饮料，让你的成就远比自己想象的多"。但是，一些经理人不同意，他们认为这样不太对。

06 后现代品牌

所以，他们展开更多的调查，也更改品牌愿景，这下子变成"准备冒险"。下一次论述时，他们又改成"让你神清气爽一整天"。然后又是"为活力加油"、"积极生活方式的提神剂"和"生命的燃料"。最后，公司的管理层裁定以"为生活提神"作为愿景。[1]

无论如何，文化在最佳状况下，曾经力挺品牌迈向成功。霍尔特再度提出一个重要见解："耐克享有盛名的运动鞋创新，早在它创立初期就已存在，与品牌的扶摇直上并不吻合。耐克之所以成功，来自创新的文化印象，绝非创新的产品。"耐克推出"足之语"（Word of Foot）活动，主要讲述普通运动员的个人日常故事。这项持续长达超过40年的营销活动，致力于推广"人人都是运动员"的理念——遑论人们普遍接受运动鞋就是日常鞋的事实。

"文化秃鹫"们当时一定暗地里搞东搞西。放眼望去，再也没有比宣言更能概括文化抱负的东西了。一时之间，我们周遭似乎充斥着各式各样的宣言，而撰写宣言变成了一种艺术形式，好比自身产生广告一样。

我们可能会称此为进步。"进步"恰恰就是尊尼获加（苏格兰威士忌品牌）主张的理念，尊尼获加正是一个通过宣言疗法而变得更成功的品牌典范。

在20世纪与21世纪之交，尊尼获加在市场占有率方面承受既有市场和新市场的双重压力，增长也停顿了。为了确保品牌在下一个千年里的地位，尊尼获加需要一个有冲劲儿的组合：洞察与图像的组合。

那可是宣言的角色。根据21世纪男性不断变化的价值观，尊尼获加开始明白，成功的概念已经从物质层面转移到动机层面。本质上，定义成功的标准已经变成男人可能取得的成就和他前进的方向，而不是他拥有的东西。尊尼获加的品牌所有者帝亚吉欧（Diageo）集团将理念表述为"尊尼获加激励个人进步"；后来，此一理念被清晰简明

/ 尊尼获加标志性的"大步走的绅士"后来真的就只是翻转过来,让绅士的脸朝向未来,而非过去。

地提炼为"永远向前"(Keep Walking)。

尊尼获加的宣言巧妙地触及品牌历史,进而描绘品牌的未来。一个预示品牌转型的新徽标,恰到好处地说明了此一诀窍。在20世纪初,尊尼获加标志性的"大步走的绅士"图像,一开始是出现在餐厅的菜单上,后来真的就只是翻转过来,让绅士的脸朝向未来,而非过去。

文化的支持者发现某些领域不太成功时,就转向关注工作系统。视文化为某种可以从中挖掘的东西时,确实可以化腐朽为神奇;但把文化转变为一种"模式"时,无疑是踏入死亡陷阱。此时,人们若不是制造乏善可陈的步骤流程,就是产出如下的简报:"请为我设计一个具有煽动性的文化表述,以对抗新兴的'特朗普主义'。"或许品牌可以借此包装一切,但对创意团队来说,内容丰富性远远不足。在这份创意简报中,文化是一大要素,可能也是创作意图,但显然任何创意人员都难以理解。

说来还真令人伤脑筋,一般而言,露骨直白的文化语言,比较适合形容事件发生后的总结分析,若要在一开始作为煽动性用词,就不太妙了。

真实性

虽说如此,高速发展的数字革命,无形中开启了一股丰沃的崭新思维,却也掀起前所未有"要求透明"的压力。

简言之,所有藏身之处如今不复存在。这股透明之风令人心旷神怡,以不畏阻力之雄姿,彻底扫荡企业的每个角落。然而,还是有人,或许将来也一直有人试图对抗。2009 年 8 月,丰田第一次接到关于在美国出现的事故报告时——当时有可靠的证据表明那些事故是突然加速所致——丰田的初步反应很慢。真相浮现的时候,丰田看似在拖延。现在回想,我不认为丰田当时有任何蓄意隐瞒真相的阴谋;相反,一个矛盾组织下的内部文化与办公室政治,使其从来不曾把公开透明当作重要的价值指标看待;而数以百计的小决策,最后汇总成为整体行为的特征之一。丰田花了好大工夫才学到教训,无奈难逃形象受损的恶果。

好消息是当时机成熟时,透明之道不仅治愈伤口,也发挥救赎的力

丰田因油门踏板缺陷而遭遇困难时,发布了一份"我的过错"致歉信。但是丰田花了太长的时间来安抚外界评论。

量。一段时间之后,丰田得以激发一些美国脸书上的支持团体挺身而出,并指出外界对丰田的诽谤太过分了。

无论如何,品牌如何避免流落至此?建议读者们不妨阅读美国阿瑟·佩奇协会(Arthur W. Page Society)在2007年发表的数字时代白皮书《真实的企业》(The Authentic Enterprise)。如文章所说:

> 处于如此这般的环境,企业若打算建立独一无二的品牌,并取得长期成功,比过去任何时候都更需定义品牌,使之涵盖明确的意义——为何会存在,代表什么,以及在消费者、投资者和工作者的市场里,品牌与众不同之处。上述定义——可称为价值观、原则、信念、使命、宗旨或价值主张——必须决定全体一致的所作所为。
>
> 一言以蔽之,真实性将是成功的企业和企业领导者的通行货币。[2]

数字世界的利益相关者取代了权威的声音,他们要求"真实性的证明"。你是否如你所宣称的一样?你自我宣称的又是谁?

这份白皮书的一位合著者乔恩·岩田(Jon Iwata)后来成为IBM的首席营销官。乔恩是一位不同寻常的好客户,帮助重塑了传统的营销概念和公关概念。他本能地不喜欢他口中所称的"系列活动宣传"(campaignery),也因此激发了他在IBM工作时的独有灵感,以品牌本身公开展示之姿,对外呈现三种不同的互动方式——换言之,就是品牌的平台。美国前总统林肯有一句名言在IBM广被引用:"品格是一棵树,声誉就是树影。"试问:数字时代的广告,到底是树影下的玩家,还是品格的建造者?

当我们和IBM、多芬和可口可乐等客户合作时,充分学习了一条简明之道,可以汲取各品牌更深层的价值观。所以,IBM的"真实性证明"就在它宣言的字里行间:IBM深信世界上所有的问题,从保健到安全、从城市到全球商务，都可以通过人类独一无二的"思考"能力，获得解决。多芬的真实性证明，就在其重塑了媒体和广告中呈现的女性、她们的内在自我与她们的外在表现三者之间的关系，提倡"美丽超越肤浅外表"的激进理想，进而揭露化妆品行业惯用的花言巧语。可口可乐的真实性证明，在于认同人类对真正快乐的共同需要，且可借共享体验大幅提升，多年来用美丽简单的语言予以表达，如"开放""真实""快乐""享乐""感觉"。在上述每一个案例中，企业价值与产品价值完全紧密结合。

　　我们因此发现，以"品牌大理想"一词表达前述概念大有助益；如果你喜欢另一种说法，不妨说"大理想"是"大创意"的更上一层楼。于此，请问贵企业真正代表什么？

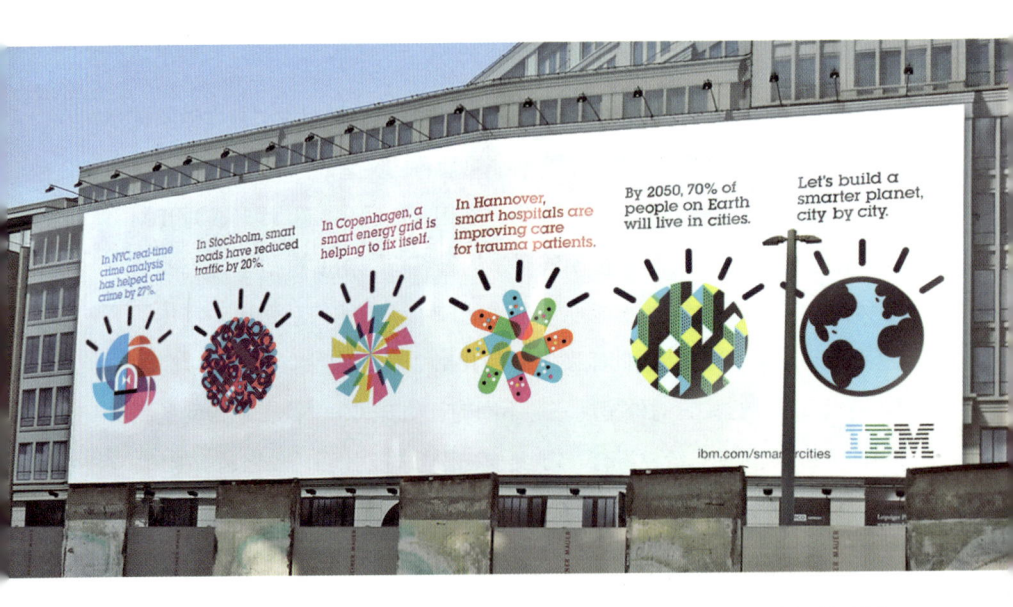

／　IBM 的真实性证明就在公司理念中，深信世界上的严肃问题，从保健、安全、城市到全球商务等，都可以通过人类独一无二的"思考"能力得到解决。图中户外招牌所示展示的是 IBM "智慧地球"活动的宣传图腾。该活动提出智能解决方案对智慧城市大有贡献，同时也展现了设计在数字时代是如何表达一个强有力的创意的。

多芬重塑媒体和广告中呈现的女性、她们的内在自我,以及她们的外在表现三者之间的关系,揭露化妆品行业惯用的花言巧语。海报传递的信息是什么?你的美丽浑然天成,完全不需要迎合世人的刻板印象。

可口可乐比其他试图尝试效法它的品牌做得更深入,挖掘比可乐泡泡更深刻的情感,独家占据了"快乐"的地盘。

06　后现代品牌

品牌大理想™

　　大理想是品牌定位之一，但并非所有定位都是大理想。定位可以基于一个纯粹的功能利益点：X品牌洗得更白，或者是更清爽。但品牌大理想，则是拥有一个超越简单功能利益点的世界观或宗旨，即使该理想应当由品牌的功能层面予以支撑。

　　同时，品牌大理想不是一个肤浅的情感利益点，它触及文化。大理想自成一个信念体系，驱动品牌所作所为，并协助品牌吸引广泛的支持。它是由比以往拥有更大表决权的消费者和利益相关者共同决定的某种东西。有鉴于此，在奥美，当我们撰写品牌大理想时，从来不曾将之视为一般的"普通"定位。我们当时想寻求一种简单的方法，不仅捕获一个品牌的大理想，同时迫使撰稿人员发挥才情，表达品牌对世界、对人生，或对所处国家的观点。

　　因此，我们也发展了一种填空题式的表达方式，借以总结一个品牌的大理想。实际运作时，我们发现，填写此一开放句的工作，迫使撰稿人员必须用心聚焦，努力表达品牌真正的世界观。这个句式，乍看之下略显简单，因为好像我们在30秒内就可完成；殊不知，要把这件事做完美，可能得思考几个月的时间。

　　大理想的填空题如下：

X品牌相信这个世界会变得更美好，如果……

　　读者不妨填填看，从你耳熟能详的诸多动力十足也具有清晰识别的品牌下手。也许会花上一点时间，但你很有可能协助品牌写出让人觉得别有情趣，甚至带点煽动性，正好也凸显品牌特性的陈述句。

　　我们已经发现，最佳的大理想，似乎介于思维与经验的交集之中。

这些思维经验都与品牌的"最佳自我"相联系。"最佳自我"不见得总是符合品牌现状，却指出品牌如何是最好的。寻觅品牌最佳自我的线索，或许可从品牌传承获取，亦即品牌最成功的相关时刻，或最忠实的使用者与品牌之间的关系，甚至可能就是其视觉识别。无论如何，要谨记在心，品牌只存在于周遭情境中：比方说，品牌的全盛时期是1964年，我们就需要追溯当时驱使品牌成功的因素，并将之重新阐释，以适应现代情境。大理想不仅需要连接一系列的品牌利益点，同时也得结合品牌所标榜的让现在或潜在都了不起的"小魔法"。

　　大理想与文化张力息息相关，此乃我们所宣称的文化主张。根据《线车宣言》（*The Cluetrain Manifesto*）所言，"市场就是对话"，领导品牌必须成为充满趣味的对话者。当品牌具有符合时效的观点，并在文化中引起共鸣，品牌就值得外界用心聆听。可口可乐有一条著名的乌托邦式广告片《山顶》（*Hilltop*），该影片的构思背景处于血腥的越南战争时期，当时，"社群"与"观念品牌"（notion brands）存在紧绷的关系。

　　"最佳自我"和"文化张力"携手并肩，形成品牌的信念。

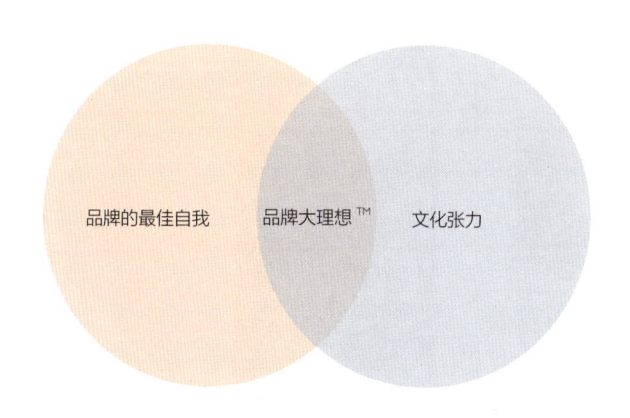

　　事实上，尚有其他方法可以得出类似的结论，而我也一直都小心翼翼，从未坚持上述言论就是一个方程式，甚至非要与客户分享不可，即

品牌的最佳自我　　品牌大理想™　　文化张力

使我们用此法来引导内部工作。换言之，大理想是工具，它的位置在厨房，并不需要现身在客厅之中。

广告业有其他人长久以来对"宗旨"一词上了瘾。这词也行得通，虽然，有时候我觉得人们很矫情地把它拔高到企业社会责任（CSR）。比方说，这个品牌有 X 宗旨，所以我们需要借由企业社会责任项目 Y 以兹示范。

一家墨西哥风味烧烤快餐店 Chipotle 就因此种趋势烧了自家后院。Chipotle 打着"良心食品"的旗帜开店，在发展过程中也赢得了主流快餐顾客群体的支持，但是，它却不幸地传出了一连串令人尴尬的食品安全丑闻，包括一次严重的大肠杆菌和诺瓦克病毒暴发事件。虽然它最初的品牌雄心很高尚，宣称为顾客供应新鲜、采用道地食材的高品质料理；但它未能始终如一地履行品牌承诺，如此一来，就违背了有良心的品牌定位。它遭受了什么惩罚？品牌股价呈现两位数的暴跌。

真正的险境，是一直有人以为金钱似乎可以买到真实性。殊不知，真实性完全无法交易。构思拙劣而在媒体上产生争议的案例不少，其中之一就是 2017 年超模肯达尔·詹娜（Kendall Jenner）为百事可乐拍的广告片。该则广告愚蠢地以美国的抗议活动和警察面临的紧张局势这两

> Chipotle 的案例相当发人深省，也具体说明：在数字时代，品牌言行一致有多重要。Chipotle 打着"良心食物"的旗帜开店，受到主流快餐顾客的追捧，不久却发生一连串令人尴尬的食品安全丑闻。该品牌的雄心相当高尚，宣称为顾客供应新鲜、采用道地食材的高品质料理。但公司却未做好危机处理，也严重毁损了品牌承诺。

个敏感话题为噱头，暗示解决警察暴力、种族紧张和政治愤怒的妙方，就是冰镇百事可乐。影片一播放，立即引起所有渠道的强烈抨击，几乎受到全球同声挞伐。如此下场，可说是自食其果。百事可乐向来以世代交替为宣传基础，努力取代可口可乐的市场地位，不过，这一回合它彻底失败了，完全没打中目标。

从真实性到信念

我们可以通过研究，以令人信服的方式示范信念的威力。在奥美所做的一项调研中，我们比较不同品牌，并将之分成两组：有观点的一组获得较高评分，另一组则是低评分。换句话说，一组是对世界有信念或有代表意义的品牌，另一组则不然。研究结果证实，品牌信念十分重要，因为消费者在决定购买时，会明确无比地选择保持信念的赢家。

由此我们知道，如果某一品牌看起来有强而有力的观点，此品牌被消费者考虑，或被列入购买选择名单的可能性就会提升，同时，观点越强大的品牌，在消费者认知中的排名也越高。我们据此创建了一种算法，并将其大规模应用于 WPP 传播集团明略行公司（Millward Brown）的 BrandZ 数据库——目前全球最大的品牌数据库汇集之一。研究结果显示，就品牌的未来市场份额增长可能性而言，具有观点且有最佳表现的品牌超过最低品牌 2.2 倍。这样的预测方法论并不能证明理想与生意之间的关系。但据我所知，也没有任何商业指数可做回顾性分析。宏观层面的证据是初步证明，而微观层面的证据往往需要企业的机密资讯，无论如何，相关信息或许还是有说服力的。换言之，这一切值得相信。

所以，到底是什么致使信念在数字时代发挥威力？这可是重中之重：信念提供一种手段，让品牌置身周遭的数字混沌中，依然能够组织一切。

后现代品牌的角色，就是在互联网领域内为自身界定空间——独具一格的生态系统——并以自创内容填充其中。品牌如同编辑，对内容去芜存菁；品牌又如策展人，以循序渐进且引人入胜的方式展示信息。品牌重新组合人们的注意力，为兴致勃勃的人提供度假胜地；品牌好比文化的赋能者，普降甘霖为群众止渴，在干扰不断的景观中，打造一片世外桃源。

/ 美国运通创建了 OPEN 论坛，这是一个在同业、领先企业和行业博主之间分享商业咨询建议的网络社区。OPEN 论坛提高参与者的曝光度，提供开发业务的工具，并带给他们建立商业可信度的机会。

正派经营的品牌

此前有一段时间——大约是过去 5 年，我们在奥美一直注意到一些其他事物。品牌可能不会濒临死亡，但显然必须再接再厉，让人们觉得品牌很重要。当人们被问及品牌是否重要时，发达国家有过半的人回答"重要"，而发展中国家的受访者给予肯定回答的比例更高。"重要性"是一支高标杆，所以对我而言，调查结果很有意义。然而，我们的调研显示，当前的消费者对品牌的要求比以前高出很多：一个标志、一个购买原因、一个情感承诺、一种文化信念——以上林林总总可能不再足够。

如果我们真心去探讨何者重要，眼前会浮现一幅有趣的画面。

重要元素可以划分为数类：与商标相关的、与功能相关的、与情感相关的、与信念相关的，然后还有与行为相关的——品牌所作所为，对顾客很重要。我们不妨将此思考为一种"重要性考古学"。眼前，排行最高阶的元素都与行为息息相关：品牌经由服务提供了什么？而这一切也是顾客所在意的元素。

简言之，请避免言之无物的承诺，用行动证明你说话算话。在数字时代，正派经营的品牌更胜一筹，具有优势。

许多品牌亟须重大转型。过往岁月，人们悬挂新旗，通常再配套新口号或新定位，就不禁觉得转型发生在即。然而，当今世界，人们记得的口号寥寥可数，而口号本身也失去意义；此时此刻，品牌以实际行动表达新观点，驱使人们改变认知，这才是比较有效的途径。

今天的飞利浦堪称"行为品牌"的尖端范例，以一种基于人类学且由设计主导的方式进行创新。飞利浦除了与品牌主要受众进行更深层的互动交流，还不忘从医疗保健业和照明业商业伙伴的立场，运用思考和行动，言行一致地推动变革，绝非光说不练。

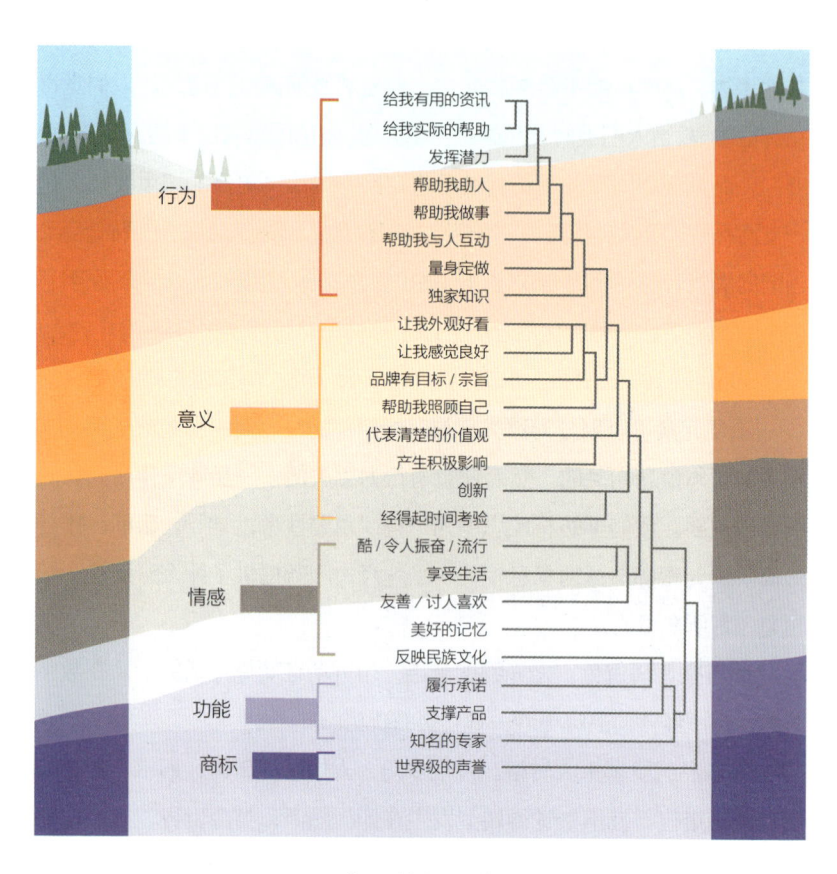

行为
- 给我有用的资讯
- 给我实际的帮助
- 发挥潜力
- 帮助我助人
- 帮助我做事
- 帮助我与人互动
- 量身定做
- 独家知识

意义
- 让我外观好看
- 让我感觉良好
- 品牌有目标/宗旨
- 帮助我照顾自己
- 代表清楚的价值观
- 产生积极影响
- 创新
- 经得起时间考验

情感
- 酷/令人振奋/流行
- 享受生活
- 友善/讨人喜欢
- 美好的记忆
- 反映民族文化

功能
- 履行承诺
- 支撑产品
- 知名的专家

商标
- 世界级的声誉

"重要性考古学"

"重要性"的来源不只是标志性图像、使用案例,甚至宗旨。此聚类分析是针对人们对品牌属性的回应,也代表数字时代崭新的需求层次。此表说明了行为属性领先群伦,对人们的重要性远比排行在下的其他层次高出很多。如今,品牌因为帮助人们实践他们所想,才显得重要。基于此,"至关重要"的品牌,不仅有用、实际,而且协助人们实现心中所想。

/ 人们容易假设，以为情感无法触动商业决策者，但这与事实完全相悖。我们为飞利浦制作的一系列数字纪录片，以一种容易启发人心的方式，展现飞利浦在基础设施、医疗保健和照明业的创新力和领导力。我们的《屏息合唱团》影片，动人心弦地叙述了飞利浦的医疗保健技术，协助呼吸道疾病患者享受充实的生活。显然，戛纳创意节的评委也一致赞同，故该影片获得了大奖。

飞利浦《屏息合唱团》

当飞利浦以"创新 + 你"为基础，开始进行品牌重塑时，就持以独特的观点——不应为创新而创新，而应以每个人为核心。尽管其他科技公司可能也专注于如何"发明"，或"思考不同"，但这家在 1891 年成立于荷兰埃因霍温市的企业完全以人为中心。秉持以人为本的理念，飞利浦从一个生产灯泡的消费品牌，转变为一家擅长照明、医疗保健和基础设施技术的 B2B 公司。

这是如何实现的呢？飞利浦发挥创新精神，言行一致，采取基于人类学观点又由设计主导的方式解决问题——可惜此种文化一向不为人知。所以，奥美就助飞利浦一臂之力，来一次信念大跳跃，同时发动情感攻势，说服理性十足的商业决策者。

奥美和飞利浦携手创作广告影片《屏息合唱团》，探索飞利浦的医疗保健技术究竟如何帮助呼吸道病患享受充实的生活。而且，我们以一定程度的情感、真实性和信念，唤起几乎不见于 B2B 品牌的感受。

我们获得了音乐界顶尖领袖之一加雷斯·马隆（Gareth Malone）的帮助。加雷斯一向擅长把不太可能的人群聚集在一起，去改变他们整体的声音。然而，帮助呼吸道有问题的人一起合唱，将是他遇到的最艰难的挑战。这些人包括囊性纤维化患者克莱尔、在美国"9·11"事件中丧失三分之一肺功能的先遣急救员劳伦斯，以及其他有严重呼吸问题的患者。

合唱轻缓地开始，练习一些口头词，专注在呼吸上。团员们耐心十足，不断练习，合唱团终于变成一体。令人惊叹不已！几天后，成员们开始对自己产生信心。最后，他们对信念进行检验，在纽约阿波罗剧院正式登场，这是一场激动人心的演唱。无论你是何方神圣，眼见他人超越自身极限所带来的喜悦都极其强大，也因此会改变对飞利浦的看法。

为了传达飞利浦的转型故事，我们需要超过 30 秒的影片。作业团队选用较长的内容，在 20 多个市场播出后，所驱动的互动和网络分享次数都高过当地评估标准甚多。后来,若干商业媒体,包括《经济学人》杂志、微软全国广播公司节目、《华尔街日报》和领英等,都刊播了这部不同凡响的感性影片。

无比真实又出人意料的《屏息合唱团》影片,展示了飞利浦与众不同的创新之道,以真实人群为核心来解决问题;同时身为技术伙伴,它又是如何思考和行动,以及如何秉持人类信念,贯穿于所作所为之中。

06 后现代品牌 107

包容一切的品牌

大卫·奥格威的确写过:"消费者不是傻瓜,她是你的妻子。"然而,挺让人失望的,大概有 40% 的女性,根本不认同针对她们诉求的广告中的女性角色。

大卫的话本意没错,但在数字时代却站不住脚。性别歧视是人们可以立即分享的一桩恶习。正如激进主义分子辛迪·盖洛普(Cindy Gallop)辩才无碍地说出:"社交媒体为人们提供崭新的渠道,让大家继续一件从盘古开天就在做的事——与人分享一堆无关紧要的东西。"

身为世界上最大的广告主,联合利华也是正视此问题的最大金主。该公司勇气十足,先探究自家数据,再证实所有作品(包括奥美所做)的确呈现刻板印象:以真正为人瞩目的"非刻板印象"(#UnStereotype)活动而言,数据显示渐进式的女性描绘不仅更赏心悦目(怎么可能不?),而且更具冲击力。这不只涉及道德,也是商业个案。

至于如何做,魔鬼就在细节之中。"女权主义广告"(Femvertising)早已变成一个无甚益处的泛称,也沦为如假包换的主题标签,如"这女孩行"(#thisgirlcan)、"鼓舞她"(#inspireher)、"女孩能"(#girlscan)、"我就是女生"(#likeagirl)、"不必抱歉"(#notsorry)等。如此这般打高空广告,不仅与现实脱节,更无助于整体女性的认同。潘婷从"不必抱歉"活动抽身而退,该活动鼓励在社交困境中的女性,当她们没做错时,不必说抱歉,宣称女性"务必坚强与耀眼"。天啊,这到底跟一头亮丽的秀发有何关系?该活动无助于业绩提升就不足为奇了。说穿了,这不过是借题发挥,并非源自品牌特性。

当人们的辩论主题从"女权主义"变为"温柔女权主义",再变为"女力",再变为"更深层的自我实现"时,转移现象正在形成。可不是,主题转移越频繁,我们越有可能寻获触及女性真正渴望的好作品。运动品牌

潘婷从"不必抱歉"（#notsorry）活动抽身而退，该活动鼓励女性在社交困境中没有做错什么就不要道歉，呼吁大家"要坚强和耀眼"——但这与一头亮丽秀发有何关系？果然，该活动对业绩提升毫无贡献。说穿了，这只不过是借题发挥，完全没有根植于品牌特性。

安德玛（Under Armour）提出"我做我所要"（I will what I want）的主张。品牌了解当下女性正被大量以"赋能"为名的信息包围，由于信息将所有人一概而论，故实际上却剥夺了力量。如果运动产品赋予你能力，让你做你所想，那品牌颂扬的是强而有力，而非虚弱乏力。建立品牌的第一堂课：永远回归产品本身。

职场本身当然存在一个大议题，无疑也是广告业（和营销业）的现有心态，更是直接由业内多元性问题造成的结果。简言之，女性在管理职位或创意部门的人数明显不足。而且，这也反映出一个更广泛的与STEM（科学、技术、工程和数学）领域息息相关的议题。所以，将数字技术和创意广告放在一起，无法凑成多元婚姻——结果恰恰相反。我写这本书时沮丧不已，譬如说，我所选的15位互联网创建人和第14章里的大人物，清一色都是男性。唉，这绝对不是出自无意识的偏见。

唯有当男女在技术领域的性别差距得以缩小，广告业的状况才会获得改善，也势必带来其他益处。雪莉·扎里斯（Shirley Zalis）对线上市场研究比任何人的贡献都多，堪称行业先驱，她也创建了"女孩休息室"（The Girls' Lounge），一种把行动主义与美甲护理相结合的快闪店。她曾说：

06 后现代品牌 109

/ 上图:"我就是女生"(Always #LikeAGirl)活动广受戛纳创意节评委的欢迎,也获得大量媒体和社会的关注。该活动坚守"女力"模式,但试问,它和产品本身,与女性需求的细微表达之间,是否缺少了某种关联?

/ 下图:"我做我所想"——在一个不断设法削弱女性的世界,这句真正赋能的说法,大力支持所有女性实现内心真正的渴望。

"社会规范正变得善于培育扶持,而深谙培育扶持的企业更容易成功。"在 2016 年戛纳创意节,雪莉现身奥美举办的活动,也再三强调,当前社会整体的争辩不只限于女性,而是和性别有关,甚至连描述男性的方式都脱不了干系。

健力士黑啤曾经推出一支广告片,是由 2009 年出柜的威尔士橄榄球运动员加雷斯·托马斯(Gareth Thomas)主演,这让我想起一件事。14 年前,奥美失去健力士客户,很大原因在于 1995 年健力士首支同性恋广告(在当时确实无比超前)在播出后舆论哗然(尤其是有执照的卖酒商)。想想看,向来以阳刚为人所知的品牌,公然表示同性恋是正常的,这也算是一次大胆而孤独的尝试。随后 25 年,由于社会变革,当年看似无法接受的事物,就算在最显而易见且极具男子气概的阵营里也很常见。

所以,数字世界带来更深远的传播冲击之一,是开放所有封闭的社会"筒仓"。品牌所有者早已迅速了解,由于互联网瞄准目标对象深具立竿见影的效率,有助于品牌接触分散隔离的群体,更重要的是,聚焦目标对象所投放的针对性内容也让人们接近品牌。然而,当所有筒仓盖都一起掀开,支流此时也变为主流。

形势一目了然,不仅要快速截取多元受众的商业力量,而且品牌行为的自我调适也迫在眉睫。品牌要在其核心之处,确信多元化的重要性。

LGBTQ 群体[①]的主流化,就是清楚的明证。在外界看来,蒂芙尼(Tiffany & Co.)就等同于传统的缩影。然而,此品牌却出人意料地借机挑战品类的常规,在向传统致敬时,也颂赞现代爱情。当然,永恒之爱的定义丝毫不变,却由此延伸,展现更宽广的感情接纳度。蒂芙尼面

[①] LGBTQ 群体:指包括女同性恋者(lesbians)、男同性恋者(gays)、双性恋者(bisexuals)、跨性别者(transgender)、对性别认同感到疑惑的人(questioning)在内的性倾向与主流文化或与占统治地位的社会性别规范不符的人。——译者注

对趋势迎头而上，在纽约同性婚姻合法化两年半后，就让一对同性伴侣出现于蒂芙尼的广告中。作为广为人知的奢侈礼品传统守护者，蒂芙尼公开对外声明：品牌支持同性恋者，他们就是主流。

蜂蜜女佣全麦饼干打动人心的电视广告《这样很健康》（This is Wholesome）由一个同性恋家庭主演，表现了健康的家庭与健康的食品之间的相似之处。这支广告在2014年3月美国对同性婚姻争论最激烈的时候播出，外界赞美如潮，无奈也招来嘲讽。面对恶评，蜂蜜女佣品牌非但没有崩溃，反而重申"爱"的价值观，艺术家将品牌接到的线上恐吓信和评论打印出来，拼出"爱"（Love）字，回击批评者。

红标茶（Red Label）是印度和巴基斯坦的主食品牌，以一支变性人乐队当产品代言人，表述强有力的文化宣言。

通过推出一款名为"骄傲华堡"的同志汉堡，汉堡王向人们证明，LGBTQ群体的内在跟所有其他人一样。怎么一样？一样的汉堡，不一样的包装纸。

奥美在 2008 年成立专门负责 LGBTQ 业务的单位 Ogilvy Pride，呼应认同当时备受严重挑战的 LGBTQ 族群，现在看来完全合情合理。事实上，我们心里有数，将近 50% 的千禧世代在观赏以 LGBTQ 为主题的广告之后，更乐意支持该品牌。

如今，我们的 Ogilvy Pride 网络在不同市场运营，为员工和客户打开眼界，让他们看到 LGBTQ 主流。此外，我们也视石墙社区（stonewall，同性恋网站）为奥美的合作伙伴。对此，我由衷引以为傲。

／ 在奥美的员工中，千禧世代的占比很高。所以，我们很自豪支持 LGBTQ 群体长达 10 年之久，这不仅事关正确信念，也反映了年轻员工所重视的问题。

06 后现代品牌　113

回想 2010 年，我在奥美内部创立了一个伊斯兰咨询单位，我们称之为 Ogilvy Noor，表示"光"之意。我的目的非常简单：让外界理解一个被西方世界严重忽视的族群。对于他们，许多在伊斯兰国家进行贩售的西方企业不理不睬，就连在西方遭到冷落（或时而被公然歧视）的穆斯林阵营也无动于衷。在 2010 年的美国穆斯林消费者大会上，我担任主讲人。公平地说，面对看似比无路可退还孤立的险境，任何人都难免束手无策——但这是一个主流族群啊！我们不妨提醒自己：截至 2010 年，约 23.2% 的世界人口信奉伊斯兰教，到 2050 年，这个比例会高达 29.7%（皮尤研究中心调查）。与此同时，绝大多数生活在西方世界的穆斯林，都毫无疑问以主流群体自居。

穆斯林的价值观并非不时髦，绝对不是。Ogilvy Noor 副总裁希莉娜·简穆罕默德（Shelina Janmohamed）正在帮助我们了解新兴的穆斯林未来派——一群以身为穆斯林而自豪，具有追求潮流和时尚意识的年轻人。但是，大部分穆斯林感觉品牌对他们一无所知。"清真"（halal）不等于狭义地遵守公式，而是与认同更深层次的伊斯兰价值观有关；而且，认同本身不容作假。

最后值得一提的是，种族也是包容性品牌的一大标志——尤其在美国，更显重要。美国是一个拥有多种族的国度：包括白种人、西班牙裔、亚裔和非裔美国人等。当我刚搬到纽约时，我有一位名为杰夫·鲍曼（Jeff Bowman）的导师，他是非裔美国人。实际上，我原本该是导师才对，但结果恰恰相反。杰夫坚信所谓的"全市场"（total market）思维，并开创了个人事业。他拒绝接受以共同市场（general market）为主的美国旧世界，身居其中的代理商放弃细分市场，而客户则通过专精黑人或西班牙裔美国人的营销传播代理商，按部就班地接触不同受众——说来简直就像种族隔离。这种做法在很长一段时间内还说得过去，但是，千变万化的人口统计现状也让人对此结构提出质疑。少数族群结合在一起，就成为绝大多数。

杰夫称此为"新多数"（New Majority）。到 2044 年时，绝大多数的美国人口将由少数种族和少数族裔构成。当共同市场本身是多元文化属性时，旧的共同市场或多文化市场细分就不完全讲得通了。原因有三：首先，多种族人口正在快速增长；其次，美国人民的跨文化品位与日俱增；最后，针对多文化传播的零散预算（就算从人口统计来看也合理），永远都比不上全市场预算所带来的影响。

全市场预算具备多种族的意识与责任感，比起微小的"族群预算"，更可能发挥效果。"族群预算"一直以来都自身难保，极易被削减，或在选择族群时遭逢错误决策。这意味着，做广告策划时，不要采取预设模式，只知道针对非西班牙裔的白人受众进行宣传。

数字媒体如今变成了让主流信息能接触并认可种族背景或产品偏好的一种方式。但目前，主流信息是涵盖在整体沟通战略下，再传达给受众的，而非经由彼此平行的战术面传递。

如果有人心存怀疑，应该先定睛看一下美国非裔千禧世代。感谢尼尔森（A.C. Nelson）与其发布的报告《美国非裔千禧世代：年轻、连接与黑皮肤》（African American Millennials: Young, Connected and Black, 2016），我们清楚理解这群人精通科技，口齿伶俐，处于数字潮流的前沿——当有人提老掉牙的问题"它适用于某某小地方吗？"，真的，这个报告不失为给其当头棒喝的解惑良方。

07.

内容为王,
但含义为何?

Ogilvy

在营销传播行业中,"内容"是人们最常使用,重复使用,不幸误用,甚至滥用的词。无论有意还是无意,人们都将之与"内容为王"连成一体,此四字诀出自比尔·盖茨于 1996 年 1 月 3 日在微软网站所发表的文章标题。当时,盖茨写道:"内容是我所期待互联网赚大钱的来源地,如同广播电视一样。"

　　当年在大卫·奥格威的词汇中,"内容"(content)一词并不存在,虽然他可能一眼就能辨识所谓的"目录内容"(contents)。

　　当这个单词应用到媒体时,它开始变形,产生多重意义。其中,"品牌化内容"(branded content)也许是最历久不衰的一个。

品牌化内容

　　品牌化内容,指品牌利用一个载体,以娱乐而非销售为首要目的,植入传播信息。它最早是广告业的支流之一,有其自身的发展运作方式、知识理论与独立运作的代理商。过去,品牌在本质上扮演赞助商的角色,或拥有整体资产,或只是娱乐叙事的一部分。

　　然后,数字革命到来。宝马在 2001 年和 2002 年推出的《赏金车手》(The Hire)八集系列广告短片,各有互联网版和 DVD(数字激光视盘)版,让"品牌化内容"化整为零。该系列短片由很多著名导演执导和各路大明星主演,每集时长 10 分钟,展示了宝马不同车系的优越性能。宝马的开创性范例,解放了内容角色,使之更为宽广。

不久,急剧的媒体去中介化为人们打开了创作素材与传播素材的不同渠道。由于缺乏更好的说辞,数字世界就迷上了一个不固定又无害的词句。人们开始把"内容"应用到所有由互联网产出和衍生的东西,从博客到网站无所不包,形式长短不一。内容来源也随之改变,客户或受众都包括其中。不久,内容在虚拟空间大肆蔓延,本身无形无状,又能分裂繁殖,大家终于意识到遏制内容实有必要。此时,众品牌和广告代理商也自行演进"内容生态体系"的概念,认为至少品牌可以在自占的数字地盘下赌注。在此地盘中,所有部分实际相连,一切总和都可为用户创造某些程度的价值。

互联网上产生的大部分内容,至今依然无人阅读,无人观赏,无人看见,更无人听闻。2014 年,声田(Spotify)发布数据指出:音乐流服务平台发布的歌曲中,人们只收听其中的 80%。这意味着还有 20% 的歌曲——约 400 万首歌从来没人听过。于是,一个提供新服务的平台 Forgotify 横空出世,为了矫正它认为的"音乐嘲讽",而推送全是"无人问津歌曲"的播放清单,此举也激发了其他服务的诞生。有一个称为"还未被赞"(NoLikesYet)的网站,顾名思义就是聚集所有发布在 Instagram 上却未曾被点赞的照片。假如你想看无人观赏的视频,可以一游 Petit Tube 网站,尽情享受互联网最不受欢迎的短片。

再说,以上所述皆非广告。一旦把那些孤芳自赏、无人看过的广告也一并算上,结果更是惨不忍睹。谷歌表示,付费视频广告中,有 47% 从来没人看过。展示性广告的这一比例更高,有 56% 无人问津。

林林总总的结果,"内容"沦为不受欢迎的字眼——根本毫无王道可言。我在内部的一场提案中,用一张图片讽刺"内容"——如同数字垃圾山。

宝马凭《赏金车手》系列短片，在品牌化内容方面遥遥领先。该系列短片由克莱夫·欧文（Clive Owen）担任男主演，由李安等好莱坞大导演执导，每集都是以宝马汽车为主角衬托一个更宏伟的故事，短片通过互联网和 DVD 发行。

07　内容为王，但含义为何？

此为我在内部演讲中用来警示大家的图像：避免垃圾山！广告绝对不可成为内容堆积的废物场。身为从业人员，我们必须认清内容是人们选择与之互动，而非随手丢弃的东西。

综上所述，问题来了，如何避免成为垃圾场？

为内容清楚地下定义，绝对裨益无穷。看看我的：

内容（content）

名词

传播信息好极了，以至于你肯花时间去理解，或与人分享。

这句高标准的说法，意味着值得称为"内容"的某种东西，确实引人入胜，以至于人们选择观看、阅读或聆听。同时，也促使我们挺身担保内容的价值，并转发给亲朋好友。

信息的组成部分以下列方式汇集在一起：什么是品牌付费的部分（paid），什么是品牌自营的部分（owened），什么是品牌赢取的部分（earned），即大家熟知的P-O-E（参见本书231页）。于是，POE开始以更严谨的方式定义内容，按照原本计划一一呈现。

但是，问题尚未解答，人们为何消费内容？

所以，当我们期望客户了解何为内容时，现场就播放一段大卫·奥

格威在 20 世纪 80 年代早期录制的短片。

"你说什么？真的假的？"

"真的，不骗你。"

"就我看来，（平面媒体）编辑一定比广告人更懂得如何与人（更好地）沟通，"大卫说，"我们这群广告人受制于潜意识，认为广告就必须长得像广告一样。于是，广告的编排设计向读者不断示意：这是一则广告，快闪！所以劝君永远假想自己是编辑吧！"

大卫所言，就是线上内容所需的编辑心态。2010 年，奥美开始招聘当过新闻记者的人才，这群人一向懂得以内容引人注意，完全不受 30 秒电视广告的框架所限，无论对长度还是深度都驾轻就熟。新闻记者有本事

现代生活中，物流是复杂又不可或缺的一部分。通过品牌新闻，我们协助教育 UPS（联合包裹快递服务公司）的商业顾客，让他们了解物流对未来成长和获利的重要性。后来，这些顾客因为具备更多的知识，也备受鼓舞，所以购买了 UPS 的物流服务。

07　内容为王，但含义为何？　123

将调查延伸为主题,而传统由文案和美术指导组成的创意团队则擅长压缩精练。两者有天壤之别。

随后,我们开始征召具有策展技能的人才,他们必须与非奥美原创的素材供应处打交道,并进行收集、重新呈现、展示陈列,得到专业认可,并且由衷自豪认真地工作。一般而言,策展技能非同小可,不仅要对特定主题进行过专业研究,甚至必须具备学术成就,必要时还要发挥通才能力,广结善缘,登高一呼就可号召其他策展人和专家们共襄盛举。策展人究竟是何方神圣,在此套用美国博物馆联盟晦涩生硬的解说:"一群资讯经纪人,通过学识丰富与创意十足的阐释,为人们创造富有意义的体验。"

以上所述显示了广告代理商的行业转变,换言之,他们正在改头换面成为出版商——目前人们认识不清,甚至未曾预料到有此结果。未来,我们要生产的是内容,而不是广告、直邮或其他类似物。有鉴于此,代理商势将——或应当全面停止代理人的行为模式(一种于18世纪中期创建的体系,代理商报酬由媒体支付)。同时,代理商必须形同媒体。说实在的,如果所有广告人都乐见其成,我们很有可能破解束缚这一行存在已久的传统枷锁。

与此同时,品牌拥有者也得自我设想为出版商。

红牛,极有可能就是首先公开这样做的品牌。当一个饮料品牌在所谓的后印刷时代,发行一本全球性的印刷杂志,随即月发行量迅速增至300多万册时,我们可看出端倪,消费者准备就绪,乐于接受品牌胜于产品的重要角色。红牛以出版商自居,重新定义品牌,发行杂志就是其策略之一。它锁定胸怀大志的年轻男性,专注目标对象青睐有加的项目,如运动和音乐,借此机会为品牌灌注人人称羡的助燃动力。

红牛直捣黄龙的大胆表现,不单以"内容行销"与顾客互动,而且行遍全球设立团队,面向不同市场,贩售媒体给其他品牌,却很少提及"红牛"。

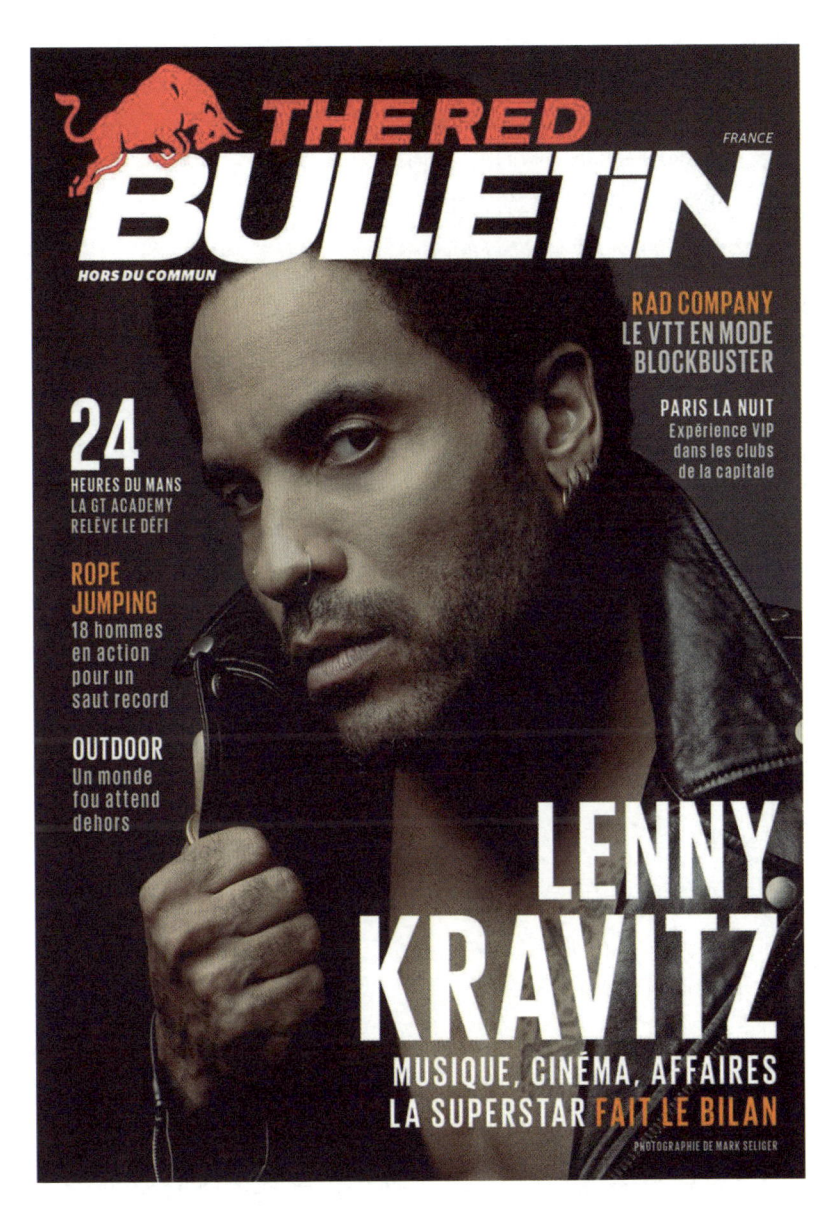

可以说红牛如今已成为一个（贩卖饮料的）媒体巨人。它运用了各种破纪录的宣传噱头，如一支成功的方程式赛车队，在大城市举办多种全球性的"鸟人"飞行大赛和"皂飞车"竞速赛，并开设音乐工作室，还出版一本在青年男性中具有最大发行量的杂志。

思考内容

在定义内容之后，我们可以用结构分明的方式对其评论一番。在这之前，我们先琢磨其所属特性。

就奥美的经验来说，内容动态十足，有时候"魅力四射"，因而受万众瞩目；有时候让人"沉浸到底"，身临其境；有时候以"智能取胜"，百姓因之赋能；有时候直截了当，"实用至上"。

当然，如同君子自重的商业人士，我们天生喜欢四象限的方格矩阵。奥美的内容矩阵如下页图示：纵轴从上而下，由宽广性（广泛和大众化）到个人化（个性化和个体化）；横轴从左到右，由实用性（有用和富含信息）到娱乐性（有趣和动人）。①

这四大象限，好比所有类似结构，并非一成不变。彼此之间存在重叠之处，也暗藏灰色地带。

例如，信息可以淋漓尽致发挥娱乐效果，精彩绝伦的作品可以用纪录片的形式传递讨人欢心的信息。尽管如此，梳理四象限之间的差异，有助于我们更深层地看待难以名状的内容物。只是，彼此之间的差异仅仅是程度之别，而非必须两者择一。运用时，将内容矩阵视为游乐场，也不失为好方法，可试图在场域里寻找"创造体验和创造互动"的两大红利。

设计在数字世界备受重视：实验性设计早已成为数字世界里盘踞要津的一大支柱。

话说回来，人们之所以乐在其中，依然源自故事的力量。

其实，体验性设计或故事性乐趣，根本谈不上新概念，但在数字世界，两者之重要程度骤然升高。它们不约而同为内容创造"内容"。

---

① 附图的纵轴稍有不同，由广泛性到个性化；横轴也稍有不同，由体验性到故事性。——译者注

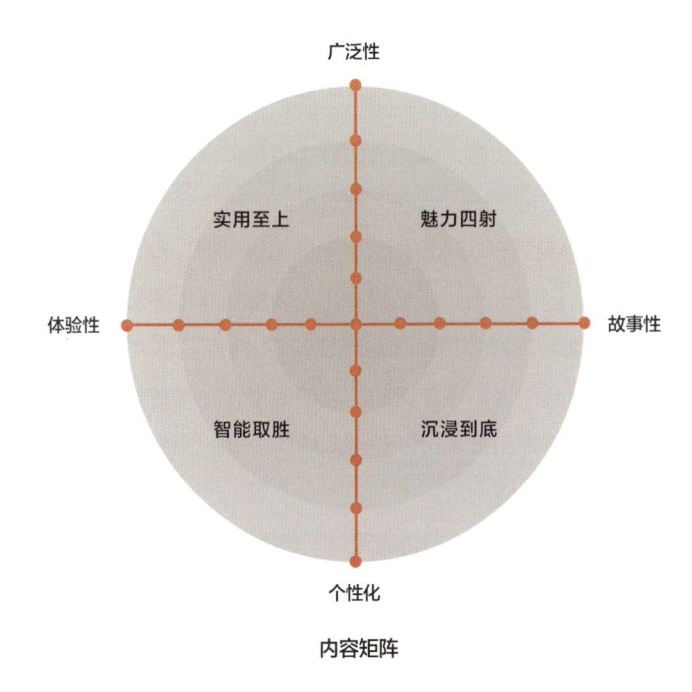

```
                    广泛性

            实用至上    魅力四射

体验性                        故事性

            智能取胜    沉浸到底

                    个性化

                    内容矩阵
```

/ 内容矩阵，有时候"魅力四射"，有时候让人"沉浸到底"，有时候以"智能取胜"，有时候则"实用至上"。

内容的设计

以战略手段筹划的内容方法之一，即逐一考量矩阵中的四大象限。

魅力四射的内容

过去几年，客户做完创意简报后，不知说了多少次："……请你们让它成为病毒传播。"说实在的，我们不爱听这句话。原因有二：首先，我们不信任"病毒传播"本身——奥美自家的视频单位，早就正式严禁内部讨论使用此词；其次，内容吸睛的程度，通常难以规划，也无从预测。

再说，对于吸睛内容生成的根本原因，我们最近才有所了解。

一则内容的吸引力，与"亢奋"（arousal）密切联系。亢奋是一种情绪高涨的状态，促使人们分享信息或素材。简言之，亢奋能引导人们的手指点击某一"分享"的图标。

记得我第一次准备相关主题的演讲稿时，就用"亢奋之技巧"为暂定标题。这样一来，似乎容易让人联想到那位高龄却调皮的性学专家露丝·韦斯特海默（Ruth Westheimer）博士。事实上，亢奋是一门值得尊敬的学术研究。多年以前，人们就见识到某些电视节目制作成效卓著地创造亢奋能量；不过，如今互联网分享的影响力，也导致针对此现象的研究与日俱增。

有兴趣的读者，不妨翻阅一下泰勒（Taylor）、斯特拉顿（Strutton）、汤普森（Thompson）、库什曼（Cushman）、厄尔（Earl）、比内（Binet）、菲尔德（Field）、内巴-菲尔德（Neba-Field）、瑞艾比（Riebe）、纽斯特德（Newstead）、穆尔坎（Mulkan）和伯杰（Berger）等人的研究。无疑，你可能听说过乔纳·伯杰（Jonah Berger），宾夕法尼亚大学沃顿商学院的营销学副教授，他的著作《疯传》（2013）给人启发良多。

总而言之，上述专家都证实，情绪的提升，驱使人们分享信息。

伯杰倾向于强调主体的亢奋能量（比如，人们在健身锻炼后，感觉良好之余会乐于分享邮件），有别于信息本身的情感成分。不过他并未实际研究影片。然而，身为广告从业者，我们心知肚明，影片内容创造情境，接踵而来的就是激发人心。何况，其他研究影片的学者也再三确认，社会传播深受感性内容的影响。

- 亢奋绝大多数由**正向**内容引起。
- 情感必须具备**高度**亢奋能量。
- 亢奋让人心不受抑制，导致更大的分享。

至少在目前看来，体验式设计的巅峰可能要数纽约的感觉博物馆（The Museum of Feelings）。美国的空气清新剂品牌 Glade 把 5 000 多平方英尺（约 465 平方米）的曼哈顿空间改造成一个让人身临其境的快闪体验馆，用以吸引访客的视觉、听觉、触觉，以及很重要的嗅觉。人们感觉这个博物馆更像是一件艺术作品，而不是一次营销事件。该空间设计旨在帮助人们认清外在环境对内在情绪有多大影响的事实。博物馆的外部，随着《纽约客》社交媒体所展示信息的情感分析，频繁改变颜色，借以反映周遭环境的情绪状态。内部房间设计，环绕五种特定情绪的主题：欢乐、鼓舞、喜悦、乐观和平静。

在最后一个房间，参观者能用类似于测谎仪的机器，测量他们的生理特征、心率和皮肤盐度。这些信息综合建筑温度和推特网络情绪等外部因素，会给他们的自拍照蒙上一个相应的色层。这种"情绪镜头"把一张简单的自拍转变成一件逼真的艺术作品，而且，这件作品比标准大头照更能反映访客的情绪，于是，访客个人的真实情绪状态，就公开展示于社交媒体上。

激活高度亢奋的刺激物，也一并触发高强度的回忆效应：我们记得更多更牢。当情绪越大量反映主体的自我意识，发生共享的可能性就越高。

此时，学者终于为我们证实，在设想内容时，要使之能让人亢奋并大放异彩，实在困难重重。学者们更发现另一个关键因素，即一种完全意想不到的惊喜感。正如麦克唐纳（MacDonald）和尤因（Ewing）于2012年12月在《广告地图》（*Admap*）杂志提及："分享行为的核心情感驱动力，原来就是惊喜。"

惊喜之后，一种创造性的快乐感开始在人体蔓延。实际上，这一切纯属生理反应。神经递质多巴胺适时发挥作用，而大脑中的神经元突触也随即开始兴奋。

基于以上研究，人们要理解互联网的关键，在于化学反应，而非外在技术。再说，亢奋所带来的正向释放，实际上是复制了常见的治疗过程。情感的社交分享，效果立竿见影，也发挥疗愈效应。

试问，激发人们分享快乐的源头为何？且让我们从广告史上最成功的推广活动中挑出其一，以窥端倪。早在奥美悉尼办公室策划"分享可口可乐"（Share a Coke）活动之时，团队根本对创意深藏的魅力一无所知，更对数十亿次的分享始料未及。后来，活动几乎遍及世界各地，重新点燃年轻人与全球最具标志性的品牌之间的关系。

"分享可口可乐"活动，唤醒人们的认知——"社交连接"是维系社会与心理健康的基本之道。当前，年轻世代倾向花时间与同辈朋友共处，却越来越少和家人在一起；朋友关系日趋亲密，经验分享也有增无减。我们一直不断分享，但不可否认，互联网促进了人们之间的分享。未来主义学家斯托·博伊德（Stowe Boyd）说得好："所有连接加起来，让我变得更好；我的连接也理当如此。"

以上就是我不爱"病毒式"一词，也尽量少用它的原因之一。我理解那是一种比喻，但我认为"病毒式"含有污蔑的恶意。当前研究都一清二

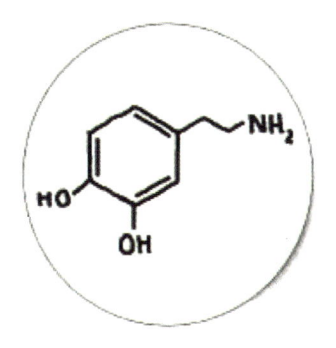

／ 这是创意分子多巴胺的化学式。食物、性、运动，甚至广告，都可以触发神经细胞（神经元）通过神经元之间的极小空间（突触），向大脑的其他部分释放多巴胺。多巴胺的激增就像"奖励"，即发出感到愉悦、产生动机，以及最重要的显著信号，提醒大脑去注意将其激活的刺激物，不论这个刺激物是什么。

／ 是什么激发我们分享幸福快乐？广告史上最成功的宣传活动有很多，我们来看其中一个，就可窥见端倪。当我们的悉尼办公室策划"分享可口可乐"的宣传活动时，对创意深藏的魅力一无所知，也对日后数十亿次的分享始料未及。活动推广几乎遍及世界各地，并重新点燃年轻人与全球最具标志性的品牌之间的关系。

07　内容为王，但含义为何？　　131

楚地告诉大家,互联网的分享都是享乐价值的分享,因此当有人高谈阔论如何创造病毒式传播时,我总觉得不怎么妥当。

模因(meme)是另一个必须谨慎对待的词。人类学者和进化生物学家理查德·道金斯(Richard Dawkins)在1976年出版的《自私的基因》一书中创造了"模因"一词。作者形容模因之于文化就等同于基因之于生物体。后者通过化学过程自我复制,模因如出一辙,必须历经文化的重复和诠释,诸如歌曲、诗篇、时尚和学习技能。

极其讽刺的是,道金斯的模因概念,摇身一变也模因十足。眼前的数字时代,模因定义所有的传播。其实,作者的本意是指向高层次的"传输代码"(如英国史诗《贝奥武夫》中的英勇事迹),而非不入流的互联网残骸碎物——如滑板上的斗牛犬,一时吸睛而已。

再者,我的同事,也是奥美社交媒体Social@Ogilvy的专员,就基于截然不同的理由驳斥过病毒式传播。他们认为,一旦视频本身具有迷人的惊喜元素——此乃先决条件,就能顺势展开社交媒体的设计工作,再通过一系列的互动过程优化视频的传播。

就互联网而言,引人注目通常暗指狂野和古怪,如可怕的猛禽和爬行动物,狂吃胡萝卜的竞赛,或者突变的贵宾犬。事实上,有一回我静坐思考,并确认了四种不同的幽默形态,如果好好运用,必能形成无法抵挡的传播威力。

1) **诙谐型**:这种笑话通常锁定某人戏谑一番,就像失败视频一样经久不衰。
2) **恶作剧型**:例如"丢失的"比基尼胸罩,有人找回来变成鲨鱼翅。
3) **可爱型**:例如一只猫咬着一根线,线的另一端悬着电脑鼠标。"他们告诉我,这是老鼠,他们骗人。"
4) **荒诞型**:例如玩滑板的斗牛犬。

玩滑板的斗牛犬？这是荒诞型幽默的一个典型示例。

　　毋庸置疑，诸如此类的幽默有助于创作有吸引力的内容。而且，奥美集团也运用了所有这四种形式的幽默去制作有吸引力的内容。

　　有一年，我们帮客户宣传一项新的租车服务：预订服务灵活多样，用户无论身在何处，都可随需应变。

　　当时奥美巴黎办公室设计了一场恶作剧，戏弄了少数毫无戒心的巴黎市民，让他们以为自己的车被压成了一堆破铜烂铁。我们安装隐藏式摄像机，暗中记录当场上演的戏剧性场面，车主愤怒发飙的模样也不放过。此时，扮演警察的演员上前，并提供一个服务热线。于是车主上钩打了电话，接下来，他们的通话被刻意插播在全国性的广播节目中。通话期间，车主们听到租车比买车好的建议时，不约而同破口大骂。收到更多的咒骂后，我们才揭晓恶作剧的始作俑者——欧洛普租车公司 (Europcar)。（当然，所有播出的画面都经过当事人同意。）

　　信息充分传达，而欧洛普租车公司的租车预订业务也翻了一倍。

　　还有另一个故事。林林总总都让我回想起 19 世纪的伟大艺人菲尼亚斯·泰勒·巴纳姆（P. T. Barnum）。他完全清楚马戏团吸引观众的技巧，例如展示一个有鱼尾的猴躯干标本，吸引数以千计的好奇观众。"快来看，快来看，美人鱼等你看！"这是一种让人亢奋的粗俗技巧。

07　内容为王，但含义为何？　　133

But yes, this was my car,

/ 奥美巴黎办公室协助并怂恿欧洛普租车公司,以恶作剧手法推广新推出的随需应变的租车服务。怎么做?我们压碎别人的车。好吧,我们只是假装那么做而已!几位毫无戒心的巴黎民众回到停车场取车,结果发现一堆破铜烂铁,而他们也以为那就是自己的车。他们的反应被隐藏的摄像机记录下来,并且在广播节目上播出。当他们致电一条服务热线时,得到的建议是请他们趁机租车回家。听到这样的建议,他们的愤怒迅速转变成咒骂。这个恶作剧不仅让听众捧腹,被戏弄的车主最后也大笑起来,而且让欧洛普租车公司的租车预订业务翻倍。

如今,亢奋的艺术务必瞄准更高目标。我们如果要娱乐大众,就得更上一层楼。我们要说故事。说穿了,玩滑板的斗牛犬只是令人好奇,却毫无故事可言。

有别于漫画,一个好的故事,需要结构、主题、氛围、情节和人物等全体总动员。

多芬的《真美素描》短片(2013)就是绝佳案例,用广告说故事,反之亦然。这支短片拥抱娓娓道来的叙事力量,信奉观众互动的力量,也把握直接呼吁女性同理心的力量。我们邀请不同女性,请她们面对一名刑侦肖像素描家,形容自己的模样。结果,她们的答案反映出一种扭曲的自我评价,全部强调的是自以为是的外表缺陷。随后,我们又邀请若干陌生人,请他们向素描家描述眼中所见的女性测试者。我们发现陌生人的评价相对宽容正面，他们全面地形容女性样貌，也补充细节说明印象，而非仅仅集中描述外表特征。

随后，每位参加者观看两幅不同素描。顿时，负面苛求的自我认知与赞赏有加的外界评论，形成强烈对比。对她们本人和陌生人而言，大概没有比发现这结果更惊奇的了。人们当下反应的情感力量，充分解释了为何《真美素描》位居全球最多人观赏的广告片之列。

令人十分震撼的惊奇之处在于，女性看自己和别人看她们，两者竟然大相径庭。虽说如此，这展现出的一切却也无比打动人心。这就让人产生了大量多巴胺。

沉浸到底的内容

禅与营销传播的艺术，看似风马牛不相及，但是，这场数字革命，可能超越你的想象，进一步拉近两者之间的距离。

数字化一直承载双向沟通的承诺。以个人而言，你可以被孤立，也可以接受邀请参与对话。一旦你决定加入，参与对话，并深入其中后，你确实有可能发掘自我，当然也免不了迷失自我。

为了阐释此点，我再回头谈谈多芬的案例。试想你是一名女性，眼见数字媒体和传统媒体中充斥着伤害女性的刻板印象，而你有本事出面改变。当我们通过脸书自身的算法为多芬创建一个应用程序时，其实并不受脸书待见。

随后，我们邀请女性联手揭露负面广告的问题，挑明若干大刺刺强调也恶劣操作女性不安全感的广告内容，不遗余力给之以迎头痛击。受邀女性可以经由网络应用程序——一个名为"广告改造"（Ad Makeover）的小工具，直接控管广告。可想而知，此举旨在颠覆脸书广告市场的面貌。通常，脸书的广告拍卖平台只供营销主使用，但这一回，我们将该平台连

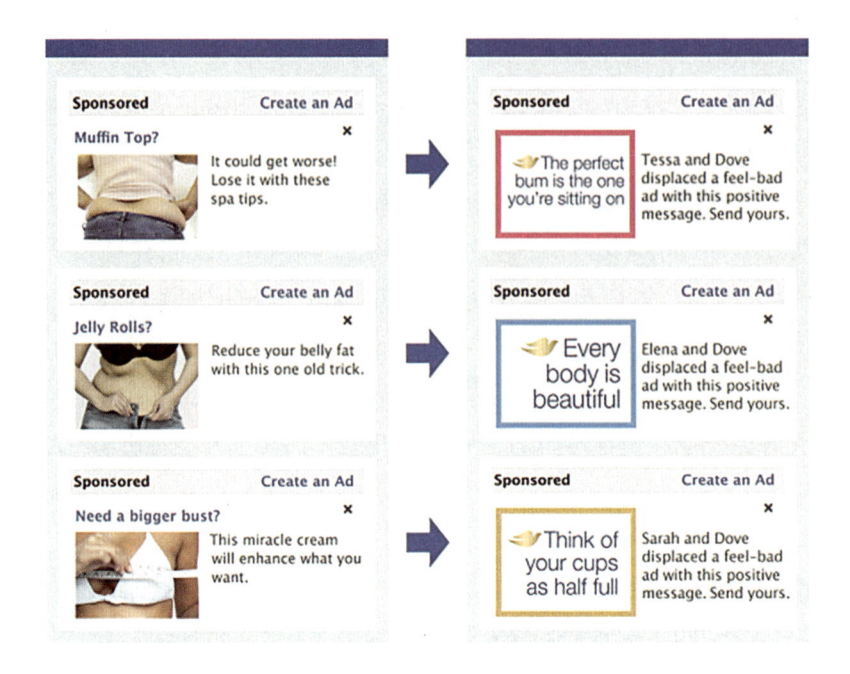

"广告改造"工具转变了脸书的算法,成为对抗声名狼藉的营销主之工具,遏止这群人以女性不安全感作为广告诉求。我们赋能女性,让她们以赞美替换羞辱,传递相互支持的正向语言,以取代负面信息。

接到一个简单的消费者界面,让访问网站的女性努力以积极正面的信息,取代俗不可耐的粗鲁联想,如可用"你正坐在完美的臀部之上"替换"松垮象腿"。

或者换个例子,我们不妨考量 UPS 在美国物流输送的高峰旺季时,寻求与消费者建立深度互动的事件。2015 年,美国假日季从感恩节翌日到圣诞节前夕的包裹配送量约占当年整体总量的 60%。而当奥美客户 UPS 期望巩固其"假日无忧"的承诺时(尤其经历了 2014 年因天气恶劣导致运输艰难的假日季之后),我们毅然决然提出保证,不仅快递礼物,而且传送心愿。UPS 推出"心愿送达"(Wishes Delivered)的活动,邀请包裹收件人在 UPS 官网，或通过社交媒体带话题 #WishesDelivered 贴出一则心愿，UPS 根据每则心愿捐一美元，最后将所有款项捐给美国的男孩女孩俱乐部、救世军和儿童玩具扫盲计划等公益组织。值得一提的是，在落实愿望的过程中，UPS 曾快递一卡车白皑皑的雪，给从未见

/ UPS 运用众筹和捐赠计划，开展了一次为假日季征集心愿的活动。"心愿送达"活动为每一个经核准的愿望，向慈善机构进行现金捐赠。此次活动极具互动性，但真正呈现沉浸感的是形形色色的故事，比如（图中间的小男孩）卡森的故事。卡森与他那位经常见面的 UPS 司机艾迪先生建立了深厚的友谊，而且卡森也十分敬仰艾迪先生。事实上，卡森穿上了他自己的 UPS 工作服，并且很享受自己去配送快递。假日来临时，艾迪先生送到的不只是常规的快递，他还给卡森带来了非常特别的礼物：属于卡森的儿童版卡车和做一天真正的 UPS 司机的机会，就像卡森的偶像艾迪先生一样。

过白雪的得州学童。

诸如此类的活动，连接人性的极高层次而创造彼此的互动，其中隐含了"玩"（play）的元素。消费者不禁自问：我能打败系统而改变脸书的算法吗？我能许一个历经千辛万苦也可实现的心愿吗？

不过，一旦"玩"形之于外，又将如何？欢迎走进游戏的世界，一个远超互动的内容，先是缓缓引人沉浸其中，再进一步让玩家照单全收，身临其境。

在关于视频游戏的学术研究中，学者定义"沉浸"为：玩家全心

全意投入，以至于迷失在游戏的一种状态。

事实上，也有证据显示，"沉浸"有三个不同层次：互动的层次，即适应和学习操控的阶段；全神贯注的层次，此时操控转为隐形；完全沉浸的层次。在沉浸的最后层次，游戏玩家与现实脱离，进入一切唯有游戏的境界。套用一项研究的说法，此时此刻呈现"如同禅定的一种状态，人的头脑似乎知道该怎么做，而人的内心却似乎还在继续说故事"。[1]

此乃心理学家所谓的"空间存在"（spatial presence）。人们在各自内心的"空间"中，打造一个模型，然后，由于受到内心暗示，必须时时在"那里"，我们喜爱心理的"空间"，更胜于喜爱现实空间。此外，空间环境令人感觉丰富无比，多彩多姿。换言之，必须有感官刺激支配你。诚如杰米・马迪根（Jamie Madigan）所言："你被冲击的感官越多，且感官合作无间的程度越高，就会越好。一只鸟从我们头顶上飞过，蛮好的。再听到头顶上的鸟叫声，那就更妙。"[2]

就最纯粹的形式而言，沉浸需要技能配套，才能将创意构想和技术结合在一起。无奈如此的组合不易寻获。

对商业广告主而言，游戏很重要，原因并非游戏的内容计划必不可少，而是游戏本身独有的元素与手法，不仅启发灵感，也令人着迷。

再说，这类成功游戏的共通点，就是各自都有精彩的故事。因此，我们千万别忘记，故事本身确实令人神往。游戏心理学家将之称为"心流"，此时此刻，人与故事——或游戏或小说之间的界限无影无踪。当人们全然沉浸其中，心流也随之汹涌澎湃。数字革命所实现的事，就是在精彩纷呈的故事中添增互动环节，让一切变得可能。极端状况下，你甚至能够加入另一端，变成说故事的人。

或者，保持观众的身份参与也行。从技术上来说，墨西哥烧烤快餐店 Chipotle 再一次执行得很好，推出植入品牌内容的网络讽刺剧《农庄与危险之地》（Farmed and Dangerous），大肆挞伐农业工厂。

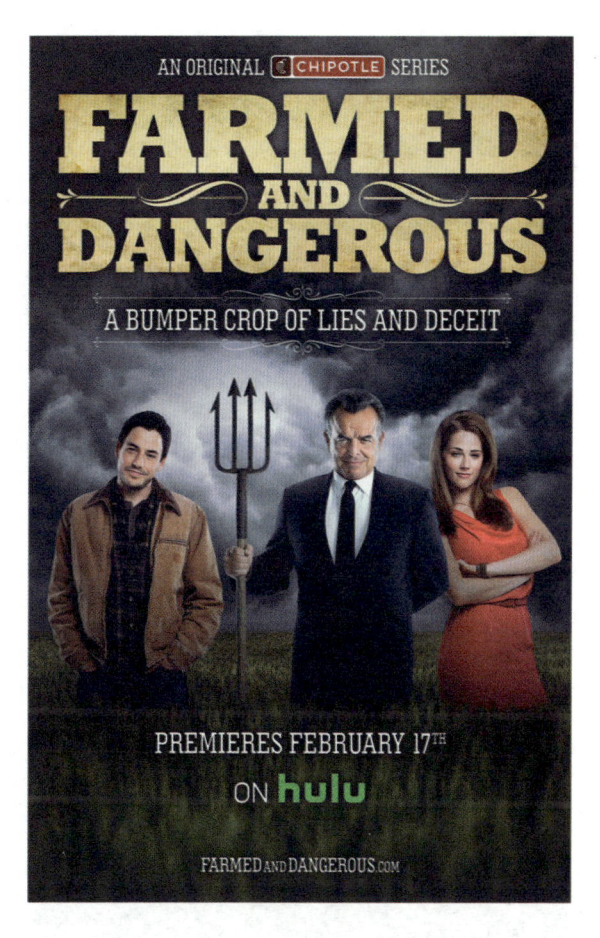

Chipotle 通过 Hulu 影音平台首映播放，推出一部四集的讽刺喜剧《农庄与危险之地》。Chipotle 避开产品植入的设计，转而将企业价值观直接植入这部剧的基因。凭借原创的脚本和一群炸裂的牛，这部剧集被媒体名嘴吉姆·克莱默（Jim Cramer）评为"我看过的最滑稽的喜剧之一"。不幸的是，只有产品真的好，宣传才会好，不然就是空喊口号，没有实际内容。后来暴发的大肠杆菌事件，在很大程度上让这次的好作品毁于一旦。

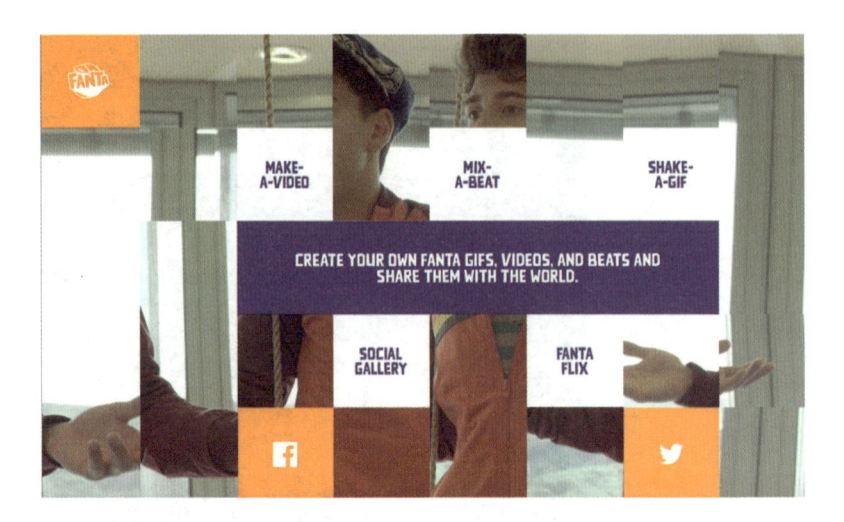

奥美集团旗下的姐妹公司大卫（David），为芬达创造了全新层次的品牌体验，其核心是参与式游戏。芬达完全没有营造照本宣科的情节环境，而是提供受众一整套的工具和素材，让他们创作动态图、视频和音乐节奏，进而与世界分享。芬达以熟练且恰到好处的方式，将品牌嵌入受众早已参与的系列趣味活动中。

在巴黎水（Perrier）的创意广告中，我们邀请人们进入《秘密地点》（Secret Place），成为史上最佳派对的一员。在这部像视频游戏的90分钟故事片中，访客体验了100万小时的角色扮演，经历了400多万种生活。

在"沉浸感"的象限设计沟通时，可别忘了"令人着迷"的元素。不妨设身处地思考：当一则内容试图与你互动时，你会获得任何回报吗？若非如此，该内容势将快速变成消耗品，如同大量无人问津的内容一样。

以智能取胜的内容

在过去 20 年里，我们身边冒出无数的"智能"，智能汽车、智能手机、智能购物车、智能家居，而同时也奉送许多智能酸民。所以，在内容之前冠以"智能"有何不可？

因为在最佳状态下，智能意味着在某一点上，个人为追求更好的生活体验，可以自创途径。这通常不是满足于娱乐性内容，而是以一种非常个性化的方式，助你一臂之力。

假设你是亚马逊的一名忠实的顾客，正在寻找一种家居自动化方案。现在，亚马逊 Echo 智能音箱定价合理，与其他技术高度相联，并且只在亚马逊网上独家销售，还具有语音识别购物的功能。

这就是智能。

如果你是一位在法国待产的母亲。你心里有点焦虑，也不太有安全感。你有那么多的东西要记录，要学习，还要确保你（和宝宝）饮食合理、休息充分、安稳度过怀孕期，这一切让你有些应接不暇。但请放心，雀巢的"成为妈妈"（Devenir Maman）移动应用程序可以帮助你：帮你记录孕期的重要时刻，还帮你为自己和宝宝做出最佳的选择。

／ 雀巢的"成为妈妈"移动应用程序记录孕期女性的重要时刻，采用智能内容配置让用户互动，并给用户提供小贴士。

这也是智能。

置身其中的心理状态为何？

一切都与掌控有关。科学家如今深信，控制是一系列对性格的不同影响的总和，其中不仅有社会学习，也涵盖生物影响。有一组荷兰研究人员如此说明："掌控感代表着社会期望的所有人格特质，而这些特质都与心理健康和成功表现密切相关。"掌控感直接推动人们的自律行为，而内容恰恰是一股推动力，为自律行为提供刺激物或强化剂。

此时，设计大显身手，有效整合信息与体验。

在极端状态下，一种"自我量化"的现象应运而生。从前的日子，面对日常生活如何影响身心健康，人们根本无从记录所有测量指标。现在大家有办法了，不完全是为了减肥瘦身或改善个人身心健康，而是提供一系列全套指标，从睡眠行为、工作与生活状态，到情绪变化都包含在内。

当然，并非所有人，包括我在内，都希望自己被量化，或身体被"黑客"攻击！不过，一般"个性化赋能"的原则确实强而有力，一举直捣个人在做选择时的核心，也抓到让人们做出较好选项的关键。

数字内容不愧为帮助人们做出较好选择的前兆。例如，雀巢美禄将其运动手环，配以独一无二的锻炼与饮食规划应用程序，以期帮助孩子们更好地理解饮食与锻炼之间的关系。通过将各种挑战、视频、人物头像和实时数据综合在一起，呼吁他们热爱科技与游戏。所以，与其强迫孩子们去户外活动，我们反倒鼓励他们每天采取更多步骤，以便在朋友圈排名第一，并且按照若干提示和技巧，变成自选活动的"冠军"。他们也能在活动过程中，看到自己消耗了多少能量。此外，孩子们能知道所选餐食的能量，并马上了解自己距更均衡的饮食和锻炼计划还有多远。我们采用多奖励少惩罚的方式，让孩子们掌握机会对自我健康负责，从中享受乐趣。令人欣慰的是，他们也抓住了机会。

借此，或许值得大家记住"智能"的第二层意思：这不只是一个

/ 雀巢美禄的运动手环及其附带的应用，将锻炼、饮食规划提示和在线游戏等功能集于一体，以使孩子们保持更健康、线下更活跃的状态。

形容词，也是一个缩略词 SMART——特定的（specific）、可测量的（measurable）、可实现的（attainable）、真实的（realistic）和及时的（timely）。如今这些目标不只适用于商场上汲汲营营的专业人士，数字革命也为普罗大众赋能，无论男女都可逐一运用在个人层面。

实用至上的内容

最后一个类型的内容，再实用不过了。实用一词听起来平淡无奇，但事实上非常给力。实用的内容，可帮助提升和加强来自个人、社群和企业的集体经验。此一形态的内容，让人们资源在握。

第一个资源是知识。企业向来视知识为必须分享的东西。有些消费受众比其他人更受照顾。比如，有人联想到汽车司机，《米其林指南》就是为他们量身定做的，如今已传到英国乡下的经典之作——如《壳牌指南》也是如此。

在数字时代，这类知识之分发，能以更正确也更及时的方式进行，而且完全瞄准特定受众。

当年谷歌想要展示新网页浏览器 Chrome 的性能时，谷歌实验室联系了拱廊之火乐队（Arcade Fire）——加拿大的独立摇滚乐队，请求为他们的单曲《我们曾经等待》（*We Used to Wait*）制作一支新的音乐视频。

后来，那支由艺术家、企业家和导演克里斯·米尔克（Chris Milk）构思的互动电影短片《无人市区》（*The Wilderness Downtown*），就直接把用户带入故事情节。用户并不知道，在他们输入自己的名字和故乡地址之后的 5 分钟里，他们会被带回自己的故乡。在十几岁的自己的引导下，他们会穿过那些熟悉的街道，最后来到童年故居。背景音乐是循环播放的拱廊之火乐队那首应景且富有韵味的歌曲。

从此以后，谷歌 Chrome 就成为全球首屈一指的浏览器，拱廊之火乐队也成为全球最受欢迎的乐队之一。

经编辑之手，知识产生竞争优势，不仅详细解释某一观点或定位，而且让一切合理化；同时也不只是发挥了白皮书的作用，说来更像是一个动态程序。

奥美就建立了所谓的动态程序——IBM 新闻编辑室，以便提供丰富而编辑导向的内容。2014 年，IBM 新闻编辑室启动，创造了包罗万象的内容资产：文章、视频、信息图、电子书和幻灯片等。

当品牌提供真相时，也赢得可信度。有了可信度，消费者的信任随之而来。因此，IBM 新闻编辑室的目标是，提供受众需要的信息，而不只是推广品牌的内容。如此一来，奥美协助 IBM 加入与消费者的对谈——而不是在讲坛布道。

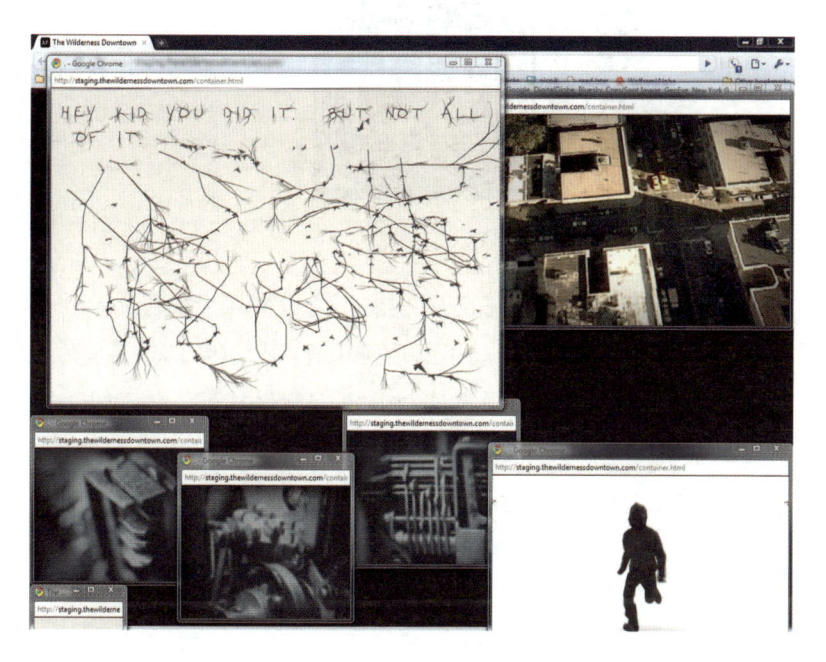

/ 在《无人市区》短片中，伴着标志性的独立乐队拱廊之火的最新单曲《我们曾经等待》的背景音乐，谷歌 Chrome 浏览器把人们迅速带回他们的童年故居。这是谷歌实验室的一次实验，通过将极速体验与不可思议的互动影片结合在一起，助力 Chrome 浏览器的发布，并让 Chrome 成为世界上最受欢迎的浏览器——以一种不同寻常的沉浸方式展示新品。如此饱含情感也十分实用的内容，极为罕见。

高通主导着代工生产市场，全球近三分之二的智能手机用的都是高通芯片。但是，高通一直不重视消费者层面。所以，高通的任务是，让消费者熟悉芯片这种底层技术，并让自己成为一个强大无比的成分品牌（ingredient brand）。

纽约巴尼斯精品店锁定受众所期待的新闻内容，并且是从他们希望中的巴尼斯所获得。The Window 是一个在线生活杂志兼电商网站，成效斐然。

"星火"就是在这种情况下产生的。在这个方案中，我们聘请来自《今日美国》和《个人电脑》杂志的业界翘楚主导一支编辑团队，开发与互联网新闻博客 Mashable 之类的网站相关的品牌化内容，探索同步发布的机会，并使用诸如 Stumbleupon 之类的插件工具。"星火"的关注点是，为早期尝试者和科技达人用户制作和分发十分有用、有趣、有吸引力的内容——所有内容，全部清楚明确地表示此乃高通的功劳。

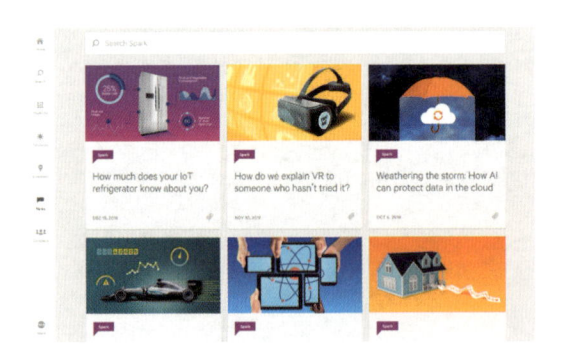

2012 年，近三分之二的智能手机由高通芯片支撑，高通主导了微芯片市场。但是，很多消费者不知道高通品牌。我们集团收到一份可与 20 世纪 90 年代的"内置英特尔"（Intel Inside）媲美的创意简报——让消费者熟悉底层技术，并建立一个强大的成分品牌。但这次是智能手机，而不是个人电脑，我们就把解决方案称为"星火"。有高通网站上的服务器做技术支持，我们用改变世界的发明家之故事，重新设想了通信与技术的未来。我们聘请来自《今日美国》和《个人电脑》杂志的业界翘楚主导一支编辑团队，开发品牌化内容。这一切似乎引发了人们极大的兴趣。

新闻是自由获取的免费资源，但过度的随手可得也创造了策划选题内容的机会。比方说，我们汇总所有引人注目的新闻信息，在融会贯通之后，形成"包装式的内容"，再分发给受众。不过，此领域的成功与失败，尚待试炼。毕竟，野心勃勃的结果往往是一败涂地。

我们来看看通用电气公司。通用电气曾试图凭借网站 Pressing（"增加全民对话，包括左派、右派和中立派"）和 Mid-Market（"目标是成为人们在周一早上来访的网站"）等的内容，成为一家主要的新闻服务商。不幸的是，这两个网站都未能存活。虽然 GE Reports 网站继续产出与其业务相关的优质专题型新闻报道，但在前面列举的两个网站中，通用电气却误解受众，虽然意图填补看似新闻空白的区块，但读者完全无所谓新闻空白是否有人填补——至少不在乎是通用电气来填补。

实用的内容能摇身一变成为行动家：构建一个赋能的平台，不仅提供信息，而且也可为某一社群启发灵感。正好奥美的客户美国运通就是明证，它以 OPEN 论坛付诸行动。

实用的内容确实大有用处，特别有益于处于陡峭学习曲线的初阶受众，如新手妈妈。子宫收缩是什么样的感觉？超声波的准确度有多高？什么音乐最适合我的宝宝？诸如此类的问题，都在女性发现自己怀孕之后，从脑海里瞬间闪过，当然还有千奇百怪的各种问题。此外，让她们焦虑不已的并非往后的 9 个月，而是接下来的好几年！

美国运通创建了 OPEN 论坛，一个在同业、著名企业家和行业博主之间分享商业咨询建议的网络社区。OPEN 论坛提高参与者的曝光度，为他们提供开发业务的工具，也为他们的事业带来建立可信度的机会。

好奇纸尿裤的妈妈问答网，是一个准妈妈们可以自由提问，并得到专业人士与同龄人反馈的理想去处。通过早一步瞄准妈妈族群，亦即在她们收到该品类龙头帮宝适提供的护理包（90% 的医院都会提供这样的护理包）之前，妈妈问答网就为好奇创造了机会，让好奇成为新手父母的一个资源，并跟妈妈们建立起一种持久的关系。

内容的最后作用——虽然作用范围不算宽广，但在特定的高价值客户群中，依然有一定的规模，亦即推动赋能进入实体空间：让内容变成实用工具。没错，工具也是内容。数字设计对体验的最大影响就在于此。

例如，如何设计一款工具，让你能够自行配置一辆车？

或是一款菜单选择的导引工具？

/ 福特邀请消费者设计他们心中的完美野马汽车，而且还可自己制造。消费者就在福特网站，或者是用福特的移动应用程序，自行配置量身定制的汽车。

/ 工具可以对物品本身大做文章。应法国饮用水品牌 Vittel 之请，我们的奥美巴黎公司要推广一种鼓励人们定时补水的新设计。为了证明智能技术并不总是需要互联网驱动，我们在很普通的瓶盖里加了一个简单的机械定时器，给瓶盖加上了一个旋钮。只要你在每天开始时扭动瓶盖，每隔一定时间就会弹出一面小旗，提醒你该喝水啦！

    本质上，数字时代让企业能够通过比以往更大的信息规模，为它们的产品和服务创造情境。

    这一切，都是从创意开始的。然而，当今商界，除非创意不断探索数字领域，否则就如同折翼之鸟，无法展翅高飞。就最佳状况而言，创意可以置身其中自由发挥。

    我们曾为"零度可乐"在美国组织了一场活动，当时的创意就是"你若不尝试，就不知道它是否好喝"。经过大量调研，我们得知，85% 的千禧世代没有尝过"零度可乐"。同时，我们也知道，一旦他们试过，就会有五成的人每个月都会喝"零度可乐"。既然拥有基于调查的认识，我们就在一些非常不切实际的场所部署数字技术，期待实现若干非常实际的结果。譬如，可自动贩卖"零度可乐"的广告牌；观赏"零度可乐"的电视广告时，观众能通过 Shazam 应用程序索取样品；以及"可以饮用的广告"激发人们乐于试喝，然后购买"零度可乐"。

对于"零度可乐",我们问自己,为什么在可以亲口尝试它的味道时,我们要去想象它的口味呢?所以,我们第一次设计了让消费者喝到饮料的广告宣传活动,通过意想不到的渠道——包括经典广告牌上的扭动设计,免费给人们分发试喝样品。

内容的组织

那么,内容之王是否有不为人知的致命缺点?目前还没有,只要它竭尽所能善尽责任:激活亢奋、令人着迷、赋能百姓、赋权受众。

不过,有一个警告。如何组织内容?

真正组织内容时,你会发现这没有听起来那样容易。我们不仅需要帮助品牌和媒体伙伴以新的方式合作,而且,作为广告从业人员,我们也要寻求新的架构。面对复杂的新事物,我们都容易陷入规划和策略的陷阱里。虽然规划和策略都很重要,但任何创意工作,最后真正重要的都是付诸实践。

曾经,有人让我在奥美中国办公室的标语墙上,就策略这个主题写一句口号。经过几天的策略论述之后,我写下一句话:"卓越的执行就是最高级的策略形式。"这句话受到不少意外的肯定。

以内容而言,上述说法再真实不过。

此处谈及的战场,就是内容工作室(Content Studio)。

当然,人们对此一战场的叫法不一,比如厨房、中心、新闻编辑室、枢纽、商店和故事实验室等,任君随意称呼。

不过,我们暂且称其为内容工作室吧。2016年初,奥美集团在全球设立126个内容工作室为客户服务。至今,人们对内容工作室的需求呈现指数级的增长。

并非所有内容工作室都做一样的事。而且,对某些工作室而言,有些功能比其他的更重要。

不过,在进行七大基本工作时,任何值得投资的内容工作室都需要从两方面自我证明:

一方面,工作室必须把创建"内容日历"作为中心指导目标,整体节奏由内容日历界定。发明家罗宾·斯隆(Robin Sloan)借用了一个经

培育社群　　培养编辑眼光　　建立合作伙伴关系

策展人-协作者　　实时行动　　危机管理　　行动营销

内容工作室：七大基本功能

/ 内容工作室需要做好七大基本工作：培育社群，培养编辑眼光，建立合作伙伴关系，既做策展人又做协作者，实时行动，随时准备好危机管理，以及以迅速积极、永远在线的方式进行行动营销。

济学术语，他将"存量和流量"的概念普及化，帮了大家一个大忙。存量是基石，必须一直保有。但是紧接着：

> 流量则是信息供给，包括各式各样的帖子和推文，也是所有平日和日常细分的更新流量，提醒人们知悉"你"的存在，由你产生的内容，最好两个月（或两年）后，还是和今天一样妙趣横生。[3]

07 内容为王，但含义为何？　　153

事实上，我们的社交媒体经理更喜欢把存量细分为按年度规划但按季度制作的"英雄式内容"（hero content），以及按周规划并按周制作的"前瞻性内容"（proactive content）。其余的，全都属于实时内容。

所以，完美的内容工作室流程，就如同以下的流程图一般。

另一方面，工作室必须致力于另一大目标，即评估所作所为的效果如何——不仅要衡量，而且要优化。

起先，我还担心缺乏现成工具，无法评估不同内容的效果。没想到纽约团队有一位聪慧的年轻分析人员，自行开发了一个系统，根据不同指标的绩效表现，包括与销量直接相关的指标，将内容分类排序。她把此系统称为"脉动"（Pulse）。

总而言之，内容之王得以恪守诺言，就在善于驾驭图示的脉动体系。

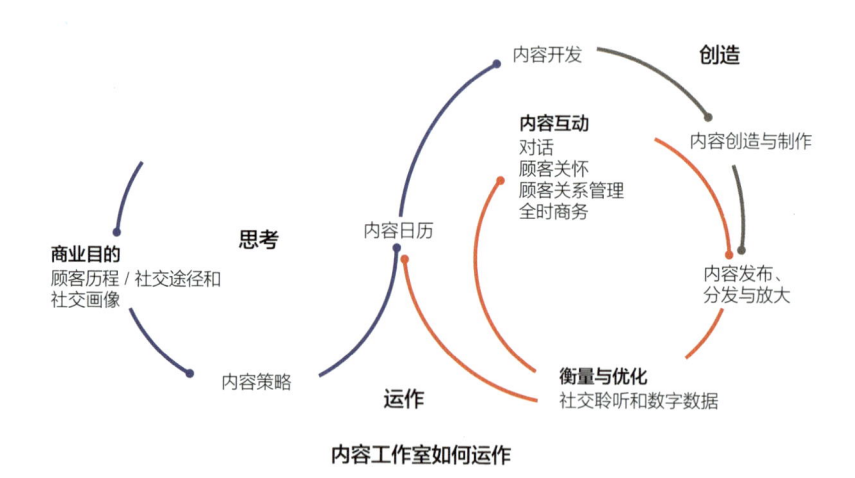

内容工作室如何运作

／此为内容工作室幕后的工作流程。在流程中，客户的内容策略通过内容日历栩栩如生。一切工作无法自然发生：它必须有一个引擎支撑，驱动所有内容的开发、分发并产生效果。无论是数字内容还是社交媒体内容，无论是每周有 3 000 万粉丝关注的万事达卡，还是客户基数仅以百计的本地连锁餐厅，内容工作室的工作原则都一致。它的口号是："思考，创造，运作"。

我个人坚信内容为王的承诺。自佣金制度在 18 世纪的伦敦咖啡厅里出现以来，"品牌和代理商就是出版商"的概念标志着广告业第一个真正的改变。因为它预测了佣金制度的最终灭亡，尽管当前的广告业，面对"内容"这码事，依然停留在倍感自在的最初阶段。

有关内容的八个提示

1) 切勿试图成为主流的新闻提供商。
2) 切勿在品质上妥协：新闻工作是一门手工艺术，而非一般商品。
3) 切记体现规模！全心全意宣扬推广，确保内容突破重重阻碍与干扰。千万别傻乎乎地自以为是纯洁无瑕的清流，然后期望构建内容之后，就有人找上门来。
4) 切记你需要引擎加持，协助推动内容。
5) 谨记你如此做的缘故。你正在打造一座"围墙环绕的独家花园"，当旁人进入时也能乐在其中。实验证明，乐趣会增加人们处理信息的速度，而非碍手碍脚。
6) 切记让内容黏性十足：务必高度连接；存量、流量两相平衡；创作系列节目和剧集；构建循环。
7) 切勿忘记你为何做内容：品牌守护者是谁？品牌良知在何处？
8) 切记个性化的内容：投资更高成本的内容，奖赏品牌忠诚度。

| 名人堂 |

吉百利

定义数字时代的经典图片之一,就是一只举槌敲鼓的黑猩猩。当时发生了什么事?说来话长。吉百利牛奶巧克力在2007—2008年的营销计划,具有如神话般的地位。有时候,实际的历史面貌难以解开。

一切从品牌的悲惨岁月开始:由于担心产品感染沙门氏菌,吉百利必须回收十亿多条巧克力棒。雪上加霜的是,吉百利当时不再享有遍及全球的品牌偏好。品牌因消费者年龄而形成两极化:年过35岁的人认为它是最好的巧克力,而35岁以下的人则不以为然。

所以,品牌的创意简报有两大要求:一是重新赢得消费者的喜爱;二是提醒消费者,特别是年轻族群,吉百利巧克力实由牛奶制造而成。当时吉百利新任营销总监菲尔·朗博尔(Phil Rumbol)在简报里附加了一条:他坚决主张品牌广告必须让人看得津津有味,就像享受好吃的巧克力一样。试想,这是一个多么让代理商兴奋不已的简报啊!

实情令人遗憾,让人拍案叫绝的创意简报一向执行不易,尤其当人们对品牌太熟悉的时候。当年负责吉百利的代理商搞不定,无法提出解决之道。菲尔只好把简报转交另一家代理商法隆(Fallon),然后去澳大利亚出差。一周后,他出差回来,发现有一些创意作品可以看。

其中有一个活动创意，似乎解答了简报的第二个要求：名为"来上一杯半，欢欣无极限"（Glass and a Half Full）的制作，创意灵活有弹性，对消费者理解牛奶内容大有助益，总共有四套不同的执行方案，其中之一就是《黑猩猩》。

《黑猩猩》有别于一般线性广告和说服性广告。对于该创意手法，吉百利内部的反应是一团困惑而非兴高采烈。菲尔回想人们当年的质问："咱们先搞清楚：你想做一支比一般长两倍的广告，其中不见巧克力，也全无信息。你疯了吗？"

接下来的股东大会，菲尔驾轻就熟。至少，这一次菲尔说服了上司们，同意他先把广告片拍出来。不久后，广告片又被提给高层管理者看，其中一位说："你肯定不会播放那支广告。"

此时，菲尔提出请求："我能最后拜托大家吗？请把影片带回家，周末时与家人一起观赏，看看他们

的反应如何。"当然,他周一接到了正向反馈——是的,《黑猩猩》让家人都笑了。

故事还没完,紧接着就是与吉百利时任 CEO 托德·斯蒂茨(Todd Stitzer)的会面。创意再一次遭到全面否决。营销团队当场回复 CEO 一个标准答案:做调研。然后,他们也确实做了创意预测调研,但结果并不乐观——它"可以用于任何品牌",它"毫无新意,与品牌无关"。当然,受访者的回答都是驴唇不对马嘴,因为问题本身就出了错。"旧模式"研究本应该问的问题是:"在期望上,这感觉像是吉百利牛奶巧克力应该做的吗?"同时,根据从最差到最好的标准九方格评估表,吉百利广告最近所做的 10 次或 20 次预测试给出肯定意见:这个创意相对适合在电视上播出。此时,首席营销官才同意《黑猩猩》的创意。

最后,《黑猩猩》得以成功播出的关键是一个展现了受访者反应变化的视频剪辑,他们开始是微微一笑,最后变成满脸笑容。2007 年 8 月 31 日,《黑猩猩》广告片播出。

广告播出后,瞬间产生爆炸性效果。当时,YouTube 和推特才诞生一年,但这支广告片在两个平台的浏览量和发布量呈现出排山倒海之势。此时恶搞视频也随之而来,这通常代表数字受众对吸引他们的内容的致敬。那么,《黑猩猩》的创意是什么?

在吉百利的文化里,创意构想与"心花怒放的欢欣感"(joy)有关。菲尔·查普曼(Phil Chapman)——吉百利现代版的菲尔,为该公司"心花怒放的欢欣感"提出了最清晰的解读:一个与"快乐"远远不同的世界,充满生机勃勃而发自内心的东西。在《黑猩猩》的案例中,这甚至近乎是某种愤怒的情绪,让感觉从体内尽情宣

吉百利著名的《黑猩猩》广告采用菲尔·柯林斯（Phil Collins）的流行音乐《今晚夜空中》（In the Air Tonight），在黑猩猩举槌敲鼓之前，为影片增添了一种戏剧感。黑猩猩一直在等待着爆发的那一刻，而那一刻真的出现了。

泄。可不是，界定创意相当重要。两位菲尔任职之间的一段时期，吉百利在某种程度上走入了误区，闯进号称"欢欣谷"却毫无乐趣可言的情绪地带。而且，《货车》是紧随《黑猩猩》之后推出的"欢欣无极限"系列的第二个短片，展示了一长串笨重、"四处晃荡"的机场货车，从中几乎看不到半点欢欣的样子。

07　内容为王，但含义为何？　159

很多年之后，我记得菲尔和吉百利总裁巴拉特·普里（Bharat Puri）在谈到他赞同的那个以一名身怀三胞胎的孕妇为主演的南非广告脚本时说："欢欣感，你必须闻一闻。"《黑猩猩》的成功在很大程度上与魅力有关，也离不开精巧的制作手法。负责拍摄的意大利籍艺术导演胡安·卡布拉尔（Juan Cabral）让"黑猩猩"有了令人叹为观止的表现，他甚至还给黑猩猩加上了一颗金牙，让它的怒容特写魅力倍增。

再回到 2007—2008 年，吉百利的销量下降趋势得以逆转，营收增长了 5%。2008 年初，CEO 托德·斯蒂茨在一场分析师会议上起立，大谈团队合作。他不苟言笑，表情恰到好处。

就像一部让人失望的电影续集,"欢欣无极限"系列的第二个短片《货车》未能达到预期的效果。它缺少《黑猩猩》的定调——吉百利巧克力棒带来的纯粹的欢乐与活力。这次的"欢欣无极限"系列制作看起来不到位。

在清晰、动听的颤音声中,欢欣感回来了!借由在母亲的子宫中心满意足地进行无伴奏合唱的三个婴儿,这支三胞胎广告片唤起了《黑猩猩》中表现的那种放肆的本性。

07 内容为王,但含义为何? 161

08.

数字时代的
创造力

Ogilvy

"给我金奖"

大卫·奥格威本人既担任自创公司的管理者，又是创意总监。当然业界也有人和他一样身兼两职。不过，如果你是一名负责管理客户和办公室，也想在职业生涯中力争上游的"普通"广告人，不管你是何性别，你都需要一位创意伙伴。

很幸运，我曾有谭启明当创意伙伴。身为一位魅力十足、话不多且低调的新加坡人，他热情痴迷地追求作品质量，在带领奥美亚洲网络的11年间，缔造了创意的主导地位。所以，当我们在拉合尔市一家难以想象的安达仕餐厅共用晚餐时——眼前有一盘烤羊肉串，身后是聚集着黑压压民众的皇家清真寺——我开口邀请他来纽约一起工作，但有三件事令我忧心忡忡。

我和谭启明在曼哈顿的奥美全球总部共用的办公桌：在同一张工作台上，我们为共同的雄心全力以赴——追求卓越创意，实现最佳效果。

> 为挑战创意常规而发展广告，诚属艺术家的工作，也是我们持续精益求精的技能。当谭启明宣布"给我金奖"时，全球各地的奥美创意团队以更高标准的作品热情回应。

第一件，我刻意藐视了当时人们习以为常的公司需要有名大咖的通则。第二件更糟糕，来人还是华裔人士，根本不符合纽约的要求。第三件就是他不会答应。但我从心底觉得，这个职位非他莫属。

结果他来了。从此，我们在纽约共用一张办公桌——在当地，这是一种完全陌生的观念，但却示范了我们两人合作无间，不可分离，共享相同议程的具体行动。

2008年6月的戛纳国际创意节，我们承袭过往公司表现平平的成绩单，获奖若干，但为数不多。奥美当时萎靡不振，而且持续多年。出于不足为外人道的正当理由，有一段时间，创意得奖并非公司优先考虑的事。有一天，谭启明靠向我这半边的桌子，突然说："我讨厌这里。我无法在一个甘于接受只比平均水平稍高的地方工作。"

于是，我们形成共识，要全力以赴变成第一名——"年度风云传播网络"（Network of the Year）。我们以 5 年为期限，开创了一项全体总动员的计划，内部高规格对待，视之为军事任务和政治运动的结合体，接着谭启明登高一呼"给我金奖"(Give Me Gold)！这一切在当时看似疯狂而不可能完成，但是令人惊喜的是，我们在两年之内达成了目标。

上述计划的核心之一是"干部体系"，每年邀请内部最出类拔萃的创意人才汇集世界某地，一起讨论创意和改进作品。他们受邀的前提是所属办公室被干部体系所认可；而入选干部体系的资格，依据办公室创意得奖的总分数而计。我们尽可能在趣味盎然的地方举办活动。我过去也受邀前往不同地方的"干部聚会"致辞，从秘鲁库斯科的巴洛克式讲坛、肯尼亚马赛马拉的帐篷，到苏格兰因弗罗奇的酒店沙龙等地。

在我们这一行，创意奖可说是危险物品，通常只代表作品杰出，或因有决定权的评审大力赏识，或缘于与评审服务相关的政治考量而被赠予。过去，大卫·奥格威对创意奖感到相当不自在，尽管和其他人一样，他也曾享有创意奖带来的光环。

直到 21 世纪的早期，大卫荣获克里奥广告奖（Clio），从此之后，

/ 大卫有时候喜爱广告奖项，但通常对它持怀疑态度，这一切无可厚非。在他获奖后的多年以来，创意奖评选俨然成为一大产业。

08　数字时代的创造力　**167**

有三件事大为改观。

第一，客户开始成群结队现身戛纳国际创意节，主办单位非常成功的推广策略确实吸引人。宝洁打头阵，不久，其他客户也紧随其后。对这一群客户而言，戛纳国际创意节摇身一变，不仅成为提升它们创造力的渠道，同时也反过来回报客户，助其获取竞争优势。

个别客户来来去去，然而整体而言，它们让戛纳创意节改头换面，从一个自我陶醉的行业活动，发展为关注行业创意价值，且更具使命感的盛事。报名奖项也随之扩大到效果、技术以及其他广告业之外的传播技能领域。毫无疑问，任何出席戛纳盛会的客户，最喜欢的莫过于登上戛纳影节宫的舞台，或现场见证代理商得奖，而感觉自己做了正确的抉择。

第二，经济上的理由——至少我们早已了然于心。这一行的成功诀窍，与顶尖创意高手的占有率直接相关，且事关重大，不可轻忽，而汇聚一流人才之地正是戛纳。除了职业足球，我不认为有雷同的行业。戛纳提供完美无缺的招聘机制。广告业的明星人才，无不期望自己任职的公司不仅认真看待创意，而且视得奖为达标的关键所在，而非可有可无的奢侈品。

第三，大型控股公司的到来和"年度风云控股公司"奖项的设立，意味着一较高下的竞争结果都呈现在集团年度报告中。金融分析师将创意得奖视为魔法炼金术下的征兆，企图从中搜寻隐藏在各家背后的优势和弱项。这一切的发生，适逢博主们痛斥 BDA（Big Dumb Agencies，又大又笨的代理商）之际，于是商业模式必须令人倍觉性感而有效。

有鉴于此，在大卫·奥格威百岁诞辰时，我们一反传统做法，决定开拔到戛纳为之庆贺。2011 年 6 月 23 日，人们醒来时一眼望见横跨海滨大道的巨幅红色地毯，随后我们将红地毯切成小块，做成大卫·奥格威红毯鞋垫，并以新年直邮方式，寄给客户和朋友。那一年，我们在戛纳获得了第二名。

2012 年 6 月 23 日下午，我们正朝向胜利前进，一切清晰可见。我的对手，天联广告公司（BBDO）的首席执行官安德鲁·罗伯森（Andrew Robertson）以惺惺相惜的大气风度，从手机发来贺电信息，证实确有其事：他们的记录比我们更准确。几个小时后，奥美以胜利之姿拥上并霸占舞台。后来，我们又连续赢了四次。当然，我们无法永远是赢家，也确实如此。

一心渴望赢、努力为了赢，早就是奥美文化的一部分。这让我认识到，我本人最大的战场是在对抗集团规模。既然庞大就会笨重，我们就必须表现得像小公司般，对待奖项，就算是最末位的奖，也如生死攸关般重要，因为所有奖项都反映了奥美身为创作者和工艺家的价值。

当然，我们不单是追求戛纳创意奖的胜利，还有纯以效果进行评估的艾菲奖，两者并重。

无论如何，登峰造极的成功定义，就是必须一举赢得戛纳全场大奖和艾菲全场大奖。2007 年，奥美第一次登顶成功，获奖作品为我们帮多芬所制作的《演进》影片（见名人堂多芬案例）。

/ 2011 年我们第一次参加戛纳创意节，获得第二名，我们把红毯切成小块，作为庆贺直邮发出。随后一年，我们获得了第一名。

08　数字时代的创造力　169

/ 这张照片证明,代理商可以大而不笨。胜利时刻无比珍贵,却稍纵即逝。更高的价值,来自"赢"所创造的文化。

艺术或科学？

大卫当年不喜欢"创造力"一词。在《奥格威谈广告》一书中，他形容"创造力"是"骇人的"。相反，他认为自己处于发明创意点子的行业。

在我看来，大卫厌恶"创造力"一词，是因为他不满外界对该词的夸大论述所发自内心的反应。事实上，创造力一词终究为人们广泛接受，并用来形容当今广告界所从事的工作。所有秉持夸大论述的人，无论当时和现在，一味主张广告隶属艺术，而非一门科学；于是在矫揉造作又自我放纵的心态下，他们产出的作品固然亮眼、有趣、讨人欢心，却缺乏销售力。

大卫从头到尾都是一名推销员。"一切为了销售，否则我们一无是处"（We sell or else），这是他的座右铭；同时，至少在事业刚起步时，大卫的推销之道就秉持"科学"的原则，他尤其对广告人克劳德·霍普金斯（Claude Hopkins）仰慕不已，后者的著作《科学的广告》（1923）至今依然有人膜拜。

在奥美担任过广告策划的保罗·费尔德维克（Paul Feldwick）写了一本原创性十足而颇有见地的广告历史与理论著作《哄骗的解剖学》（The Anatomy of Humbug，2015）。这是独一无二的创作，有条不紊地陈述"艺术与科学"迂回曲折的辩论过程，为人们展示了一场史无前例的大对决。

在艺术一端，站台者有比尔·伯恩巴克和查尔斯·萨奇（Charles Saatchi）；另一端排列着科学的信徒，包括继承克劳德·霍普金斯衣钵的罗瑟·里夫斯和大卫·奥格威。

可想而知，此一广告业的"大辩论"势必没完没了。所幸当我们越来越熟悉数字时代之际，眼前出现了一道新的曙光。

任何剧本的陪衬情节向来只可意会不能言传，此处微妙地围绕着一个问题：针对理性或感性的诉求，创造力能否发挥最大的效果。

理性的信徒们辩称广告的基本目的就是销售。罗瑟·里夫斯广为

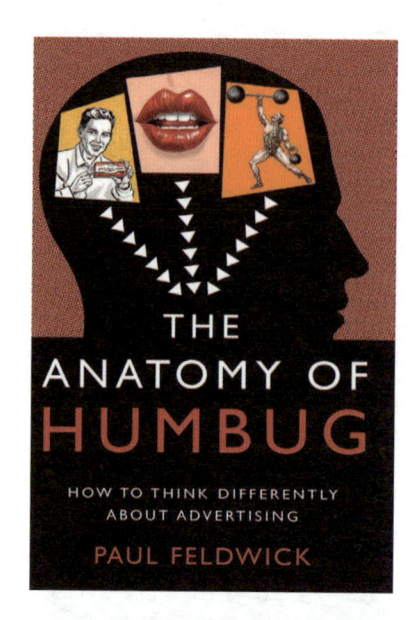

上图：保罗·费尔德维克有独树一帜的看法，他将本身对策略规划的敏感，转向探讨广告如何发挥功效这一主题。书中讲述了广告史上 100 年来的艺术与科学之争。这场辩论肯定还会再持续至少 100 年。

下图：阿纳辛是竞争性广告的先驱，它把自己定位为一种与众不同，高人一等的治疗头痛的药物。图中为 20 世纪 40 年代在美国播放的一则电视广告，画面中的代言人自信满满直接地面对镜头，并将阿纳辛、阿司匹林与百服宁——比较，而百服宁自称它的药效是阿司匹林的两倍快。代言人不断加码，称阿纳辛的特点就是"快，快，快"，并将之比喻为一剂医生处方——含有减轻头痛但没有明显副作用的特殊成分。为了再三强调重点，阿纳辛还添加了医生的背书——四名医生中有三名推荐阿纳辛。但实际上，阿纳辛的主要成分不过是普通的阿司匹林。

人知的阿纳辛（Anacin）广告片也许就是最贴切的范例说明。感性支持者则认为创造力在消费行为中占有至高无上的地位，而情感是品牌偏好的原因，他们也不忘拿出功能性磁共振成像研究和测量喜爱度的方法，证明其所言不虚。

然后，我们见识到情绪过度激动的狂热者，如凯文·罗伯茨（Kevin Roberts）提出简单如"爱的标记"的口号，与澳大利亚学者拜伦·夏普（Byron Sharp）针锋相对，后者认为"爱"没有抓住重点。我们使用哺乳动物的大脑做决策，凡事简单易记就能投其所好。一种情感性的决定，却基于最简单的心里第一个想到的线索，其他就没什么了。激辩中总有极端的事实，双方厮杀时采用尖酸刻薄的言辞就是最好的证明。

接下来，当我们也将客户批准广告的真实动态列入考量时，事态开始变得更耐人寻味。对许多客户而言，要他们批准一项感性的创意作品，实在是一件令人战战兢兢的可怕任务。除了难以判断作品好坏之外，正式回馈还得感性表达。一旦开始讨论，请问你是否准备袒露心声？你是否知道创意会发挥效果？当然，面对组织内比你更讲求证据的人，你如何为创意辩护？

如此一来，大辩论的第三层级——也就是附属情节展露无遗，如何衡量创造力？

不用想也知道，科学派人士倾向量化测试，不只是事后测试（就此而言，连艺术派也难以辩驳），更需事前预测。同时，因为在测试结果揭晓之前，无人肯承担风险来投资数百万美元制作电视影片，故测试素材普遍缺乏刺激因子。

试问如何期待通过动画、图像分镜脚本或借镜脚本，让情感栩栩如生？无疑，测试素材只是非常原始的影片替代品，而预测调研之所以蓬勃发展，原因在于预测似乎能够提供确定性。比方说，我知道有些客户会等到接到EI（一种常见的测试方法）分数的邮件后，才决定此方案"过"或"不过"。

当然，艺术派人士（和预测调研公司）指出其中荒谬之处，并详加解释，"预测"理当用来诊断，而非当作决策代理者。不过，有关组织政治的微妙之处，我们心里有数：当明略行公司发出一份红色警戒的预测结果，如果客户执意做出播放的决定，他可能冒了危机四伏的政治风险。虽说如此，事实也证明，有些非常成功的电视广告，根本无视测试结果，凭借直觉就公然播放了，这其中欧仕派（Old Spice）的重新上市，就是数字时代的典型范例。

| 名人堂 |

欧仕派

和许多人一样，我第一次尝试体验的须后水就是欧仕派。它像古龙水中的博若莱新酒，令人心满意足，虽然香味淡淡的——从表面闻起来是肉豆蔻、八角茴香和柑橘混合的甜香，底层则流露出更深沉的男性气味。

欧仕派是舒尔顿公司在1938年推出的产品，的确早已变成祖父辈的老牌子——就像麝香散发出陈腐气息。作为一个乏味守旧、与酷完全不搭界的老古董，身价5亿美元的欧仕派却高度集中在一个巨大而依然有利可图的市场区间。随后，一把斧头砍了下来，联合利华重新上市了一系列有趣的男性洗浴用品，原本该系列的销售表现平平。其实卷土重来的举措更为危险，因为这款叫Axe（斧头）的古龙水，几年前已经在美国推出。过去，Axe采用最古老的武器——性，其效应致使欧仕派更显暮气沉沉。Axe的使用者更吸引女性——就是如此简单。

2006年，情势看起来很严峻：欧仕派急需更有效的策略，也有必要更换代理商。此策略，不久之后就见效了。威登-肯尼迪公司（Weiden & Kennedy）波特兰分公司开始从深挖品牌历史入手，同时研究其原本可赢取文化策略家赞赏的文化评级。接着，他们花了两天时间，将档案卷宗加总汇合，从中了解欧仕派的历史。结果呢？他们提出调整策略焦点——将品牌从"老古董派"调整为"经验老到"。我们不是你的祖父辈，我们是你的兄长。或者说，表达"经验代表一切"。这件事未曾在业界的案例分享中出现，也没有太多人记得美国演员布鲁斯·坎贝尔（Bruce Campbell）所拍的广告片。影片中，他在木质结构的图书馆走来走去。这一切不是他的错，不过，如今在我看来，这实在大费周章。他们原本要旁敲侧击地传达老式迷人的男性魅力，但重新锁定的对象却是从十几岁到二十几岁的消费者。

不过，2009年市场发生了令人警惕的事件，而我恰巧可从另一方面观察。当时显而易见，联合利华摩拳擦掌准备就绪，打算延伸女性美肤品牌，推出了以男性为主的多芬男士护理产品（Dove Men +Care）。事实上，我们当时正围绕一群对皮肤自我感觉良好的男性发展品牌定位。我们也即将制作超级碗影片，一个围绕多芬男士护理的微型网站（dovemencare.com）所设计的社交活动也是一切的亮点所在，旨在唤醒消费者心中沉默不语的男性气概。

与此同时，欧仕派的客户结构发生了变化。宝洁在2005年收购吉列，而且任其独立运作。到2009年，宝洁在美国辛辛那提成立男性美容单位，一举合并吉列和宝洁品牌。当时吉

列有位名为瑞希·因格拉（Rishi Dhingra）的客户就被派往新部门。面对预料之中的多芬上市，在人心惶惶的慌乱时期，代理商重新接到客户的简报。瑞希回忆当年告诉代理商的话："我们会提供一个框架，在框架之内，欢迎各位自由发挥。"一个迥异于宝洁的作风，也确实成为欧仕派例外主义的开始，容许高度实验性，甚至用"荒谬可笑的男子气"之类的词句，与品牌策略的正式说法"为年轻男性导航，协助进入男人阶段"相互呼应。创意形成奇快无比，代理商坚决表态所提供的解决方案绝对无法预测。在整个工作过程中，他们不顾一切抵制所有外力，包括试图控制和过度合理化的干预等。幸好，他们有瑞希，一位开明而有同理心的客户。紧接着，以赛亚·阿米尔·穆思塔法（Isaiah Amir Mustafa）出场了。他是美国橄榄球联盟的球员，也是个小演员，不过他试镜时的表现非常鼓舞人心，让创意活灵活现："你家男人闻起来也可以和我一样。"第一支广告片

/ 欧仕派更新的第一次尝试现在看来有点糟糕。虽然是品牌更新的一个重要部分，布鲁斯·坎贝尔的广告给人以不羁之感，但缺少后续作品的特定风格，在人口统计上的洞察也不足。

无懈可击,由导演汤姆·孔茨(Tom Kuntz)所拍摄。话说回来,那是令人难以置信的创举,代理商在合作之前坚持打破宝洁的"产前测试"原则,即所有广告都得接受事前预测的常规。如同瑞希所说:"真正的考验在于消费者对广告的反应。"他们也因此投入数百万美元进行推广。或许就是一种吸引人心的叛逆感,让穆思塔法大放异彩。不过幕后的策略思考也推了一把,毕竟有 **60%** 的男性沐浴用品是由女性购买。当他说"看一下你的男人,现在再看我"的台词时,他不仅模拟也创造了男人与女人的对话。

/ 欧仕派的《你家男人闻起来可以如我一般》广告,由以赛亚·穆思塔法主演,以独特的古怪方式,巧妙地利用人性常见的欲望、骄傲、嫉妒和阳刚之气,打击 Axe,转移消费者的注意力,它确实见效了。

直至 2010 年 7 月，我还盯着多芬之时，欧仕派的宣传活动开始转变，采取更直接的社交互动。穆思塔法用两天半时间，拍摄所谓的"回应活动"，为欧仕派录制 186 条个性化的信息，分别针对脸书、推特和 YouTube 上的粉丝们发送。24 小时内达到 600 万的浏览量，"回应活动"变成广告史上最受欢迎的互动式宣传之一，成为网上最为人热议的话题（实际上，它获得了 76% 的网络热度）。

结果如何？在竞争激烈的男性洗护用品市场中，多芬男士护理产业依然占有一席之地。欧仕派则通过品牌资产转型，在美国市场走回销量增长的老路，随后着手制订全球扩张计划。两年后，品牌延伸到印度市场之际，有关打破产前测试这档事，几乎被人忘光了。宝洁帝国全力反击，事前预测再次恢复常规运作。不过，在印度年轻男性中做测试时，广告获得高分。瑞希相信是因为消费者在网络上看过美国版广告，并喜欢它。

21世纪初期，滑稽有趣的事情发生了：科学居然对艺术伸出援手。我恍然大悟的时刻是2008年，在中国东北的长春，一个不太可能的地点。当时气温是-24℃，公司的企划人员对我选择此地开会的决定颇为不自在（我之所以选择长春，是为了强调大家都需要继续学习，而该地是伪满洲国的"首都"，也是20世纪中最不为人知的规划城市）。那一年，我们邀请了英国巴斯大学的广告理论课程教授罗伯特·希思（Robert Heath）博士，他以神经科学在市场调查中的惊人新发现为主题，精彩绝伦地为大家揭晓其中的奥妙。

简言之，神经扫描图像证实，品牌偏好具有物理基础。看看下页所附有关可口可乐的盲测和品牌化测试后的大脑图像即可略知一二。图中发光的区域，就是受可口可乐品牌刺激而产生，与喜欢和记忆息息相关。

希思博士一席话，成功地阐释了为何广告中的感性内容通常比理性信息强而有力。大脑轻而易举就可把理性信息过滤删除，相反，即使在低关注度下，大脑依然可以接收感性内容。营销人员渴望人们能做理性决策，无奈情感却总是扮演"守门员"的角色。换句话说，完全以产品为主的理性广告活动，也许更容易得到正面的测试结果，或从调研获得证实，殊不知却冒了成为"夜里航行的船只"的风险，无人知晓。逻辑可说得头头是道，但唯有情感能打动人心。如果人们"想要"用你的品牌，他们会找到逻辑自圆其说——但是别忘了，"想要"排在第一。

就奥美本身对广告的看法是科学还是艺术的问题，我们必须特别感激已故的博德沛（Tim Broadbent），他在生前写道：

> 大多数时候，当人们想要某件事物，自然而然会找到一个原因，并且合理化自己想要的欲望。其实，合理化不同于动机，而传统的市场调查往往将两者混为一谈。[1]

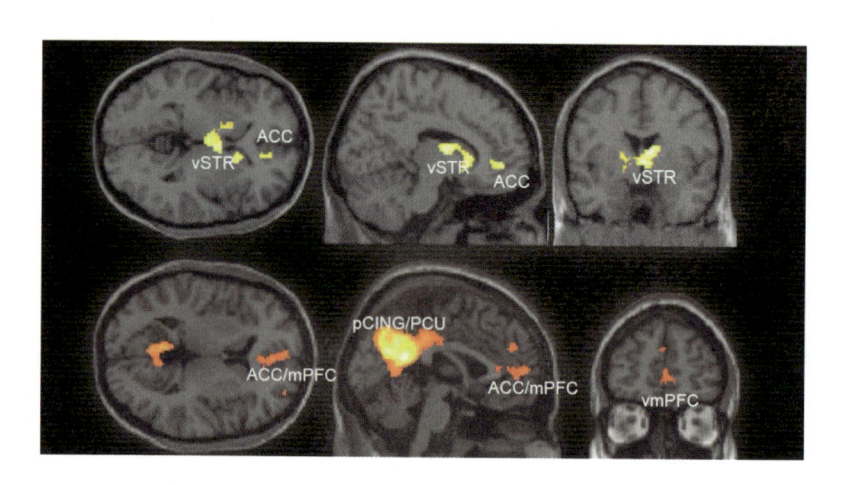

神经大脑扫描图像说明，大脑对于可乐品牌的反应不同于对可乐口味的反应。在盲测中（上排图像），被味觉触发的大脑部分活跃。但在介绍可乐的品牌时（下排图像），通过对可口可乐的想象与联想，与记忆和享受有关的大脑区域会发光。

与已故的博德沛一起访问不为人知的规划城市长春。他既是我的朋友,也是我在追求广告实效方面的一个盟友。同时,广告业也特别感谢他的精湛研究所带来的启发,尤其他提出警告:我们讲给自己(和市场研究员)听的故事,并非总是值得相信。

一般而言,我们都毫无意识自己处于学习状态中,正在了解品牌。这足以说明为什么狭隘地依赖特定细节——例如消费者在事前预测所记得的销售卖点或主视觉的辨认等,其实完全没有抓住重点。此一基于心理模式的行为,早在数字时代来临前即已存在。

无论如何,值得借此一提,希思博士和其他同好者试图创建一个完美的事前预测方式,可惜在商业上未能斩获巨大成功。说不定,答案就在如何更明智地运用行之有效的传统调研?

时隔不久,一项真凭实据出现了,它揭示:感性广告活动相较于理性诉求,带来两倍的盈收。这是名为"问责时代的市场营销"(Marketing in the Era of Accountability,2007)的调研报告提供的信息。说实在的,任何学生的数字书架上,都应摆上这份资料。令人深感遗憾的是,这份报告在 WARC(世界广告研究中心)档案馆沉寂多年,而一场徒劳无功的关于"我们是艺术家还是科学家"的辩论,依然在如火如荼地上演。

好了,请大家不要再争辩。

08 数字时代的创造力 181

答案出炉：我们两者皆是。

因为有了广告的艺术，广告的科学才奏效。

另一份比奈与菲尔德针对 880 项广告活动的研究报告中也指出：就所有商业评估指标而言，创意十足的广告活动，对畅销产品最有助益。[2]

当然，上述研究结果可以巧妙地绕回讨论创意奖的问题。在戛纳，评委们向来偏爱奖赏创意十足的作品。博德沛指出，这样一来："评委们广受批评，但是他们的直觉合情合理：……感性广告活动的确有更大可能强化品牌，帮助客户实现更好效果，获奖实在当之无愧。"此外，进入数字时代，随着社交媒体的热议讨论，创意奖得主名声大噪，也创造了一个众望所归而振奋人心的正向循环。

一项戛纳创意奖得主的研究报告显示，获奖的广告活动相较于未得奖者，能产生 11 倍之多的效果。

再回到大卫·奥格威身上。大卫从事广告业的处女作根本和撰写广告完全无关，而是为了一件咨询项目。他所完成的报告因其辛辣的结论引人注目，用词也确实尖锐，以至于当时的美瑟－克劳德（Mather and Crowther）公司被客户辞退。（他日后的成名之作则是客户回归后所创。）且不论大卫的报告多么让客户懊恼，但他是基于观察、证据和假设——运用了所有技巧进行的，也因此引导他不久之后加入乔治·盖洛普（George Gallop）的公司，成为一名调查人员。

不过，25 年后，适逢 1955 年，大卫却在芝加哥一次著名的演讲中[3]，攻击了主张"硬事实"的达彼思创办人罗瑟·里夫斯，后者也是大卫的朋友和竞争对手。那一次，他发布了一份品牌形象的宣言。突然之间，他加入了"何谓创造力，创造力为何"的大辩论，显而易见，他为另一端的立场发声。

当然，实际上，从大卫不断演进的立场而言，丝毫没有自相矛盾之处，只不过单纯反映了创造力持久不衰的二元论。换言之，创造力既非一种能由法医解剖证明在市场确切运作的艺术形式,更不是一门通过规则阐释和数字证明的严谨科学。

保罗·尔德维克在其所著的《哄骗的解剖学》一书末尾提出了一个(尚未有答案)问题:数字革命如何影响过去广告界自成一格的种种辩论?

我个人认为影响早已清晰可见,不仅确认了所谓的二元论并非如希思博士所陈述的"一种善意的阴谋",而且更实质、更整体地将艺术和科学融合为一。

从源头来说,人们多以高度关注的模式处理数字媒体。值此之际,真正经营整合传播的代理商,或认为数字并非独立在外而隶属广告的代理商,将艺术情感的信息与科学理性的论述以相得益彰的手法结合在一起,开始付诸实践。

/ 大卫·奥格威的《销售 AGA 炊具的理论与实践》(*The Theory and Practice of Selling the AGA Cooker*)是一本关于直接营销的杰作。它在 1935 年发表,50 年后,《财富》杂志称其为史上最佳销售手册。它呈现了与产品和客户有关的精辟知识,还阐述了销售的障碍与驱动因素。大卫指出,"销售员所犯的最大错误就是枯燥无味"——这是他在这本趣味十足的手册中,每一页都设法避免的风险。"优秀的推销员既有斗牛犬的不屈不挠精神,又有西班牙猎犬的风度。"大卫写道,"如果你有魅力,那就展现出来。"不妨到网上搜索这本手册——很容易找到——然后读一读,即使你对炊具或任何电器漠不关心。

08 数字时代的创造力 183

当然大家都知道，大卫·奥格威从直效广告起家，这也是"他的初恋和最终的挚爱"，如同他是"品牌形象"的发明人一般。数字时代有大多机会验证一件事：艺术派和科学派之间毫无违和之处，除非涉及政治、偏见或偏好等问题。

行文至此，我也发现了一种令人欣慰却啼笑皆非的状况——二元系统正朝向一个比以前更统一的传播世界迈进。

无处不在的创造力

"大碎片化"时代之于创造力，有利有弊。

往最坏处看，碎片化允许局部以牺牲整体为代价，通过五花八门的媒体表述各显神通，也因而贬低了创意效果。此外，大量的玩家和合作伙伴都在光天化日之下互别苗头，角逐各自的地位。随着行业的碎片化，创意的碎片化也亦步亦趋，接踵而来。

但在最好的情况下，碎片化却以从前难以想象的方式，遍布宇宙。

当我拜托谭启明想一个形容词，用来描述如此别开生面的创意机会时，他缄默了一会儿，责无旁贷地说："无所不在（pervasive）"。这是一种穿透全世界的创造力，无视任何障碍、分歧或筒仓，畅行无阻。

我称之为"整套"（packaged）的创造力，意指以整齐划一的捆绑手法传递信息，并在消费者被动使用媒体时予以中断。本质上这是侵入式行为。在试图闯入早已界定的空间之余，将精心制作的导弹推向世界。然而，"无所不在"的创造力扩散蔓延：本质上是流动式。正如启明所写：

> 如果要用一个比喻来阐释无所不在的创造力，就想想"水"好了：不可或缺的生命泉源，当洪水泛滥时，却无法阻挡；在肉眼看不见的细缝中流过，绵绵不断地流动，前进，探索，随即渗入所有一切

事物之中。无所不在的创造力，也表示人们必须调整天线，与女神缪斯频道同步，从万事万物中寻求灵感。[4]

就某种意义来看，数字时代允许我们视若干涂鸦哲学为主流。我们能用语不惊人死不休的方式介绍信息，就像英国街头涂鸦艺术家班克斯（Banksy）一样，在传统情境中，以正经八百的常见信息挑拨众人情绪："抱歉！你订购的生活方式，目前缺货中！"

千万不要事先选定传播技能。

因此，在数字世界，对卓越创造力的需求，比从前它只有侵入行为时还大。无须赘言，广告当然可以在人们早上醒来时与之接触，但如今，我们是否可以用令人赞不绝口却又惊奇连连的方式，与人们沟通？

其实，创意和花招只有一线之隔。有人可能不禁会想，奥斯卡·梅耶（Oscar Mayer）品牌最初产生"如果味道可以数字化，将会如何"的念头时，似乎越界了。随后经过9个月的调研和开发，它终于设计出一款专属的行动闹钟应用程序，通过散发培根香味的智能手机，以滋滋作响的培根声把人叫醒。

还有一个大前提，我们急需发人深省的思想家，他们超越数字世界的"支离破碎"，而以震撼人心的方式，唤醒大家从不同角度看待事物，进而避免沦落至愚蠢的地步。很遗憾，思想家屈指可数。

不过也有好消息，无所不在的创造力认同一个既存的现实——当今世界的消费者充满强大的创意能力，而这是广告公司以前不感兴趣的事。几年前，我们在亚洲就收集了相关的案例，并且出版成了《原生》（*Raw*, 2012）。

所以，无所不在的创造力，如今有例可循，示范了"消费者不是傻瓜，而是你的妻子"，也确认了消费者至少和你一样充满创意的事实。任何认清此现象并容许自由表达的作品，因其创意无所不在而将大有斩获。放眼当下，消费者甚至也变成了自由文案。

／ 班克斯充分了解如何把传统广告样式（如广告牌）变成意想不到的生活评论。他带来何种启示？创造力根本不在乎事先拟订的媒体计划。

／ 你真的想每天早上醒来都闻到培根的香味吗？遍布和侵入之间只有一线之隔。

／ 《原生：亚洲无所不在的创造力》（*Raw:Pervasive Creativity in Asia*）是一本合集，包含令人震惊的日常创意素材，比如图中正贩卖手绘马驹的男子。书中素材都由街头摄影师在大街小巷拍摄。

08 数字时代的创造力

或许，将"无所不在的创造力"发挥得最淋漓尽致的厂商，非可口可乐莫属。可口可乐将之标示为"流体与连接"(liquid and linked)。其中，"连接"的说法清楚地表达了一个信念，即"媒体中立的创意"。如果该创意鼓舞人心且恰到好处，不仅能遍及各地，同时也连贯一致：最终达到无所不在、无缝整合的境界。

/ 可口可乐以追求卓越内容的"流体与连接"概念，示范所谓的创造力，就像饮料一般具有流动性。将此清楚表达的视频原先只在内部使用，不过现在大家在 YouTube 上也可看到。

所以，创意是什么？

我内心从不质疑，数字时代无论如何都大幅提升了创意在广告中的重要地位。无奈，关注创意一词的眼光寥若晨星，遑论深入创意多加分析。

当论及创意像"夜里航行的船只"时，人们总难免心存畏惧，但是依然在寻觅遥不可及的"大"创意。所以，是什么让创意变大？为何现在比起过去，深入探讨更加重要？再问一次，创意到底是什么？

令人奇怪的是，对于上述问题很少有人正面回答，即使在一个由创意驱动的行业也不例外。

在我珍藏的广告书中，有一本书边起毛的旧书，那是 1909 年出版的《实用广告手册》(Practical Advertising)，当时由奥美的前身之一美瑟－克劳瑟公司每年在伦敦出版。奥美公司名称中的"美"(Mather)就源自于此。大卫·奥格威也是在 20 世纪 30 年代在此公司为其兄长弗朗西斯工作。

《实用广告手册》里有一则美瑟－克劳瑟自家的广告。广告中的客户有一张吃得圆滚滚的脸，穿着燕子领衬衫，打了圆点领结，戴着夹鼻镜，正聚精会神审读手中报纸。标题写着"看两遍"，文案是一段话："你是不是经常要看两遍，才找得到你刊登的广告？你认为有多少漫不经心的读者会像你一样勤奋地去找广告？"

可不是，用心的读者有多少？在我看来，这则自家的广告简明扼要地解释了为何我们需要形形色色的创意点子来引人关注周遭事物。

请问，你可曾被要求帮创意下定义？请花 30 秒——停下来，先别急着往下读。

试着写写看，对，就是现在！所以创意是什么？如果你手边有纸和笔，请写下答案。

Looking Twice

How often do you have to look twice before finding your own announcement? How many casual readers, do you suppose, will be equally diligent?

❡ Even the best advertisement is the worst investment in the world—*until it is seen.*

❡ Mather and Crowther Service is the complete, practical, highly organised product of time, skill and vast experience. Avail yourself of that Service, and be your appropriation £100 or £100,000, your advertisements will be *seen—read—studied—remembered.*

❡ Considering we began this advertising business in 1850—considering we have been growing and developing ever since—considering our present equipment—considering our present output—and considering our methods—isn't it reasonable to suppose that *all other details* will be rightly handled too?

MATHER & CROWTHER SERVICE
10, 11, 12, 13, NEW BRIDGE STREET, LONDON, E.C.

看报纸时,你是否需要回头找自己的广告?这是我们集团的前身美瑟-克劳瑟公司在 1909 年给的一个提示,广告只有在能吸引你的注意力时才有价值。

不太容易，是吧？而且，说来奇怪，只有极少数的广告人曾提出令人心悦诚服的定义。或者说，如果有，那早已印刷成册了。

所以，我们需要找一位哲学家为此下定义。不过此君并非首屈一指的哲学家，而是一位桀骜不驯、拈花惹草、成天酗酒、挑拨人心，也渴望成名的哲学家阿瑟·库斯勒（Arthur Koestler）。库斯勒绝对是才华横溢的作家，他的著作《中午的黑暗》（1941），堪称有史以来批判极权主义最出色的作品之一。

库斯勒在其有关创造力的著作《创造的行动》（*The Act of Creation*, 1964）一书中，将创意定义为："在两种毫不相干的思维矩阵中，形成一种双向联系。"或许这不足以成为多么了不起的哲学理念，但不能否认这是一个出类拔萃的定义——这也说明库斯勒本身就是创意作家。

我们不妨重新叙述一下："将两件毫不相干的事物，以出其不意的方式组合一起。"

我总觉得将此定义牢记在心，在内部看创意作品时助益良多。原因很简单，有此定义，可协助人们区分铿锵有力和软弱单薄的创意。

越具有原创性，精巧微妙，引人入胜，也让人参与其中的创意组合，越容易引起我们的注意，当然也越可能是大创意。

创意珍贵无比。在数字世界，如今有目共睹，单凭强大的创意就可

/ 阿瑟·库斯勒是哲学家，是煽动者，也是我听过为创造力下最佳定义的倡导人。他对创造力的诠释，成为我评估作品的透视镜。

以战胜噪声，击败碎片化，终结一团混乱。

然而，创意的形式千变万化。

事实上，创意也有层级之分：

1) 最顶层，策略创意（strategic idea）居高临下。这是载明商业定位，并为一家公司或一个品牌界定平台之类的创意。
2) 第二层，活动创意（campaign idea）位列其中。将品牌所有表现方式联系在一起的主轴创意是什么？
3) 最底层，执行创意（excutional idea）遍地开花。这就是在推广活动中，让内容具体呈现的较小型创意。

相比之下，策略创意比活动创意为期更长。有一次，我对安联（Allianz）展示一个新创意的提案，其 CEO 当场问我：该创意可以持续多久。我回答"至少 10 年"。活动创意为时更短：IBM 曾要求其平台创意维持 5 年。

掷地有声的策略创意，通常隐含某种坚毅不屈的张力；活动创意有一无形框架，能有序安置令人喜出望外的创意组合；而执行创意，时而可能出现意外，常见于制作阶段或创意呈现之处——就像调皮捣蛋的孩童，不免偏离核心创意，此时，只能说需要引导"小鬼们"回家。

创意取决于执行：而两者之间的交互作用，是形成所谓"大"的第二个原因。

以大导演艾伦·帕克（Alan Parker）为例，就算请他拍摄一个软弱无力的创意（如果他愿意接片的话），结果也必然令人刮目相看。相反，将强而有力的创意给一个蹩脚导演拍摄，可想而知是灾难一场。在评估创意时，有序可循总比两手空空好。我总是布局一张简单实用的矩阵图，也趁机教育我的业务小组成员。千万不要小看这张简单的矩阵图，我认为它对个人事业发展有重大影响。

没错，这是主观判断的矩阵图，举例而言，我可以把2016年"超级碗"播出的广告片，如图示一一评比。

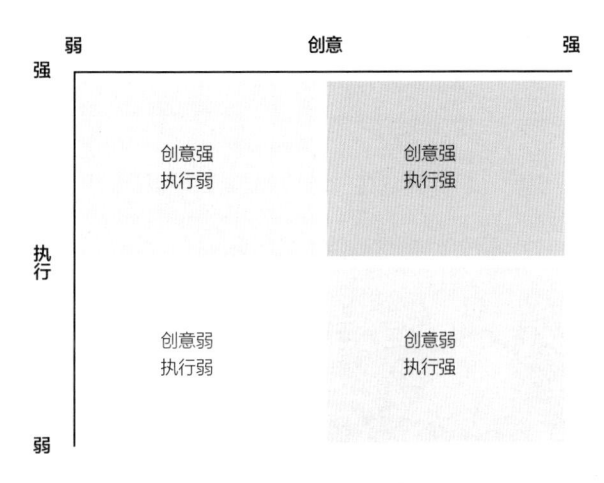

```
        弱         创意         强
   强 ┌─────────────┬─────────────┐
      │             │             │
      │   创意强    │   创意强    │
      │   执行弱    │   执行强    │
   执  │             │             │
   行  ├─────────────┼─────────────┤
      │             │             │
      │   创意弱    │   创意弱    │
      │   执行弱    │   执行强    │
      │             │             │
   弱 └─────────────┴─────────────┘

            创意与执行
```

/ 简单的矩阵图协助评估大创意。横轴代表创意的强度，纵轴表示执行的优劣。你可以试着用它来评估"超级碗"广告。广告主要为一段30秒的时间支付200多万美元，所以你会期望"超级碗"广告都归类在右上角。不过，你也许会感到惊讶，漂亮的制作加上明星也无法弥补绝佳创意的空缺。在我看来，只有右上角象限的广告才值得举起冠军奖杯。

导致创意灰头土脸的因素，不只是差劲粗劣的执行，还包括欠缺一致性的执行手法。在数字时代获奖最多的作品之一，诚属荣获戛纳创意节大奖的沃尔沃广告片《史诗级大劈腿》（*The Epic Split*，2013）。该片由瑞典代理商 Forsman & Bodenfors 制作，电影明星尚格云顿（Jean-Claude Van Damme）主演。这支影片和20世纪80年代著名的万能胶电视广告一样，采用雷同的戏法。影片风险相当高，演员技艺高超。两支广告片都超越人们预期，令人拍案叫绝。不过，一般而言，大家都忘

08 数字时代的创造力 193

了，"劈腿"的创意执行隶属更大型的广告活动，影片只是其中之一。其他创意执行，诸如一只仓鼠驾驶卡车、沃尔沃的 CEO 被卡车钩撑着等，早就被人们忘得一干二净。因为那些影片根本无法表达同样的创意，本身也毫无创意可言。说白了，那些只是特技表演，而非惊喜之作。

我认为广告创意在数字时代扮演了两种过去不曾扮演过的角色。

除了物流行业之外，大多数人对货车漠不关心。虽说如此，却有超过 8 500 万观众看到尚格云顿为证明沃尔沃动态转向系统的精准度和稳定性，所演出的《史诗级大劈腿》。此宣传活动尚有其他执行作品，由比较不知名的人士展示多种创新。比如，沃尔沃的一位技术主管对产品信心满满，不惜冒着生命危险，亲身解释沃尔沃新货车的离地间隙精度。其他广告并未获得像《史诗级大劈腿》一般的关注，原因不在于它们缺少尚格云顿的名气，而在于缺乏扣人心弦的核心创意。

首先，广告创意变成管理系统。

在混沌的世界中，广告创意为品牌的所有活动提供一个参考框架；如同辨别方向的指南针，可以对所有活动进行评估、采纳，甚或摒弃；也好比一个视觉与实体的外壳，可以从中了解品牌和消费者如何互动。换言之，这可说是一个编辑角色。

其次，广告创意是连接器，连接所有其他传播技能的创意，尽管目前相关技能也处于重新定义的阶段中。我的前同事布莱恩·柯林斯（Brian Collins）原先负责奥美的品牌整合团队，现在成功经营个人的设计公司。他曾提及将"品牌"视为商业承诺，把"设计"当作绩效表现，而这一切是企业坚守承诺的证据。品牌不只是发展识别或创作广告，也是形塑商业的工具，绝非画蛇添足随意添建，而是奠基于此建造一切。

在布莱恩眼中，品牌存活于四大区域——文化、环境、产品和人心，也因而提供了一张蓝图，让我们得以设计系统，并连接所有空间。当以顾客和体验为主的客户简报在手时，我们就安排系统设计师、工程师和说故事的人一起工作。紧接着，我们运用品牌连接建筑、历史、文化和产品。所以这也足以说明，当奥美接到好时巧克力的简报，要设计时代广场的看板时，我们提出以"巧克力工厂"为观光景点之构想，取代客户原先的想法。（实际上，我们甚至创造了营收，因为奥美设计的看板在当年成为纽约市收益最高的零售卖场，这就是品牌价值的真实回报。）

根据不同的市场调查，许多客户都异口同声地表示：品牌呈现出不同程度的碎片化，让他们大失所望。通用磨坊公司的首席营销官马克·阿迪克斯（Mark Addicks）抱怨说，营销人员"正置身于一个混沌的世界。他们热切渴望秩序。他们急需新的规则手册"。营销人员再也无法跨越大量的接触点去追踪顾客，他们更发现，针对不同顾客群，要取得单一的看法，如今日益困难。

原因不外乎数字世界本质上偏向战术，也喜欢小巧灵敏的解决方案，从下往上不断沸腾，然而加总之后，却无法让人洞察真正的意义。

在我看来，治疗良方简单无比，就是发掘独家专属的大创意，然后毫不留情地压榨萃取，绝不松手。

说故事

如果 30 年前，你问别人：《贝奥武夫》（我在本书前文曾提及）和广告有何关系，对方可能扮张鬼脸，却无法真正作答。不承想，30 年后，周遭每一个人，似乎都变成了说故事的人。

正如创意在数字时代日趋重要一样，人们也重新发现说故事的力量。当然，说故事自始至终一直存在。只不过，互联网把吸引客户的重责推给广告主，而此时，广告也不能单靠编辑内容把顾客带进来，于是，说故事的力量顿时变得举足轻重。

众所周知，故事吸引人。我们的故事，必须和他们的故事一样好，或者要比他们的更好。

事实上，自《贝奥武夫》之后，故事的组成元素并未大幅改变。凡是故事，皆有

/ 《贝奥武夫》：教导说故事的艺术。

人类天生是要说故事和听故事的。10 万多年以来，我们都是用故事结构来处理外在世界。

主角，一个试图完成某件事情的人。他在沿途遭遇困难，随后有了解决方法，并从中吸取教训或领会意义。正如我过去一位杰出的客户——可口可乐的哈维尔·桑切斯·拉梅拉斯（Javier Sanchez Lamelas）所言："说故事，容许人们道出内心深处不能对外说的事。"

在数字时代，我们说故事的手段早已无限扩大。有人重新朗读《贝奥武夫》，周刊上也在连载《雾都孤儿》。我们的故事，不论任何时段，不拘任何形式，以不同顺序呈现，任凭众人观赏。所有故事都要切记"奖励听众"这一档事。

如何奖励？可还记得多巴胺——我们在本书上一章讲的神经递质？当我们体验愉悦之时，大脑就会释放多巴胺，让我们通体舒畅。它不仅是一种奖励，也期待有所回报，这就是我们喜欢听故事的原因。对于即将发生的一切，我们就是满心好奇。

我的同事谭启明写过一段令人难忘的话："人就是一只会说故事的猿猴。他们通过故事了解世界，而故事也是感动人心的方式。"

谭启明指出，当我们走进故事的世界时，被英国诗人塞缪尔·泰勒·

08　数字时代的创造力　197

柯勒律治（Smauel Taylor Coleridge）称为"心甘情愿搁置怀疑"的心态至关重要。我们接受故事的规则，目睹规则的铺陈展现，能提升我们的快感。我们期待一个好故事，有开始，有过程，也有结尾。所有懂得说故事的杰出广告，都是如此。我们认得出雷同的情节——以《贝奥武夫》为例：这是探索（Quest）的故事；同时我们也看到近似的原型，如敌人"暗影"（Shadow）。

在数字时代说故事，常见的问题是，在极端状况下，说故事变成一种风尚。每个名为汤姆、迪克或哈里特的人，都自我宣称是说故事的人。就像我们的朋友史蒂芬·施德明（Stefan Sagmeister）在某个致敬说故事的节庆日，尖锐地评论道：

> 我认为，目前所有自称故事叙述者的人，其实都不是真正说故事的人。最近，我读到一篇关于一位过山车设计师的访谈，他称自己是"说故事的人"。"才不，你不是说故事的人，你就是一个过山车设计师。"

现在，我要提出警告。伪科学容易围绕说故事自行发展。故事的情节可能变得公式化。我最近听说，有些市场研究人员尝试将故事"导引"回到一种公式，但根本没有任何证据说明消费者希望如此。此外，原型理论虽然有益于广告的情境运用，但也可能十分危险。近年来，人们盛行借用美国神话学家约瑟夫·坎贝尔（Joseph Campbell）的原型模型和其开创性著作《千面英雄》（1949）。坎贝尔倾其一生研究世界各地的传说、神话和民间故事。不论任何文化，他从中找到人们一再传颂的共通性故事，而他的 12 个原型，也都反映了若干熟悉的角色。不论是《卖花女》中的亨利·希金斯、《指环王》中的甘道夫，还是《星球大战》中的欧比旺·克诺比，所有在沿途不断帮助主角的英雄的故事听起来都太熟悉了。

品牌必须是说故事的人，而最引人入胜的品牌故事，通常也最简单——新颖和熟悉同时存在。但是，原型鲜少启发灵感。从业人员将一个品牌严格框定在某一特定而非其他的原型时，也就局限了品牌说故事的范围，相对缩减了可能的探索机会。同样，另一常见的把戏——将不同原型的元素相互糅合也会完全破坏分析的价值。当原型发挥最大作用时，如同一个起点，方便大家针对品牌的故事、行为和角色等，展开更有意义的讨论。但在最糟糕的时候，原型就好比品牌自己扮演的骗子，引起一时热潮，但稍纵即逝。

无论如何，有些客户崇尚规则，也希望广告人物看起来像某种原型角色，故运用原型的做法依然有其吸引力。我经常听到客户说"可是 X 表现得不像 Y"，这正是广告糟糕的原因。或许，说故事有原则可循，但原则越明显，故事本身就越不吸引人。

在最佳情况下，说故事的艺术是数字时代的广告基础。而且，这些说故事的人需要借鉴好莱坞故事讲述者的工作方式。一部连续剧与一支30秒广告，撰写方式全然不同。

以《奇幻心旅》（*The Beauty Inside*，2012）为例。它是东芝电脑与英特尔的一次精彩合作，观众每周在脸书上在线观看6集以上。故事是围绕主人公亚历克斯展开，亚历克斯由演员托弗·格雷斯（Topher Grace）配音，但人物本身则由包括部分观众在内的许多男女演员扮演。作为对卡夫卡的致敬，亚历克斯每天醒来时是同一个人，但有不同的躯体。每天，他都用东芝超级笔记本电脑的镜头记录他那不同寻常的生活，不论走到哪里，都把那台超级本带在身上。此一妙招意味着，观众中的任何人都可以通过镜头（或网络摄像机）将自己的影片上传，然后影片就交织成每一集中的场景。观众本身就在电影里。

综上所述，归根结底，《贝奥武夫》恰好也是如此诞生的：它并非是某位文案或视觉工作者的作品，而是不计其数的头脑、心灵和言语同

《奇幻心旅》是东芝电脑与英特尔联手打造的一部开创性社交互动剧,它不仅挑战了识别的概念,而且突破界限,使观众可以参演剧中角色。除了评论或投票之外,观众也可以通过自行上传的影片扮演主角亚历克斯,成为一部有 7 000 多万观众的电影的一部分。品牌呢?有数十年历史的"内置英特尔"创意重获新生,而东芝超级笔记本则是亚历克斯这个非比寻常的故事中的一大特色。

心协力、与时俱进的集体创作。

有时候,最大的创意存在于最微小的地方,就像原子一般的小地方。

单从所获奖项看,IBM 是名副其实的全球最具创新力的企业之一。它的员工获得了 5 次诺贝尔奖,5 次美国国家技术奖章,5 次美国国家科学奖章,以及 4 次图灵奖。截至 2012 年末,拥有破纪录数量 6 478 项专利的 IBM,是当年美国的最大专利所有者,在专利领域保持了 20 年的领先地位。可惜,社会大众对专利和奖项丝毫不感兴趣。

然而,大众对科学和技术的兴趣却与日俱增。2012 年,欧洲核子研究组织发现了支持希格斯玻色子理论的基本粒子,美国国家航空航天局发布了"好奇号"火星漫游车着陆的视频《恐怖的七分钟》,新闻消息激动人心,大家对科学的兴趣随之暴涨。CNN(美国有线电视新闻网)和《纽约时报》也就大众对科学暴发的热情发表评论。此外,脸书上的 IFLScience 博客高人气的转发分享,也表明科学的兴起正成为主流文化的一部分。

当时，IBM 拥有一颗现成的隐藏宝石，可以针对热情的受众诉求：IBM 具备操纵原子的能力。鲜有人知，IBM 发明了扫描隧道显微镜，此技术能够让大小只有人头发直径百万分之一的单个原子按照指示移动。随着大数据变得越来越大，数据存储的需求变得至关重要。IBM 把 12 个原子排列成行，创造了世界上最迷你的数据存储模块，这正是未来的关键所需。

我们并未制作讲解视频，反倒是拍摄了一支动画短片《男孩和他的原子》（*A Boy and his Atom*）。短片是由 242 张静态图像构成，运用 IBM 的电子显微镜和 65 个一氧化碳的双原子分子，一鼓作气创作而成。

为 IBM 制作的短片《男孩和他的原子》正好证明，创新广告可以做到何等程度。凭借一小笔预算和 IBM 的扫描隧道显微镜，我们使用了少许原子来制作一条独特的短片。它是 IBM 第一个在一夜之间就吸引了 100 万浏览量的视频。此外，它还收到了上万个 YouTube 点赞，获得数以百计的文章报道和一项戛纳创意节奖，在翠贝卡电影节展映，并且在《吉尼斯世界纪录大全》中被收录为世界最迷你的定格动画电影。这是一次巨大的成功。

归根结底，是什么让作品伟大？

显然，大创意是也。

一个引人入胜的故事。

一种诉诸情感，也诉诸理性的吸引力。

此外，在我看来，还有其他的东西。

以一个我通常拒绝使用的词来说，就是作品必须"前卫"。这个词

08 数字时代的创造力　　201

最善于形容完工的成品，虽然它常常出现在创意简报中，传递人们的心愿。试问，除了表达最普遍的心愿外，它还意味着什么？

对我而言，前卫是普通的反义词。前卫意味着准备承担风险。我记得20世纪90年代初在伦敦奥美直效广告公司任职的史蒂夫·哈里森（Steve Harrison）写了一本关于前卫的手册，精彩万分。庄臣公司的客户萨尔曼·阿明（Salman Amin）有次给我看了一本他放在办公室，借以提醒他避免陷入"普通"的危险的书，书名为《以数字作画：科马尔与梅拉米德的艺术科学指南》（*Painting By Numbers: Komar and Melamid's Scientific Guide to Art*）。

／ 如果你和两个艺术评论家一起路过一家调查公司，你发现了什么？美国人喜欢但艺术爱好者厌恶的艺术。我非常感谢有人给我推荐了科马尔与梅拉米德的书，他们的书证明，对艺术来说，科学方法带来的是平庸，而不是杰作。

"美国人最喜欢的"画作，是人们遵循一般的画法所画出来的。一般做法带来安全的假象，但实际上却最危险。在数字时代，一般做法只会推你进入被世人遗忘之地。

伟大作品的另一大要求，就是简单。我曾经请奈尔·法兰奇（Neil French，他很大程度上算是数字时代之前的创意人）设计一张内部海报，用来鼓励大家产生更好的创意点子。如此的要求，绝对不是最轻松的创意简报，最后他的设计成品，大家可参看下图：《如何雕刻一头大象》。

数字时代以不可胜数的缤纷途径，创造了复杂性。我早已注意到为数不少自诩"数字"的创意，都复杂得无可救药。

引起关注而让人用心聆听的最佳之道，就是无论你在做什么，本质上都要保持简单而充满美感。

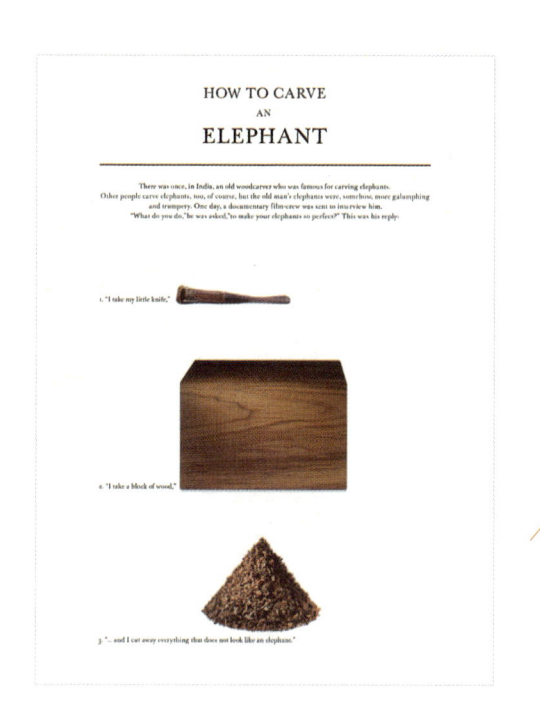

/ 奈尔·法兰奇和谭启明设计的广告《如何雕刻一头大象》——有关创造力的快速指南。创造力，如今与数字时代的关联性比以往更为密切。永远追求简单，它凌驾一切。

08　数字时代的创造力　　203

09.

数据:
数字时代的硬通货

Ogilvy

大数据第一次被提及，是在1997年一篇默默无闻的论文中，但这个概念是20世纪90年代中期，由硅谷图形公司（SGI）不断发展而成。虽然没我们以为的那样新潮，但直到近期数据源的增加，大数据才变得切实可用。

我们源源不断地发出被我前同事麦德奇（Dimitri Maex）称为"数字排放日志"的数据流。设想一下：我偏爱某一款式的红袜子，于是我就去购买。这个购买决定产生了如下数据：我的地理位置、偏好、习惯，还有我的财务状况。我们已经存在不少此类数据，但把它们组织起来并不容易。因此，大数据并非新数据，相反，它是结构化与非结构化的数据源增生，是我们使用这些数据源的手段：

- 结构化数据：指高度有序存储的信息。一个包含仓储清单的数据库就是结构化数据，所以，有关顾客在某个时间购买了某个产品、他的支付方式等，这些记录就是结构化数据。
- 非结构化数据：指以机器无法读取的格式所存储的信息。博客帖子、电子邮件和脸书推送都属于非结构化数据。

如今，几乎所有动作都产生数据，这些数据势必要存起来备用。

于是,"云"登场了。云其实不过是租借来的存储和计算的能力,就像早期的电脑,以分时方式给个人用户分配处理器周期,当时是为了适应早期稀缺资源而分配,而云现在做的,是对充足资源进行高效率与低成本的分配。由全球大大小小的公司运营的云服务器,通过降低数据存储与分析的成本,让大数据世界变得民主化。企业可以在公共云中设计和托管自己的应用程序,用信用卡付款来扩大数据存储容量,提高计算能力。例如网飞(Netflix)和优步一般的企业就是在云中成立的,随着数据资产的指数级增长,它们也从新创企业发展成为大企业。

强大的计算能力意味着,算法可以做更多的事。10年前,一名数据科学家需要两天时间来分析一条消费者数据流。他需要收集数据,整理数据集,梳理成结构化数据,然后进行运算。面对如此负担,我们的数据科学家在编程和数据选择上就比较节省了。现在,这些事在几小时(甚至更短时间)内就能完成,但原则没变:人们仍纠结在最根本的问题上——分析什么数据,以及为什么分析。

这正是一群致力于销售云计算产品的人所欠缺考虑的。他们将云浪漫化,似乎有了云就有了一切。他们忘了,云只是一种手段而已。云服务提供商卷入了恶性的广告战,秉持的基本论调都是"我的云比你的好"。

当然,云技术已变成一种可替代商品。基础设施即服务(IaaS)和软件即服务(SaaS)已变得司空见惯。我们要往远看,要了解云技术如何、为何会被运用。例如,2013年IBM因收购了SoftLayer公司,得以与云市场中的领先企业(如亚马逊)抗衡。但如何能在云服务上与众不同?这需要分析能力。可以预见,IBM别具一格的云服务,将源自IBM在数据分析和商务咨询方面的独特优势。

数据通常是以数字时代硬通货的形式呈现,确切地说,是"新型汽油"——这个好记的表述是数据科学家哈莱克·哈姆比(Clive Humby)在2006年提出的。的确是这样,不过,把数据用在广告上并非新鲜事。

/ 利用 IBM 云，可以更轻松地收集更多洞察，并为 IBM 云客户提升其在特定行业技术上的商业影响力。IBM 有一套分析工具——大多首屈一指，可以从企业存储在云中的大数据那里获得更多信息。配备了云计算的企业，将来更有可能在 IBM 而非其他竞争对手那里，找到可以对话的制造业专家。

大卫·奥格威热衷于直效营销，就是因为它是以数据为基础的。

"40年来，"大卫写道，"我一直在旷野中呼唤，努力让广告界同侪认真看待直效营销。直效营销是我的初恋，后来，成了我的秘密武器。"

尽管有大卫的力捧，但数据并未没显示出能让我们找到最佳解决之道的能力。在以董事总经理的身份加入伦敦的奥美直效营销部门之前，我一直在对数据一无所知的广告单位工作，我深刻记得刚上任时，同事们给我的建议。当时，想到某天客户可能会问我对直邮回复率有多少期待值时，我就紧张得一塌糊涂。他们告诉我："你就看着客户的眼睛，然后坚定地说，4%。"（顺便说一下，这条建议确实有用。）

互联网时代之前，由于计算技术的革新，数据成本急剧下降。尽管如此，数据这种资产依然因来源有限，有着天生的局限性，数据基

09 数据：数字时代的硬通货 209

本只来自企业自身的宣传活动结果，虽然这也已经提供了前所未有的精确度。

数字革命创造了一个全新世界，数据也变得无所不在。大数据爱好者对此心醉神迷。因为消费者历程的全过程从此清晰可见，大数据爱好者称，这将使消费者生活发生剧变。所有一手（或个人）数据，都将把我们带入一个更加定制化、以顾客为中心的世界。

说实话，我对"大数据"一词不太在意。如麦德奇所说，它太着重于技术，而非消费者体验了。大数据改善了广告主的生活，但鲜少有消费者会说他们的生活因大数据而改变很多。我们把关注点都放在数据的收集与分析上，而没有好好运用相关信息来改善消费者的生活。

面对大数据的狂潮（即使不真诚，也可以理解），需要有人列出一些注意事项。

大数据注意事项

第一，我把这种现象称为"收集谬论"：收集的数据越多，就越有价值，所以，只管继续收集就是了！但我并未看到有任何佐证。大数据的"庞大"助长了这种观念。虽然蛮力算法能够创纪录地搅动起海量数据集，但这并不意味这样产出的分析会有些许不同。只因为你能去收集数据，并不表示你就该这么做。相反，麦德奇说："测量你需要去测量的东西，而非你可以去测量的东西。把焦点放到与你目标相关联的数据上。"这由你（而非你的算法）决定。

第二，有一种行为叫"效用赤字"，指你拥有数据，但它们没被使用。近乎无限的云储量意味着，如果企业的任一个部分产出数据，它们肯定会被储存在某个地方。是什么阻挡了企业的脚步？依我之浅见，是因为企业缺乏对数据科学基础的了解。

第三，大数据也会有壁垒分明的"筒仓"。当今的业务操作中，壁垒无处不在。在营销代理商中，广告部与直效营销部各自为政，社交媒体专家与公关团队不沟通。客户也是一样，某个客户，抱歉，这里不能透露名字，其公司的一个团队决定做某件事，并指派创意工作，而审批人却来自另一团队。如果人与人之间存在壁垒，他们则无法一起工作；如果数据之间存在壁垒，它们则根本无法为你所用。

第四，大数据有"承受门槛"。很简单，老大哥可以把大数据玩弄于掌心。广告主承诺会自我监管，但个人会担心自己的隐私暴露。大数据可以更有效地监测信用诈骗，在打击全球恐怖主义方面也取得了重大进展。这些进步让我们的世界更安全，但由于数据外泄、政府监控曝光，以及对个人数据价值的认知，我们反而更缺乏安全感。大数据支持者越是说，不受约束的数据流会让我们的生活更美好，我们就越是怕为实现

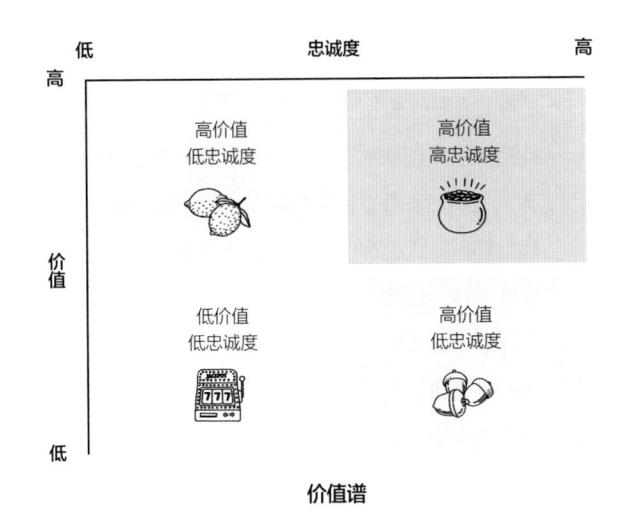

	忠诚度 低	忠诚度 高
价值 高	高价值 低忠诚度	高价值 高忠诚度
价值 低	低价值 低忠诚度	高价值 低忠诚度

价值谱

／ 价值谱分析表明，哪类消费者属于麦德奇所说的能被发掘的藏金罐、要赌一把的头奖、要培养的种子，或是可以忽视掉的酸柠檬。

乌托邦愿景而要面临的数据入侵。

我觉得，该去想想小的而非大的东西了。大数据赋能之下，有什么是小而美的？

让我们称之为"真正有用的数据解析"吧。要做到这一点，你需要将广角镜头（看完整的商业大局）与小景深镜头（看清楚数据实际能做什么）结合使用。不过，秘诀是先从问题着手，而非数据优先。

包含单一企业视图的数据集

- **搜索意图建模**：专业公司帮助营销人员理解关键字集群，并提供消费者思考过程的洞察。
- **社交倾听**：自动化程度（目前）低于搜索意图建模，但可以产出能引导营销人员的消费者情感与语义分析。我们为一家拉斯维加斯的酒店做了社交倾听。人们醉心于能看到其竞争对手酒店的壮丽喷泉美景，这一数据被反馈给创意、场地开发、公关和搜索营销团队，所有团队都据此采取行动，以实现更高的入住率。
- **第一手调研**：问问消费者在想什么，听起来有些陈腐过时，不过，数字革命大幅降低了操作成本，同时还能获得更多的反馈。
- **成果存储**：把所有数据存到一个地方算不上技术挑战，但要切实去完成。绩效与成本数据通常存储在财务系统里，与营销信息不在一处。将这两类数据结合，你可以很清楚地知道什么有用、什么没用，为何如此。

/ 数据一起发挥作用可以很快拉升业务。凯撒宫酒店坐落于拉斯维加斯的标志——美丽的贝拉吉奥喷泉的马路对面。网络评论一直都对凯撒宫酒店所拥有的喷泉视野赞不绝口。没有抱怨房客多喜欢竞争对手的独家特色,凯撒宫酒店反而将数据反馈给创意、场地开发、公关和搜索营销团队,大家一起行动,提升客房入住率。

/ 烟斗状的标签云,大卫·奥格威肯定喜欢!即使只是呈现简单的统计结果,也可以看出,最有用的数据视觉感最强,如在本书中高频出现的那些词。

09　数据:数字时代的硬通货

真正有用的数据

数据并不一定都有用。以我的经验,真正有用的数据的七大先决条件如下。

1. 采用企业单一视图

企业花了大量投资来建立"客户单一视图"数据库,用以存储企业所了解到的某个客户的一切信息。这些宝贵的数据库帮助品牌分析个人客户的行为,然后在多渠道上针对那个客户传递信息。但目前,我们生成了存在于企业渠道之外的大量关联数据。比如我个人偏爱的红袜子的供应商可能确实很有兴趣知道,为何我刚才在我的脸书上给一双绿袜子点了赞。对应的解决方案是企业单一视图。用它来把企业已有的数据集与从脸书、腾讯、谷歌和类似平台挖掘到的消费者洞察结合在一起。

2. 消除平台障碍

平台都喜欢标榜自己无所不知,其实从来都不是这样。过去,是你自己拥有所有的数据;但现在,因为无法掌控众多平台上的互动,营销人员再也看不清消费者的生活。这让营销人员非常不安。的确,强大的平台可以做很多惊人的事情。你可以从脸书上了解消费者许多不可思议的事情,它或许是世界上最大的数据库。将洞察付诸实践并非易事。当顾客期待品牌了解他们时,会希望品牌如此表现;但当顾客不想互动时,就希望能隐姓埋名。收集并分析所有内外数据,需要一套超复杂的营销技术堆栈,至少目前如此,没有哪款单一软件可以解决。

平台和营销技术的问题在于,它们与其使用者的营销人员把数据分析当成技术,而非创意策略。营销人员只运用了技术的一小部分潜能,即使购买一些炫目耀眼的新工具很简单,但要让组织去拥抱改变,让它们得出的洞察发挥价值,却很困难。

大都会人寿注意到,当人们搜索人寿保险时,一篇 CNN Money 网站的文章会一次次在搜索结果前弹出。于是,我们就争取到了那篇文章页的赞助权,随后,新的保险申请就蜂拥而至。即使我们手上拥有最复杂的技术,但往往最简单的解决方案成效最大。

3. 区分测量与实效

前文提及的已故同事博德沛过去常用一个老故事提醒我们:外科医生说,手术很成功,但很遗憾,病人去世了。医生显然是测量文化的信奉者。他可能遵循常规做法进行手术,事实上,如果结果出错,测量过程的连接性根本无济于事。

数据就有创造测量文化的危险倾向。但我们真正需要的,是实效文化。

测量文化执着于过程,而实效文化强调结果。测量文化喜欢给核对表打钩,实效文化关注把事情做对。测量文化往回看——"我们的工作表现如何?"实效文化向前看——"我们下一次如何才能做得更好?"

博德沛给我们讲了一个真实事例。一个客户，同时遇到一个问题和一个机会。问题是买过其产品的顾客很少会二次购买，营销上这叫低回购率。不过，机会也很大。我们计算过，如果此客户的回购率能提升至其主要竞争对手的平均水平，利润会增加 30% 左右。

消费者调研表明，顾客不回购是因为觉得产品不可靠，他们批评产品的制造品质不够高。于是我们拜访生产厂家，并询问品控问题："你们如何检测产品，标准是什么？"

我们被告知，产品质量年年在提高，而且要求严苛。今年的产品合格标准必须比去年高，去年的比前年高，以此类推。不过，在我们追问他们，是否对标测试过竞品质量时，他们说："哦，没有。我们是根据自己内部的标准做的测试，那是唯一科学有效的比对。"

这种方法的问题是，它没有想到市场。就像去赛跑，你可以打破自己的纪录，但如果别人跑得比你快，你还是会输。没错，企业管理层每年都收到工厂的测量值，告诉他们产品的品质提高了。但其他厂商在按照更高的标准生产。所以，消费者会选择买不常出毛病，或不常让他们失望的产品，这不奇怪。该客户遵循的是测量文化，而非实效文化。这对业务损害很大。他们本该有提升三分之一销售量的机会。

毫无疑问，数字时代和大数据导致企业面对短期指标时，产生焦虑不堪的依赖性。如比奈和菲尔德指出，使用的语言都是"仅从产出零浪费的'及时供应'，到即时购买"。[1] 正如他们所问："当最先进的大数据工具能即刻启动销售时，何必还要花力气去做那些需要时间慢慢酝酿的事？"英国 IPA（广告从业者协会）的所有数据显示，此举将会损害可以获利的品牌建设。

4. 重新探索计量经济建模

计量经济建模是在 20 世纪 20 年代左右，由诺贝尔经济学奖得主拉

这里有个实用的例子,可以看出测量与实效之间的差异。如果有一款网球拍可以测量你的挥拍力度、反应速度和击球位置,会怎样?我们跟百保力合作,设计了一款网球拍,可以分析你的挥拍数据,帮你提升球技。

格纳·弗里希(Ragnar Frisch)发明。如麦德奇在其大作《性感小数字》(*Sexy Little Numbers*,2012)中写道:"计量经济学是一门有关发展并应用定量或统计学方法,来证明经济原理的学科。"它可应用于营销与销售,帮助预测产品与品牌的消费与需求。

最佳状况是,建模能真正解释市场中何者表现好,何者不好,并让数据发挥功效。

计量经济建模可以创造奇迹。简单举例:营销之于销售的计量经济分析,能帮你预测某个水平的营销支出,会对销量产生什么影响。对某些品牌,它们之间可能毫无关联,因为最重要的变量是价格、产品差异化或渠道分布。但对其他品牌,通常是快消品,营销支出就对销量有巨大影响。怎么知道应该花多少钱?计量经济建模可以帮你找到精确的支出水平,让品牌获得最大的营销投资回报。

很奇怪,虽然现在能用的原始数据有那么多,但计量经济学并未得到广泛应用。我们知道，英国的 IPA 奖是研究营销效果的最佳标杆，但提交给 IPA 的案例，只有 15% 运用了计量经济建模。阻碍是什么？

事实上，有三大阻碍：

1) 计量经济建模所需的高级统计技能很罕见；
2) 无法持续获取所需的数据；
3) 计量经济建模像个黑匣子，营销人员不信任它。

5. 减少指标用量

大数据需要用多重指标来证明自己，但，用过头了。我相信，对任何特定项目而言，只有限定关键指标的数量，我们才能得到最大效益。而我们常常做不到这一点，原因很简单：它需要预先绞尽脑汁去思考。我们真正要达成什么，原因何在？想明白，坚持住，你就能打造"一个真理版"，而非陷入悬而不决的争吵中。

我们为某些客户设计了一张"汇报卡"，上面只有 5 个指标，但这些指标都敏锐地捕捉到了品牌的健康状况，及其对业务的贡献。我们也为其他客户打造了更全面的指示板。

> 好的指示板会被人使用和分享。而最好的，则会成为与测量有关的讨论区。设计指示板这个过程本身帮助营销活动与目标保持一致：为了确定向决策者展示什么数据，会迫使你去讨论重要的数据是什么。然后，这又会引导你把指标与目标相对应。

有时，数据本身即是创意，英国航空公司的户外广告牌活动就是一例。我们在户外广告牌上安装了一个天线，收集从头顶飞过的客机的飞行数据，并即时与希思罗机场的航班信息进行交叉比对，并确定广告牌所在的地点与当地天气状况是否允许看见广告牌的行人同时看到天上的飞机。整个过程远不到一秒钟，随后触发广告牌指令，中断常规的广告发布，改为显示一个男孩用手指着正在飞过的飞机。

IBM 沃森

IBM 沃森（Watson）是最好的例子，可以说明数据有改变营销之外事物的潜能。沃森是 IBM 的认知计算系统。认知计算是疾速浏览大量结构化与非结构化数据的机器学习运算的一大显著成果。我们刚刚处于认知计算时代的开端，但已能看到它会把我们带往何处。

IBM 沃森是世界上最先进的认知系统，能以惊人的速度和准确度，从海量信息中分析并提取知识。沃森与公众的首次见面，是在 2011 年的智力竞赛节目《危险边缘》上，它轻松打败了节目史上最出色的两位人类选手。不过，那只是一次展示，一次概念的验证。获胜后不久，沃森就投入使用，以人类无法企及的阅读速度，研读大量医学文献。它每周用 160 个小时阅读某医学领域的相关文献。这对沃森而言毫无困难，所以它才能与肿瘤学家一起，在斯隆－凯特林癌症研究中心接受培训，以帮助世界各地的医生处理病人护理问题，并做出更明智的决策。

沃森还能帮助企业更好地服务顾客。如今的消费者期望企业可以快速回应他们的问题、评论，甚至投诉。沃森能让企业迅速、准确地解决棘手问题。沃森已在帮助金融服务公司制定理财推荐。之前，沃森甚至还帮我们写过电视广告的文案！沃森分析了鲍勃·迪伦（Bob Dylan）所有的歌词，然后跟我们的文案和美术指导一起合作，为迪伦主演的电视广告创作了剧本。与人类一起合作的认知计算系统，才是大数据的真正希望。大数据不是神奇的万灵药，但搭配了人类的灵感与对创造力的追求后，却能帮我们迈向新征程。

6. 洞察，洞察，洞察

"真正有用的数据"会带来洞察，这样的数据越多越好。我最开心的，莫过于看到创意团队垂涎于来自数据的洞察。来自数据的洞察有三种不同的类型。

1）观察型：数据可以展示某样东西表现如何。
2）改善型：数据可以揭秘为何这个有用，那个没用。
3）灵感型：数据可以激发创意。

创意灵感就像魔法，而数据能以多种方式激发创意灵感。在此，我归结如下：

优先顺序：数据可以显示要与谁交谈，以及为什么。

个性化：数据可以把你指向特定人群，为你显示为何他们那般表现，以及如何接触他们。

精准：数据可以帮助生成正确的信息，用合适的媒介，在合适的时间，将信息传递给对的人。

7. 最佳优化

真正有用的数据之所以成为最高等级的有用数据，关键在于把优化作为设计的核心。怎么做到呢？请采用一个闭环系统。

在营销策略启动之前，（通过指示板）密切关注市场动态，确保与我们的目标保持一致，做一个测试方案，然后启动跟踪。一旦营销沟通上线，就从四个框架对它进行评估：实时、每日、每周和每月。我们所要寻找的数据，包括消费者遵循的路径、客户的终生价值，以及品牌偏好指标。数据告诉我们，什么相连、什么不连，于是我们随时调整，让前者更多，后者更少（希望如此）。为了让自己诚实以对，我们以一周、一月和一季度为周期，定期汇报结果，运用数据告知下一步努力的方向。

大数据可以被驯服。有用的大数据，能将营销与传播带入创意与精准的全新领域。不过，大数据永远不会带来其狂热鼓吹者所谓的天堂。它辅助和支持人类的思考过程，针对之前无法完成的繁重工作提供捷径，因其庞大的体量，让我们看到用其他方式无法看到的模式。

最后，数据还有政治性，不论纯粹主义者有多不愿意承认。数据可以被忽略、被操纵，可以用来彰显政绩，其影响还能被伪装。

数字时代的企业，跟前辈们并无差别。只要功能专业化存在，数据就能反映出这些政治倾向，就像它也反映出大数据圣殿中的客观真理一样。

10.
"唯有连接"

Ogilvy

"受访者承认，他们不完全了解当今的营销环境。"

Forrester 调研公司在 2015 年询问客户，数字化转型对他们意味着什么时，得到了上述轻描淡写的结论。

这毫不奇怪。

从架构而言，媒体版图发生了变化。

《奥格威谈广告》一书让你感受到的是旧媒体世界。事实上，很少有人在意以下这句话："我从未在广告公司的媒体部工作过，"大卫写道，"但通过观察那些在该领域取得成功的人，我认为，他们要有分析头脑，能够以非数字格式传递数据，抗压力强，善于与媒体老板谈判。"

大概 20 年前，一场有争议的架构变革就开始了。事实上，它始于 1997 年 11 月 1 日，我在智威汤逊亚洲区的同侪艾伦·法宁顿（Alan Fairnington）与我一起商定，将两家公司的亚洲媒体部门整合在一起，创立第一家完全独立的媒体公司——传立媒体（MindShare）：这个决定对我们的控股公司 WPP 集团而言，既有益又讨喜，但我们的顶头上司却没那么开心。不过，很明显，如果广告公司想有效地参与竞争，就既要在软件开发方面有必要的规模经济，又要有强大的购买力。本来就应该如此行事。

当然，我们失去了某样东西（正如我们的顶头上司所惧怕的），那就是创意人与媒体人之间有效的对接。谁掌管媒体策划？是创意代理商，还是媒体代理商？

令人啼笑皆非的是，数字革命消除了许多这方面的焦虑。我们观察到，随之而来那种"某某已死"的看法，其中比较准确的一个算是"媒体已死"。这里说的媒体世界，是我们这一辈人所经历过的。AE（业务人员）都学过一个简单公式："80% 覆盖率有 6 次视听机会。"当客户问起你所推荐的电视广告权重时，就得这么回答。到达率（覆盖率）、接触频次（广告的视听机会）是管理那些选择有限的观众的唯一媒体准则。

随即，就是商业领域的科技专家史蒂夫·萨马蒂诺（Steve Sammartino）所称的"大碎片化"时代：一个有序的媒介宇宙爆炸成千千万万个程序选项；与此同时，一个同质的受众群体也会在时间和空间上被平行炸成碎片，而且每一个碎片都可能"永远在线"。

我们一起拥有！我和智威汤逊的艾伦·法宁顿一起创立了第一家完全独立的媒体公司——传立媒体。这是 1997 年的一篇通稿，对外公布了我们要解锁联合媒体购买力的计划。

智威汤逊与奥美联合成立传立媒体——
覆盖五大市场的首家媒体运营机构

1997 年 10 月

  世界领先的传播集团 WPP 旗下公司奥美与智威汤逊今日宣布，在亚太区联合成立传立媒体。新公司将于 1997 年 11 月 1 日在中国香港、中国大陆、中国台湾，以及新加坡和泰国启动，届时它将成为世界上横跨五大市场的最大的媒体运营机构，业务金额超 10 亿美元。

  传立媒体代表了新一代的媒体运营。它所提供的整合服务，不仅覆盖传统媒体，还涉及互动媒体、赞助、活动管理、媒体互换、编程、媒体联合与媒介建模等。当前环境下，媒体所有权日益集中，大多数市场出现传统媒体价格通胀，媒体出现碎片化，新型电子化媒体涌现，传立媒体因此应运而生，利用自身的规模优势，以最有效的方式提升广告占有率。

  传立媒体直接对 WPP 集团汇报，未来不仅会负责智威汤逊与奥美的媒介购买与策划，而且会设法扩大客户盘子，向单纯的媒介业务发展。

  奥美亚太区总裁杨名皓与智威汤逊亚太区总裁艾伦·法宁顿在联合声明中表示："传立媒体是我们亚太区媒体业务的一次飞跃，它将带领传统的媒体智慧进入新时代。我们对传立媒体做了巨大的投入，培养它在互动媒体、调研和活动管理等方面的能力；这一投入的回报，在它能为亚太区客户提供整合、创新和有创造力的媒体解决方案后就可兑现。能启动这一业务，我们感到很自豪。"

  智威汤逊英国的前任 CEO 多米尼克·普罗克特（Dominic Proctor）将出任传立媒体的首席运营官。

  传立媒体将于 1998 年启动在英国和其他欧洲国家的业务。在美国，它的业务将由智威汤逊和奥美这两家公司现有的媒体联合机构——智威汤逊/奥美联盟负责。至于是否在亚太区其他市场设立传立媒体，相关机构正在研究之中。

付费媒体、自有媒体与赢取媒体

媒体企划不再是核心,"连接企划"浮上台面。品牌意识到,与数字化消费者相连的多个接触点,不能仅靠付费媒体维护,其实还可自行建立而"拥有"数字媒体资产,同时"赢取"覆盖率。在第 7 章,我们很简短地提过缩写词 POE,即"付费"(paid)、"自有"(owned)和"赢取"(earned)。

过去与现在,POE 都为我们提供了一个审视新媒体世界的便捷方式,但还需要弄清一些重要的问题。怎么知道去哪里连接?建立每一个连接需要付出什么?更或者,如何连接?

盲目相信全自动化的人不胜枚举。我的同事,也是奥美的首席战略官本·理查兹(Ben Richards)曾写道:

> 如今的媒体从业人员真可怜。比如,接到一项任务,为一款运动饮料寻找潜在客户,他先去查了天气,发现这个国家有部分地区温度在 22℃或更高。他还发现,人们在上午的购买率要比下午高。于是他用运算指令寻找那些在移动设备上搜索体育运动的人,这些人明显是打算做户外活动。他指示算法按比市价低 20% 的价格竞标。交易圆满结束。他觉得自己赢了——就今天而言。无论如何,他会担心广告确切出现的位置,而最令他担心的是,明天他是否会被同样的算法取代。
>
> 正如电子交易取代了老式交易大厅里那些咣咣作响的电话、大喊大叫的经纪人和股票行情收报机一样,如今的媒体购买似乎都朝着全自动化方向发展。然而,这一切缺少战略,也甚少提及问责一事。
>
> 我们比以往更需要"连接"。

付费媒体

品牌认可的内容发布在第三方拥有的接触点上，品牌为此付费

- 展示广告搜索
- 点击付费广告
- 视频前贴
- 电视广告
- 平面广告
- 户外广告

优势
- 规模有保障
- 目标可控
- 信息传递与时机可控
- 易于监管与测量

局限性
- 可信度较低
- 容易被个人或技术应用"绕开"
- 每增加一次印象就要付费

最佳操作
- 品牌应确认，付费媒体资产基于消费者决策过程中接触点的角色，应具有相应的行为召唤功能

自有媒体

品牌认可的内容发布在品牌自有或由品牌控制的接触点上

- 社交推送
- 包装
- 无线网络
- 顾客关系管理
- 消费电子展
- 员工网络

优势
- 信息传递与时机可控
- 易于监管与测量
- 比付费媒体可信度高

局限性
- 如果没有付费媒体支持，规模难以扩大

最佳操作
- 品牌应确保其自有的接触点能以优质内容吸引消费者，并具备相应的行为召唤功能

赢取媒体

品牌认可的内容由第三方生成或分享

- 博客提名
- 评分与评论
- 特别提及
- 离线网站内容管理
- 意见领袖提及
- 公关

优势
- 可信度高，对购买决策有强大影响
- 不需要每增加一次印象就要付费

局限性
- 品牌无法控制规模、目标、信息传递与时机
- 信息传递好坏均可能存在
- 难以监管与测量

最佳操作
- 品牌应巧妙运用分销（行为召唤，关键时刻的规划）与创意情感内容（社交动机）来培养赢取媒体

付费媒体、自有媒体和赢取媒体

/ POE，付费、自有和赢取媒体的连接策划。之前，品牌用钱购买媒体发布广告，现在，品牌可以通过公关、社交提名以及合作伙伴等方式，"赢取"媒体覆盖率，还可以通过自有的数字和物理渠道，"拥有"自己的媒体。数字时代并未发明这一切的渠道，但在产出营销活动上，却引导了更深层次的复杂性。

10　"唯有连接"　231

从一开始，睿智的首席营销官就意识到，他们需要把自己的营销部门推向数字媒体。他们的媒体支出模式落后于目标受众的消费模式。因此，联合利华的基思·韦德（Keith Weed）或金佰利的克莱夫·希尔金（Clive Sirkin）就开始为其市场设置配额。在联合利华，数字媒体的支出"目标"一度占了模拟时代总花费的 20%。在当时，这个比例看起来雄心勃勃，又有点武断。今天，实际比例是 24%。数据正大力推动此趋势。

旧媒体生态圈能提供的数据非常少：收视人群的高度细分仅限年龄和性别，而且经常滞后 90 天；同样，纸媒读者的一般社交数据半年才统计一次。回顾一切，实在令人惊讶，我们一点都不了解消费者的媒体行为，原本这才是我们理当奉献心力的目标。

现在，我们通过第一、第二、第三方的数据源平台，对消费者的媒体消费、设备使用、非媒体行为都有了大量的"数字排放日志"。他们的媒体资料既丰富又及时，可以帮我们更有效地建立连接。

深度整合

但是，还需要其他东西。我们如何以消费者为主，整合一切？

在所有调研结果里，整合一直都是后数字时代首席营销官们最棘手的问题。早期的做法也不过就是普及了所谓"表象一致"的整合观点：只要你所传递的信息在不同媒体里，看起来都差不多，就行了。

随后，还有一个在 21 世纪初出现的产物——营销漏斗整合：如果有诸如打造知名度、获得购买考量之类的任务，就逐一部署相关渠道。

如今，最佳做法是，把整合视为有机物，围绕消费者体验进行架构搭建，最终我们要达成动态整合，所有的传播都围绕人类的真实生活。

面对所有战后形成的特定技能，如公关、直效营销、销售、促销等，大卫·奥格威从来不相信它们各自独立的看法。他还坚定反驳他那一代

1.图像整合	2.营销漏斗整合	3.有机整合	4.平行整合	5.动态整合
"表象一致"——营销资产之感觉或视觉上都雷同	一丝不苟（公式化）按不同的顾客接触点做不同渠道的任务归属	根据不同组合的消费历程，广告、行动营销、一对一营销和公关等，都能紧密整合	跨品牌、子品牌、跨区隔、跨地域、跨项目的整合	针对业务、营销和销售中每一元素的连锁反应，是在市场中的实时管理

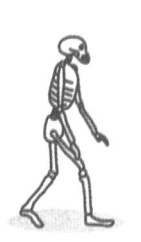

整合的演进

/ 请看一下营销人类的进化过程！整合始于图像整合，所有东西都保持视觉连贯性，此外无他。经过几个阶段的发展，我们终于找到"圣杯"，达到终极的动态整合，所有业务元素和谐共处，让人们得以在市场中进行实时管理。

人以广告为中心的正统观念。在他的鼓励之下，奥美很早就通过系列并购，把这些技能引入集团内部，但依然常常是广告部门先做策略，再交给其他部门执行。不论前后衔接多么紧密无缝，整合都只流于表面，达不到深层。

2008年，我出任奥美全球CEO一职，那时我就觉察到，我们拥有巨大的优势，也担负巨大的风险。我们拥有全部的技能——这是其他代理商所欠缺的，但我们深感整合程度不够深入。于是，我聘请当时在Naked公司的本·理查兹来发掘解决之道。Naked是"传播规划"（Communication Planning）之母，但他们对传播的定义也只停留在广告技能上。影响力或忠诚度的概念，对他们而言遥远又陌生。本·理查兹后来为我们创建了一个操作系统Fusion™，始于商业问题（而非传播问题），横跨所有技能，聚焦顾客历程。

在那之前，顾客历程是一个稍显生疏的学术概念，也是直效营销技能所特有的。不过现在，顾客历程早已是统合一切的概念，通过它，我们可以找出当前的实际障碍，以及吸引顾客的强大驱动力。

20 年前，奥美创造了一个词——"360°品牌管家"，让我们能够做全面的整合。毋庸置疑，结合多项深层次的专长可以带来更好的营销效果。但我们从日常工作中学到，应该还有一些东西。要实现深度整合，就必须聚焦真正"有意义的 10°"，而且在操作时，不仅要做到媒体中立，还要做到技能中立。

发现	决定	互动	准备	验证	庆祝	转型
抵达学院或大学	探索学科选择	听课，学习广告艺术与科学	巩固所学，为考试做准备	考试，提交论文	享受毕业典礼	申请并接受广告公司的工作

一名广告系大学生的顾客历程

/ 如果你希望将个人的职业生涯或其中一段时间奉献给广告业，你可能会遵循与之相似的路径。顾客历程协助我们认清某个特定体验的乐趣与隐忧，不论是买车、研究一门兴趣爱好，还是为了学位或工作大胆迈出学习的步伐。通过真正了解人们在各个阶段的互动情况，我们从中找到可协助之处，而非在一旁加以阻碍。

通过数字赋能，深度整合以不落俗套的特殊方式达成：如今，我们能理解消费者的意图。搜索——此处指搜索引擎营销（SEM），有别于搜索引擎优化（SEO），成为众所瞩目的焦点。跟大家一样，我只写了"搜索"这一个词，其实代表的，是我们可以了解"消费者在互联网上搜索什么"。

早在 2003 年，创业者兼资深记者约翰·巴特利（John Battelle）首次把谷歌描述为人类意图的数据库。"意图数据库就是，每次输入的搜索、每次提交的结果清单，以及结果对应的每个路径之总和。"他写道，"这种信息的汇总，代表着人类意图的档案库，也是一个海量数据库，包含各种愿望、需求、欲望，可以被探索、传唤、存档、追踪、利用，并且达成各种目的。"[1] 巴特利还进一步把社交媒体及其记录归入此一群组里。

一切的根源，来自一个不太低调的"关键词"。我们需要把所有关键词看作数字时代的公分母。

关键词如何起作用

谷歌远非唯一的意图数据库。百度、Yandex 和雅虎，分别在中国、俄罗斯和日本居主导地位。实际上，几乎所有门户网站，从推特到 YouTube，再到 Pinterest，都算得上搜索引擎。

经由构建一个关键词的大宇宙，我们不仅可以从谷歌官网，还能从更广的渠道了解意图。事实上，我们应该视之为有史以来最大的访谈小组：一个极其庞大的客户洞察来源——他们是谁,他们喜欢/不喜欢什么,他们的顾客历程为何。但是，就其本身而言，这些数据并不比其他数据有用。只有当我们把意图与内容连接时，魔法才会显现。

我们就为嘉宝建立了这种连接，使之重新焕发活力。嘉宝是个在美国知名但已过气的婴儿食品品牌，销量连续五年下滑。数据源自我们对千禧世代搜索行为的研究，以及我们所观察到的：一旦一位年轻女性当了妈妈，与宝宝相关的每周搜索频率会翻倍。于是我们深度分析年轻妈妈们的问题，以便更好地了解她们，找到共同主题，制作出完整的视频库，为其提供高度关联的解答。我们发布的视频内容切合她们的搜索需求，诸如"何时开始喂婴儿谷物""如何培养健康的饮食习惯"等婴儿营养问题，而且视频的标签与她们的搜索词完全一致，确保视频容易在谷歌上被搜到。我们还在YouTube建立对应的视频播放列表和特色标签，即使没有付费广告，也能让人们找到对应内容。先挖掘有助于真正了解新手妈妈的数据，之后再将自己打造成一个专为新手妈妈定制建议的咨询来源，于是，嘉宝品牌得以再度成长。

Gerber.com/StartingSolids

／ 这是一个洞察的示例。与宝宝相关的每周谷歌搜索频率在新手妈妈中会翻倍。所以，我们与婴儿食品品牌嘉宝合作，按照她们的条件，或更准确地说，是按照新手妈妈们的搜索条件，帮助她们了解母亲这个身份。搜索数据会透露很多与一个人的想法和意图有关的东西，如果仔细加以筛选，我们可以找到一个窗口去了解他真正想要的东西。对于要哺育一名新生儿的新手妈妈来说，她们的搜索体现了她们的好奇心与担心，比如"什么时候开始喂婴儿谷物"和"如何培养健康的饮食习惯"之类的问题。通过了解她们的知识缺口，我们帮助嘉宝推出了精准调校、高度相关的视频，以一种给人支持、吸引人的方式解答了新手妈妈的疑问，同时帮助嘉宝再次成长。

常见搜索词汇表

年搜索量（annual search volume）：基于前 12 个月的平均数计算的一年内的总搜索量。其计算方法是，月平均搜索量乘以 12。

预估点击量（estimated clicks）：对一个特定的域名组、域名或网址所估算的年度点击次数。预估点击量＝年搜索量 × 点击率。（这是把跨品类、主题和子主题的浏览总量相加。）

机会点击次数（opportunity clicks）：指年点击次数（按品类、主题、子主题或关键词分类）的估量增长。它的计算比较复杂，需要评估当前的客户和竞品的网页排名，以及若干根深蒂固而难以注销的域名，以便给每一个关键词设定一个目标排名。机会点击次数＝未来点击量－当前的预估点击量。

网页排名（page rank）：指在谷歌上的自然排名位置。第一页为 1～10 名，第二页为 11～20 名。这一数据来自第三方工具在指定日期和时间内抓取的排名快照。

付费搜索（paid search）：一种基于竞价的媒体渠道，让广告显示在搜索结果页面的顶端或底部。这类广告因检索词条的不同而异，选择的依据是搜索引擎的算法，以及广告主之间的竞价结果。一个搜索引擎的算法，先检查众多数据点（超过 100 个），找到关联度最高的一组广告进行展示，以回应查询者的问题，然后，根据竞价结果，来确定要把哪些广告显示在搜索结果页面的什么位置。当用户点击一条广告，跳转到广告主的网站时，根据竞价时的不同竞价，该广告主就有一项估算的成本发生。很多其他因素都会影响竞价结果，进而形成一个快速演进、高度复杂的广告市场，可实时获取成本，拉动网站流量。

搜索趋势（search trend）：基于两年之中月搜索量趋势的坡度变化，反映出的搜索量变化，其类型有，急剧下降、下降、平稳、增长和急剧增长。

搜索季候性（search seasonality）：此一测量指标利用了谷歌 10 年间的趋势数据，以确定一年内特定月份的典型波动。

搜索份额（share of search）：指可能导向某个域名组的有效点击百分比。对于被选中的品类、主题或子主题而言，搜索份额是搜索量的一个因素；对于某组域名或某个域名而言，搜索份额是预估点击量的一个因素。

搜索引擎营销（search engine marketing，SEM）：这是数字营销的一种形式，目的是提升品牌在搜索引擎中的绩效表现，包括付费搜索和自然搜索（又称搜索引擎优化，见下）。SEM 始于了解目标受众，知道他们在寻找什么，然后传递相应信息。有时你必须为广告的可见度付费，有时，你可以通过创作优秀内容赢得可见度。

搜索引擎优化（search engine optimization，SEO）：一般被看作是网站开发时或网站开发后所做的事情。成功的 SEO 表明，你能感知客户或目标受众在寻找什么信息 / 产品，他们希望那些信息以何种形式传递，于是，你为此设计跨平台并优于他人的相关内容。SEO 也常被称为赢取媒体，因为你无法买到成功途径，只得赢取广告可见度。

我发现，在情况最差时令人恼火，在情况最佳时令人深感困惑的是，"搜索"被当成一个独特的技能，是另一个垂直行业。这真是天大的误会。搜索从根本上就是横向技能。搜索为所有传播技能——广告、公关和直效营销提供信息与赋能。而且因为关键词不像财务报表的负责人那样，不懂得识别各技能的差异，所以在数字时代的传播上，关键词担当主要的整合者角色。

此外，和所有数字版图中的成员相比，搜索不幸成为"英文首字母缩写"出现最多的领域。所以，请参阅一下常见搜索词汇表，它让我在论及搜索时头脑清楚。

如何评判一个网站：你的自有媒体

我最害怕在鸡尾酒会上碰到别人介绍时出现以下对白："这是迈尔斯，他经营一家广告公司。"然后，我马上知道接下来的问题："我有个网站，但不知道够不够好。你有什么看法？"

我通常会反问："你建这个网站是为了什么？"

一般有两种答案：一种是为了网站能带来纯粹的数字——受众；另一种是为了阐释并展现"我是谁"。

让我们先来看看第一个答案——数字。以某个媒体网站为例。幸好，我不常收到媒体的直接推销，但他们常这样做：他们谈论"吸睛"，以增加网站所吸引的访客数量，又称"独立访客"，或大家熟知的"流量"，这些都是行业的陈词滥调。这是你想要的第一个数据，也是衡量网站性能的主要传统指标。所以你提出这个问题："你现在的流量情况怎样？"

销售代表说："我们平均有 1 000 万独立访客和 6 000 万页面访问量，过去 4 个月增幅约为 30%。"

你说："这些数字听起来很不错。"

你的判断没错。无论什么，只要数以千万计，听起来就特别好。但销售代表刚才跟你说的是1 000万个人用户，不包括再访数量、网站每月至少看一页的浏览量，以及呈上升趋势的访客数量。考虑到像《华盛顿邮报》和《卫报》这样的线上新闻巨头，每月平均注册用户就分别超过7 800万和1.2亿，你的反应只是表示有点兴趣，而不是太热情。

不管怎样，你问销售代表的下一个问题会是："我们现在说的页面浏览量有多少啊？"

这是问每个独立访客的平均点击次数，按月计算。每点击一次，产生一个页面浏览量。如果访客到达一个页面，然后立刻点击导航去另一个网站，这叫"跳转"。不用说，跳转率高不是一件好事。网站发布商不喜欢说他们的跳转率，这就意味着，你应该问一下。假设一位访客没有跳转，他在网站上四处浏览，上下滑动点击。通常而言，页面浏览量与访客的互动水平有关联。页面浏览量多，就意味着访客在网站上花的时间多，广告也可能更有效。最后，为了客户，你希望访客点击广告。之后就要看广告的创意内容是否引人入胜了。也许一个简短的视频广告在弹出窗口中播放，又或许访客被邀请填表，比如注册一个新闻推送服务或接受来自客户的特别优惠。

访客点击广告的那一刻，就被视为以点击方式参与了互动。一个与点击量无关却有意义的指标是"印象"，一个广告在网页上被显示一次，就是一次"印象"。假设一位访客看到了广告，对它有了一定的认知，在点击时，就触发了品牌互动，并且可以被测量。所以，除了问问页面浏览量之外，你还可以问问点击率（CTR）。一个广告产生的点击次数（以千为单位）在某种程地上可用于决定广告成本。千人成本（CPM）就是一个广告投放的总成本除以1 000。

随着谈话的进展，你可以再坚持问出一些数据，如转化率。访客有了互动之后，下一个增量目标就是转化，即访客因被广告提示而采取行动。对于零售网站而言，一次转化就是一次销量。同样，当用户看完一个政治性或公益性广告，进行了捐赠或同意注册接收其他会堵塞收信箱的简讯时，就代表该广告达成转化。如果一支广告被分享，那也是一种转化。如果广告被病毒式传播，这量级就大了——一次转化可以引导数百万人，像多米诺骨牌一样。包括"漏斗"在内的相关术语，指的是用户走向转化的逐一步骤。按部就班走过这些步骤的访客被称为"有意向的受众"。一家顶级网络出版商的编辑曾说，他的公司"痴迷于不弄丢有意向的受众"，换言之，"试图提高转化率"。所以，你可以追问销售代表："你的转化率如何？网站上有没有一个广告或任何原创内容被病毒式传播过？"

另一个明确的指标是，访客从到达网站那一刻开始的停留时间。一般而言，用户逗留的时间越长越好。对于大多数网站，网站停留时间长意味着更多的页面流量、更多的广告印象与点击量。当下盛行的明智观点是，相较于网页平均停留时间，会话时间多长比较不重要。好的网站会抓住访客的注意力，而衡量的最佳指标，就是一个独立页面可以吸引访客多久。

目前为止，一切顺利，而且你获得了许多数据。除了销售代表应该提供的访客统计数量外，你还想知道，是什么驱动网站的流量。绝大多数的流量是付费得来的。就像广告主付钱给谷歌关键词竞价广告，来实现更好、更频繁的广告播放一样，网站也付钱，让自己出现在搜索结果中尽可能靠前的位置。你应该这么提问："你们的流量有多少是付费得来的？自然流量有多少？"自然流量或附带流量是指通过非付费渠道访问网站的访客数量。至于付费流量与自然流量到底哪个更有价值还有待争辩，不过从表面上看，自然流量似乎更有价值。一个网站，一种是通过付费形式拿到搜索结果的第一名，另一种是通过口碑引来流量，或因内容吸睛，访客因点击其他网站的链接而被引导过来，我们一般认为后者更具诚信、更有内涵。

我们知道了如何评判一家媒体网站，看起来一切都很好，酒会的其他嘉宾也在纷纷加入我们的谈话，他们都有自己的网站。网站的类型有很多，每个类型都有特殊的问题要问，衡量指标也不尽相同。我们可以将网站分成四组：

- 媒体、目录和手册型网站，如《英国卫报》或多芬品牌网站；
- 博客或个人网站，如汤博乐（Tumblr）页面或milesyoung.com；
- 电商和市场网站，如亚马逊和爱彼迎；
- 社交网络与分享平台，如脸书和YouTube。

博客和信息型网站关注的是页面浏览量和停留时间，而电商网站更在意把访问量转化为销售。社交网络与分享平台倾向于广告创收，需要转化受众，所以它们优先考虑的是点击量。商业模式是真正的驱动力，比如，像YouTube这种平台依赖广告，需要高互动水平的月活跃用户，而如声田之类的订阅服务，是通过将"眼球"（更确切地说，是"耳朵"）转化为付费用户而得以发展。幸好，我们的分析软件设置可以根据我们设定的目标，捕获正确的指标。

我们继续聊聊网站优化，这是网站精益求精的过程，通过对行动召唤按钮进行A/B测试、修改文案、图像、编辑内容，甚至是用户界面的大整改，进而改善我们的漏斗指标。当然，询问者还会问我有关标准的问题——人人都会问。重要的是找到正常值，然后把标准设得更高，以保证网站优势最大化。要注意，品类非常重要——线下参与度低的品类，线上的参与度也不会高，即使通过检测其浏览习惯，尝试让人们进行更多互动，重新定向把他们拉回来，结果依然如此。

目前提及的都是纯粹的数字：网站能有多少印象数，独立访客的数量，他们点击一个广告或一小块内容的比例是多少，他们在页面停留的平均时长是多少，他们浏览了几个页面，在漏斗中每个层面的转化率如何，等等。然后，我们从不同维度——区隔、粉丝、时段和设备等——去看这些指标。

但是，你有足够的数字吗？我很确定我有。所有数字都很重要，不能忽视但也不能草率接受。不过此时，第二个问题一样值得关注：一个网站如何阐释并展现我是谁？这里的"我"，指的是可以被视为品牌的任何东西，从独立的个人，到汽车，再到电子零售商。这个问题的答案基本上是定性的，要考虑传统的设计因素：字体选择，清晰易读，色彩模式，图像、动画和视频运用，文字的间距与位置，等等。最重要的是，网站架构的逻辑性如何？如何组织安排好内容，以便最有趣的信息最容易浮现出来？找一位网页设计师，然后再找一个网站架构师！

说到底，网站只是广告的一种，而且跟所有广告一样，也需要有创意。如果你已幸运地拥有了品牌创意，那在网站上要做的，不是"表象一致"，而是要让所有元素都栩栩如生。最让人沮丧的，莫过于一个网站在视觉、感觉和行为上都像来自一个平行空间——江郎才尽，空无想法。

最后，还需要三层棋类游戏那样的互动设计。最出色的互动设计，始于一个网站能让人凭直觉导航。访客越是不假思索就进行点击，网站就越出色。其目标就是提供一种有趣的无缝体验——你希望访客对你的品牌有好感，并经常回访。能这样最好。不过，理想的设计还需要转化访客的行为，这就是最难的部分——让网站成为工具，而非展示品。

好网站不会把注意力引到自身，而要发挥枢纽作用，将访客引到品牌数字生态系统中的各个环节。于是最后的问题就是："你还用什么其他的数字渠道？"由 comScore 公司或尼尔森在线等网络分析公司提供的网站独立访客数和页面浏览量，只是品牌数字受众的一部分。随着上网的方式从笔记本电脑和台式机向移动设备倾斜，社交渠道日益重要。如果品牌的数字战略够好的话，它可以把网站当枢纽，但同时，也需要审慎地打造社交渠道上的存在感与粉丝数。YouTube 上有专栏，脸书上有页面，推特和 Instagram 上有推送，诸如此类都会提高品牌知名度和广告的覆盖率。包括网站在内的一个品牌的数字部分的总和，应该比整体还大。

亲密度的规模化

当英国小说家福斯特（E.M. Forster）在小说《霍华德庄园》中造出适于人们引用的"唯有连接"语句时，这两个字属于一段长句子的小部分："唯有把散文与激情连接，两者才得以升华，人类之爱才得以在其制高点为人所见。"

若在所有关键词中找到最关键的一个，并借以表达数字世界的媒体愿景，即真正连接意向、内容、行销人员、消费者、散文与热情，我深信非"亲密度"莫属。

亲密度或许是所有事物中最难以争取的，因为就像本·里查兹描述的那位倍感危机的媒体从业人员一样，最后看来，一切都会被某一程序取而代之：品牌需要在不同媒体上曝光，而程序化的媒体交易使得所有的价格商议自动化。程序化广告已占所有线上广告营收的 20%，而且还以每年 70% 的幅度递增。但正如我那位著名的同事，当年奥美互动的罗里·萨瑟兰（Rory Sutherland）所提醒的："商业完全迷恋确定性。它先拿出复杂的大问题，剥去所有导致其复杂的东西，然后把它当作被优化的问题去解决。"这相当准确地描述了程序化广告做的事：将其自身优化成罗里所说的"非常迅速的达尔文主义广告"。

当然，"坏的"程序化广告有很多。比如在你买了一辆新的英菲尼迪汽车后的 6 个月里，只要上网都会被宝马广告缠上。又或者，在给中学女生播放学校简介的视频前，插播一则无法跳过的专业电动工具的广告。此外，我们也知道，大约 15% 的程序化广告都是虚假广告。不过，"好的"程序化广告让我们不仅能够在情境中,还能通过数据买到目标受众,而且常常比非实时的目标受众还多。我们知道,广告如果实时传递给某个人时,其产生互动的可能性会高两倍。

如果把程序化广告做好有秘诀的话,我想这个秘诀很明显,那就是切记技术只是一种赋能手段。先从细微与综合两个角度着手,好好考虑如何把来源可靠的独立访客整合起来,再去想什么样的创意信息最吸引他们,之后再把规模扩大。走捷径永远无法达到"亲密"。

之后,搜索才发挥作用。此时的搜索不是为了澄清意图,而更多是作为一种渠道。或者更好的是,你的战场——产品摆放的"数字货架"

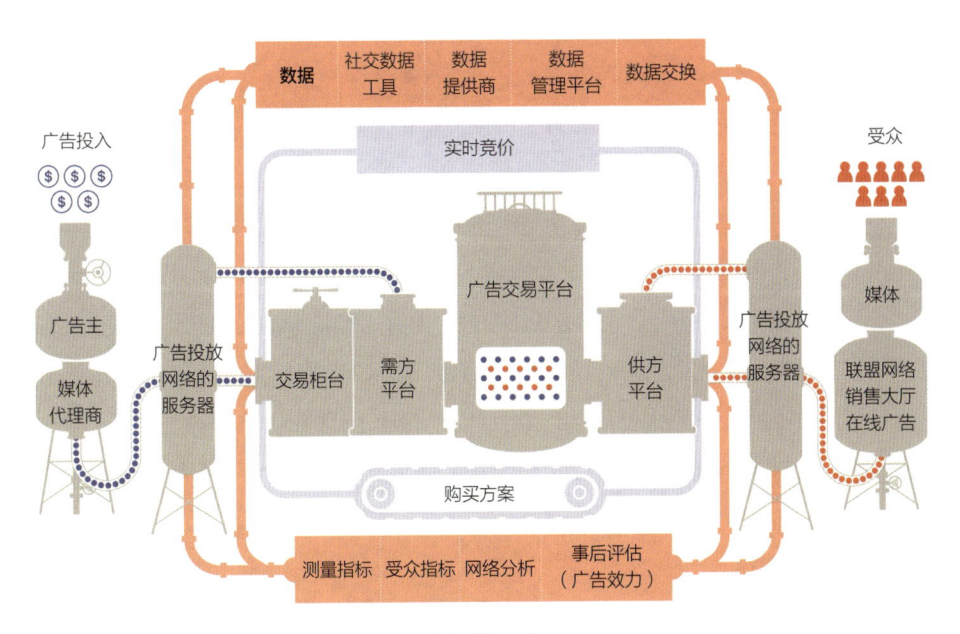

程序化的购买生态

/ 程序化广告就像一个虚拟工厂。钱从这一端进入,经过一个成本过程后,从另一端得到目标受众。优秀的程序化广告会采用所有这些技术,让消费者沉浸在最亲密的营销体验中。而糟糕的程序化广告,使用的技术一样,却破坏了自身的意图。所以,程序化广告需明智运用。

> **谷歌质量得分**
>
> 谷歌通过以下指标来衡量网站质量
> 1. 点击率
> 2. 登录页面
> 3. 历史表现
> 4. 各种相关因素
> 5. 广告关联度
> 6. 关键词关联度

有两个分区：一个是你自有和赢取的有机区，另一个是付费区。有机区是指，通过搜索引擎优化和搜索算法的独立作用，你的品牌出现在搜索结果中，或者是出现在其他作用——媒体投放和博客提名等产生的结果中。付费区是指，你给媒体付钱后产生的搜索结果。

如何打赢这场仗？

- 你的品牌必须一直都有最大的可见度，不论是在台式电脑，还是在移动终端上——这两者都要与你的电视广告投放同步。
- 你必须持续关注你网站的谷歌质量得分。
- 你必须使用关键词建模得出的洞察。
- 你必须在网络如谷歌购物中出现，同时注意管理你的品牌与销售你品牌产品的零售商之间的冲突。

"好的"程序化广告需要重申有效广告的一项根本原则，即你不能把创意过程和媒介过程分离。我们常常看到，技术迫使我们将两者分离，但那么做很愚蠢。更好的程序化广告可以同时进行创意和媒介这两个过程，但只能在以亲密度为出发点、以规模为红利的条件下——而不是颠倒过来。

数字视频

有一块"结缔组织"，数字世界似乎拥抱得特别慢，那就是数字视频，无论前贴式或插页式广告都令消费者感到失望。把一支电视广告作为无法跳过的前贴插播式数字视频，对品牌非但益处不大，而且还常常让消费者

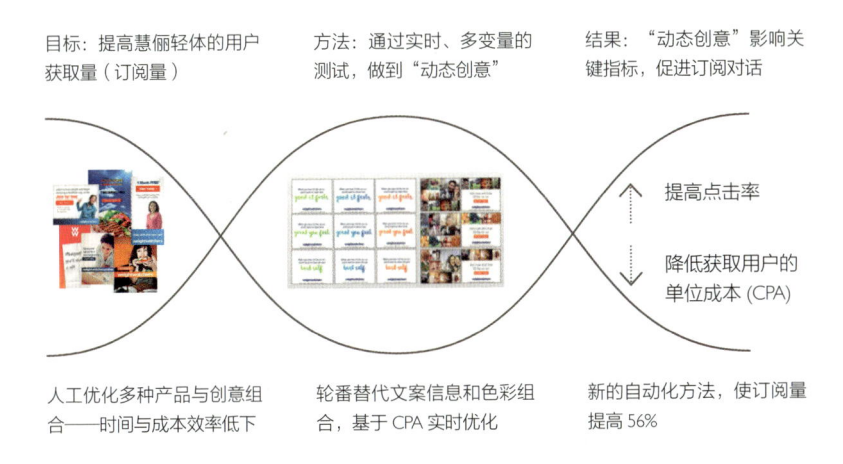

目标：提高慧俪轻体的用户获取量（订阅量）　　方法：通过实时、多变量的测试，做到"动态创意"　　结果："动态创意"影响关键指标，促进订阅对话

提高点击率

降低获取用户的单位成本（CPA）

人工优化多种产品与创意组合——时间与成本效率低下　　轮番替代文案信息和色彩组合，基于 CPA 实时优化　　新的自动化方法，使订阅量提高 56%

动态创意

/ 我们为慧俪轻体（Weight Watchers）做的方案是，用可实时处理数据的技术取代人工优化饮食方案。突然间，我们可以瞬间优化广告创意——即时更改信息、图像与颜色的组合，并立即优化其结果。

恼火，尤其当广告情境与播放内容严重脱节时。例如，在以青少年受众为主的化妆教程之前，播放一则皮卡货车的视频广告，非常不搭调。不过，为何"好的"视频在网络广告支出中仅占比较少的比率——不及 20%？

我认为这归咎于两件彼此矛盾的事：不参与网络社群，也不与创作者合作。

在数字视频方面，人们还不太了解的是：你在寻找粉丝，而非购买受众。"影迷"是被真正的激情所感动，而非被"命中"来的，他们需要我们的协作。想了解这样的思维模式，那么少壮派（TYT.com）——一个我行我素、面向年轻人的在线新闻网络，无疑就是很好的范例。与其他新闻媒体相比，粉丝们更偏爱这家，他们把少壮派的主持人当摇滚明星一样拥簇。

我在职业生涯里，出席过很多董事会。而多年来，董事会基本上一成不变。其营销部门和广告代理商都没有放下过身段做个"少壮派"。但他们都应该认知一件事，就是可口可乐的温迪·克拉克（Wendy Clark）所鼓吹的媒体投资分配比例，一个相当高明的提议：70%：20%：10%。70%用于"低风险，面包与黄油"，20%用于"创新"，10%用于"高风险的新创意"。遗憾的是，这一分配比例在实际商业操作中，并没有扩散，也不常被坚持。话说回来，如果真有那10%的分配，就该是数字视频了。

比如，它能提供与创作者合作的实验性机会。奥美纽约办公室认定了30位排名在前的视频创作者。他们不是当董事会成员的材料，但相比于众多名人，他们在数字世界拥有更高的消费者亲密度。网络红人瑞安·比嘉（Ryan Higa）发布的联想 Yoga 平板电脑视频，就是他持续与粉丝互动，进行无缝衔接的一部分内容。结果是，粉丝们很买账，甚至对这个明明就是广告的发布计划有所期待，就像他们盼望其他视频一样。

同时，它还能让你对"超级粉丝"很敏感，这个群体的影响力与其人数不成比例：20%的狂热者驱动了80%的互动与对话。超级粉丝可以主导评论方向，在数字创作人的观众群里，还担当社群领袖。是他们帮助塑造了娱乐流，要想找到他们，你需要成他们的一分子。例如，著名的音乐和网络视频红人雷特（Rhett）和林克（Link），把 Geico 这家汽车保险公司的广告融入他们的视频节目中，如果不是出现了 Geico 的品牌名称，你都无法发现这一支视频和他们制作的其他视频有何不同。品牌触达雷特和林克粉丝的方式很简单，就是让雷特和林克做他们自己。对很多品牌而言，说比做简单。

完成以上两件事，你就更有可能打造一个持久的受众群，而非仅有收视率而已。毕竟，受众就是描述社群的广告用语。

另外，还可以用一种方式来看待数字视频：重点不放在基于社群的受众群体上，而是向好莱坞学习。这需要客户的勇气：有时要敢于投入一场大制作。也就是说，要创作非常吸引人的故事来引人注目。但这种注目与电影院观众的关注不同，它是经由数字化的分销策略达到规模。

/ 高通迈出了大胆的一步，用其年度广告媒体预算来制作一部半小时长的好莱坞式网络悬疑大片。《危情生命线》这部短片带给大众真正想看的广告。由奥斯卡奖得主阿曼多·波（Armando Bo）执导，王力宏、奥利维亚·穆恩（Olivia Munn）和陈冲担任主演，《危情生命线》讲述了男主角使用失踪女友留下的手机，对她展开搜索的故事。高通骁龙处理器的性能是这个故事的关键，男主角利用那部手机的增强安全性、卓越影像、极速连接和快速充电等性能，去寻找他的女友。影片以上海为故事背景，70% 的对话是中文（中国是高通一大主要市场），影片在网上的播放量达 2 000 万次，宣传片和幕后花絮就为其增加了 1 亿多的播放量。

深度亲密

你能与消费者有多亲密？能走多深？

多年来，我做过最不讨好又令人沮丧的提案，就是说服客户购买顾客关系营销项目。现在我明白其中缘故了。

数字时代早期，奥美就认识到创造长期忠诚度（而非一次性买卖）的价值。多项测试表明，收到定制传播信息的顾客，绝对比没收到定制信息的顾客购买量高，而且，为了得到我们产品的有用信息，他们还准备为我们提供关于他们自己的信息。我们可以计算出他们的终生价值，并将数据转换成可衡量的投资回报率（ROI）。

不过，我们当时是雾里看花。那时的媒介是直邮广告，数据库很原始，数据源单一，过程繁复又昂贵，最糟的是，还需要客户做很多苦工。即便直邮从信件转成电子邮件，还是少了点什么。

像一群狂热分子，我们以为自己所认定的是无可辩驳的真理，于是不断提案给那些既不能表示反对却又无能为力的听众——除了某些易于付诸实践的领域，如航空公司，最先采用积分计划打造顾客关系，建立深层次的亲密度。

顾客关系营销成了一个贬义词，还被有些公司禁用，因为它让一些更深层的原则陷入不必要的争议之中。

顾客关系营销从未达成的，是真正的亲密感——真正与人互动。与数字革命的早期开发者类似，我们对工具执迷不悟，同时对顾客体验未给予足够的关注。如今，"数据＋数字"是一大强有力的组合，让我们能够把顾客的（而不只是品牌的）观点置于我们所有行动的核心。

我们为此发明了DAVE。

不知大卫·奥格威会如何看待DAVE，但确定的是，它让我们迈向新高度，成了全球一流的顾客互动代理商。这是一种思考方式，而且因为以创意为核心，能促使我们做很多明智之举。

1) 明确顾客雄心——它源于业务雄心，但又有所区别：数据为我们提供了非常精确的视角，让我们知道在与谁互动，我们想要解锁什么价值。

2) 创建相关顾客区隔的画像（persona），让他们的形象生动起来。如果无从得知跟谁亲密，亲密度从何而来？

3) 绘制顾客历程：沿着顾客画像的终身历程，包括一路上所有的相关时刻——接触点（和痛点）。如此的探索必须非常彻底，需要费尽心思，我们见过很多草率之作。没有耕耘，就没有收获。

4) 创作互动的创意：当其他创意都需要以出人意料的方式执行，互动创意也需要挑动人心，或邀请顾客在体验中扮演某个角色。不过，跟其他创意不同，互动创意着眼于长远。

5) 开展互动蓝图：如何将所有元素整合到一起？

6) 将蓝图转为制订顾客体验的实际计划：创意如何贯通每个渠道，影响每个接触点？顾客体验能有多亲密？

大家好，我是 DAVE。这么称呼我，是因为这名字一听就像是老大卫的亲孙子。我不确定大卫是否会喜欢我所代表的词：

数据启智（data-inspired）
永远在线（always-on）
富有价值（valuable）
深度体验（experience）

但他一定会对我的主张产生共鸣——在数字时代，只有互动，才有销售。

我和奥美互动当时的 CEO 费思桐（Brian Fetherstonhaugh）在《迈尔斯备忘录》里介绍 DAVE，这是一个内部在线视频节目，每隔几周定期向全公司 2.4 万名员工发布企业动态。

10　"唯有连接"　251

数据与洞察

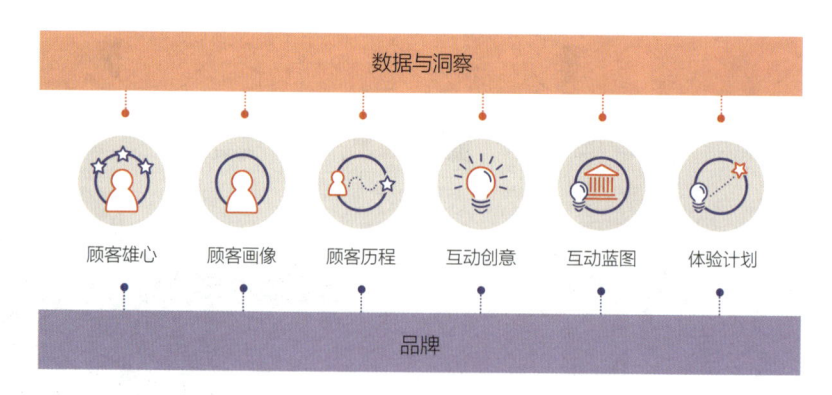

| 顾客雄心 | 顾客画像 | 顾客历程 | 互动创意 | 互动蓝图 | 体验计划 |

品牌

以顾客为中心

/ DAVE 或类似工具，最终为我们提供了一条以顾客为中心的系统路径：数字时代的福地。

绩效品牌

DAVE（及其业界伙伴）代表了我们一直期望的"大"飞跃。

但我们是否还可以再跃一步？有没有绩效品牌这样的东西存在？就是一个品牌本身就能通过程序化进行顾客互动，还能基于当下的结果，对媒体与创意的组合进行动态调整，有这样的品牌了吗？

它即将到来。

它推动我们向客户贩卖数字转型本身，特别是那些做线上营销的客户。

它始于单纯的程序化采购，但增加了大量的数字分析，对结果进行超级优化。它在所有的渠道上，无论付费或非付费，都这么做。然后，DAVE 接手掌控，进入顾客互动。最后，它打通全渠道，把店内的购物行为与离线行为相关联。

为了实现这一点，我们需要与 30 个不同的技术伙伴合作，创建一个营销云来储存有关数据。

所以，最终万物相连。正如福斯特在"唯有连接"之后，继续所言："不再存活于碎片之中。"

一切看起来大有可能。

11.

创意科技：
甜蜜点

Ogilvy

在前数字时代,"创意科技"这个词貌似是种很怪诞的矛盾组合,即使现如今,它也未必是主流想法。艺术家与极客、技术恐惧者与技术爱好者、右脑与左脑……冲突不断,但其强度在不断减弱。因为,这是"和的时代"最大的"和"之一:创意与科技的融合,产生了一个转型的甜蜜点。

一切始于代码

所有人都在使用代码,即使我们不懂 PHP 与 Java 的不同,Ruby 与 C++ 有什么区别,甚至从未听说过 Unix 或 Lisp。[1]

代码无处不在,就像电一样,给电网提供动力,让我们的社会保持运转。代码像条地下河,贯穿我们生活的每个系统。代码遍布家中的每个角落,控制我们的洗衣机,播放我们喜欢的音乐,冷藏我们的食物;通过基于 Cobol 和 Fortran 等早期语言所建的快速而古老的系统(用计算机术语来说),代码推动着我们经济体系的运转。我们的汽车里也有代码,以至当今的汽修工既是机械师,又算得上是计算机工程师。此外,代码还延伸到了不起眼的灯泡上。

---

[1] PHP、Java、Ruby、C++、Lisp 均为计算机编程语言,Unix 为计算机操作系统。——编者注

简而言之，代码是一组计算机指令，先经过人类可以理解和操纵的语言加密，之后由计算机转换成它自己的机器语言。该语言命令计算机配置逻辑门，以便生成编码工程师所要的结果。

你没准就是为了躲避学代码才进的广告业，但代码让这个世界运转，所以不可避免，广告的背后也有代码。

想了解怎么编码，可以花几个小时，去读保罗·福特（Paul Ford）那篇精彩的论文《什么是代码》（What is Code，2015）。

我已经当不了编码工程师了。不过，我最激赏的是，编码工程师代表了数字时代广告的基础，他们把各种基础汇聚在一起。不论是从道德还是实际功能的角度，代码都有好坏之分。此外，还存在有创造性的敏感代码，例如高频广告竞价交易和搜索引擎所使用的保密运算法则。在广告业，程序员可以界定你是否擅长创意科技。

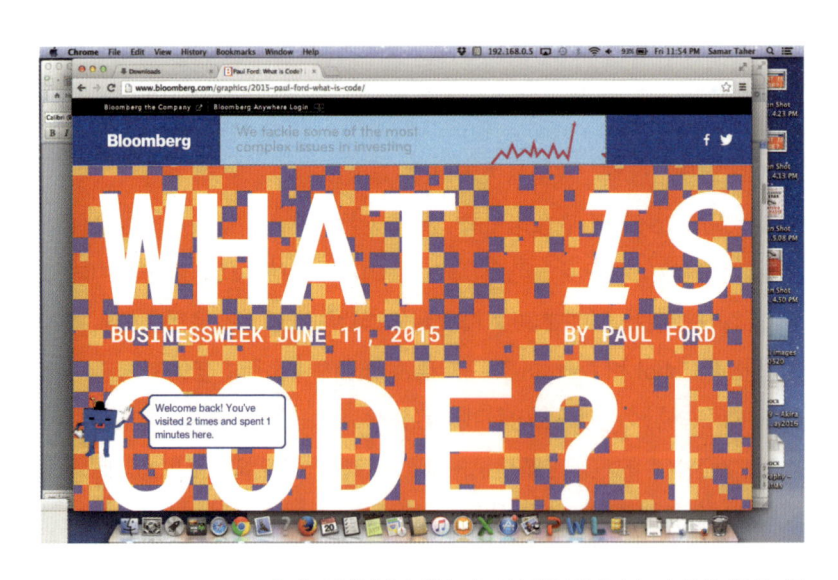

代码支撑着数字世界，却无须看起来神秘兮兮。如果想对代码一探究竟，保罗·福特所写的《什么是代码》是篇很好的入门指南。

奥美所期望的那种顶尖一流的程序员需要具备什么条件？光是精通主要的计算机语言、技术堆栈、体系架构或基础设施，还不够。我们需要一位具有慧心巧思的编码工程师，能给所有设备写代码，包括移动设备与台式电脑，或低带宽与高带宽；我们需要一位具备社交技能的编码工程师，可以跟客户、数据科学家、业务人员与创意人员等合作；我们需要一位对用户体验的重要性非常敏感的编码工程师，像厌恶粗糙的程序一样厌恶拙劣的用户界面。或者，你也可以聘用一位技术宅，只要他擅长和专注于顾客体验的产品经理或用户体验设计师一起工作。即使是最技术导向的开发人员，也必须专注于创意应用的强化，而不是阻挠创意的应用。所有这一切都需要有人协调，因此，我们的行业正在催生新的人才种类。

由数字化进程催生的这个新种类，我们称为数字制作人。在科技领域，这些人通常是项目经理，因为各个专业垂直领域的人才往往都需要不断被协调、诱导和鼓励。不过，数字制作人不仅是外表光鲜亮丽的数字项目经理，同时也是品牌愿景的守护者、连接客户的桥梁，还常常为项目团队做人才猎头。数字制作人是项目的中心枢纽，管理着从顾客历程到市场调研、从设计到实施部署路线图等一切事物。毋庸讳言，数字制作人就是项目领导者。

此外，还有数字创意人：他们设计、撰写，然后制作，从横幅广告到户外广告牌，从公司网页到快餐店的菜单等。一方面，他们能用 InDesign（排版软件）或 PhotoShop（图像处理软件），也会一点 H5（超文本标记语言第 5 次修订版）和 CSS（层叠样式表）的编码；另一方面，他们是艺术家、工程师、建筑师，是设计大师、有创意能力的编码工程师。他们能敏捷地以硅谷速度，产出最简可行产品（minimally viable product，MVP），同时坚持品牌的审美与价值观。

最后，还有一种稀有人才——发明家。他们对技术的理解既具战略眼光，又有创意，因此能产出一些全新的东西。他们也提出：网球拍本身能否同时兼任教练的角色；虚拟现实（VR）技术能否让人隔着半个地球体验一家酒店；如果把孩子们最喜欢的饮料与健身追踪器，以及运动计划相互结合，能否敦促他们多运动。这些人能一眼辨识某事物的真正目的，无论是否陈述清楚，实际上是另一问题的解决方案。

这四类人没有层级之分，如果非要把他们层级化，则会彻底毁掉创意文化。应该说，他们是个良性循环体，每一个都会对另一个起逐步提升的作用。

制作人

我们在预算范围和规定时间内，管理一组迥然不同的专才，在英航的数字生态体系下，利用共同的技术与数据平台，实现了一个大型全媒体的整合活动，在伦敦市中心给人们带来前所未有的体验，同时还确保这种体验符合英航数字生态圈。

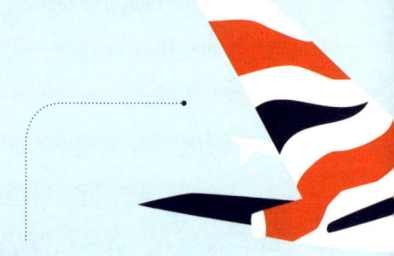

创意人员

我们需要一个令人叹为观止的创意。我们让孩子的目光追随着天上飞过的飞机，用他的体验去吸引观众。让一个正常运作的数字广告牌突然中断信息推送，于是一切将变得凸显夺目。无论如何，创意表现必须是英航品牌的一部分。

发明家

如果把带地理坐标的 ADS-B（广播式自助相关监视系统）天线数据与来自伦敦希思罗机场的数据相结合，我们就可以确定航行飞机、航班号与飞行目的地。只有当天气晴朗，人们能从大街上看到飞机飞过头顶时，户外数字广告牌才会被触发，显示相应的创意信息。

程序员

我们需要一个运算法则，把 ADS-B 数据、希思罗机场的信息、飞机的 GPS（全球定位系统）坐标和当前的天气等融合到一起。当所有数据预设条件都符合时，代码就激活这个户外广告牌的画面。

数字的创意流程

/ 数字制作人是数字项目的领导者，其角色与其说是飞行员，不如说是空管员，他带领团队，把不同技能的专才有条不紊地凝聚在一起。在数字时代，这是产出创新作品的最佳方式——譬如我们为英国航空公司所做的"飞行的魔法"广告牌（请参见 219 页）。

| | 创意科技：甜蜜点　　**261**

前端界面

创意与科技交互融合的前端被称为 UX（用户体验）。众所周知，此一领域竞争激烈。随着互联网的发展，人们要求 UX 更容易体会的呼声也有增无减。1998 年，唐·诺曼（Don Norman）首次提出 UX 这个概念。和其他例子一样，这个概念如今的意思已变得和原本稍有不同。诺曼原指的是以人为本的设计。他写道："我之所以造出这个词，是因为人机界面及易用性设计的定义太狭隘了。[1] 我希望有个概念，能覆盖系统内个人和系统体验的方方面面，包括工业设计、图形、界面、实体互动与操作手册。"如今，UX 更多指的是一个场域，在这里，信息架构与调研、策略、内容、心理学和视觉设计相结合。

讽刺的是，用户体验的目的是让事情变简单，但它本身解释起来很费劲，没有图表能说得清楚，而找得到的图，看起来都像是鬼画符。UX 专家也往往拿这个笑话自嘲。为何会这样？我倒有个理论：UX 领域发展涉及的各路专家，作为成果的利益获得者，反而不愿意把分工搞得太清楚。坦白而言，奥美的图表也没高明多少。我亲自对团队说明，要求他们设计一张解释清晰的图，成果如右图。

从图中我们可以看出，UX 设计师位于顾客需求、业务需求，以及在指定项目中满足两者需求的可行性等三者之间的交集中。用户体验既是哲学理念，也是业务实操，而且在很多方面，它应该是每个人的工作，尤其是在广告公司。这可不是夸夸其谈，对于有些项目，UX 设计师要做企划工作；对于另一些项目，UX 设计师也同时是视觉设计师。

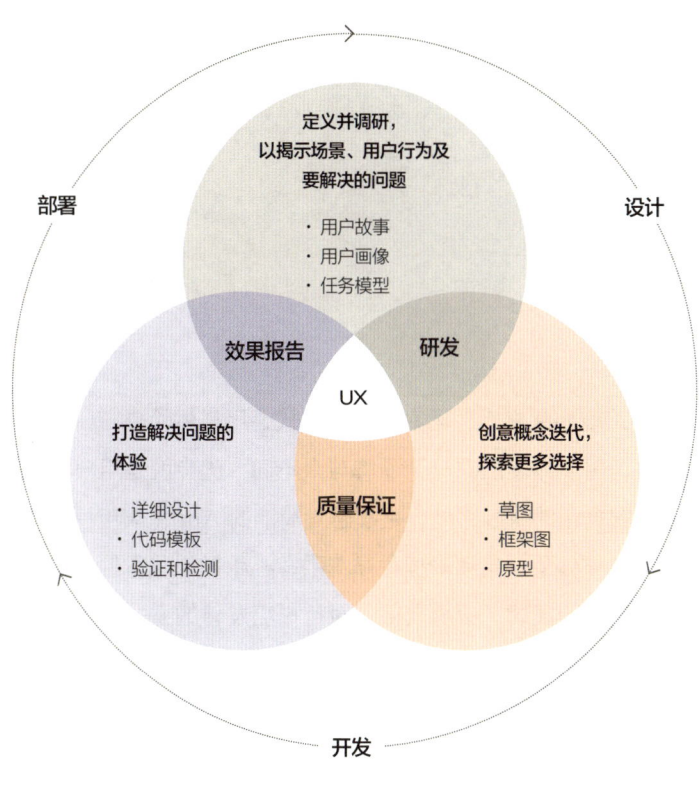

**定义并调研，
以揭示场景、用户行为及
要解决的问题**

· 用户故事
· 用户画像
· 任务模型

效果报告

研发

UX

**打造解决问题的
体验**

· 详细设计
· 代码模板
· 验证和检测

质量保证

**创意概念迭代，
探索更多选择**

· 草图
· 框架图
· 原型

部署 设计 开发

完美的用户体验

/ 这张图可能不尽完美——正如所有的 UX 专家所知一般，我们永远都有改进的空间，但它很好地抓住了 UX 的流程。

作为名副其实的数字万事通，广告公司的 UX 设计师需要在以下各技能间自如切换，视项目与平台情况而定：

- 文案撰写
- 信息设计
- 声音设计
- 动画设计
- 图形设计
- 界面设计
- 交互设计
- 代码编写

为何跨度如此之大？因为在数字时代，用户体验是广告架构的关键。通常，用户体验能让一个品牌与众不同，优步就是用户体验的绝佳范例。它真正的奇妙之处，是超越其简洁的 App（应用程序），带给用户的完整体验，也清晰提供候车乘客心中最想获得的信息，如车费和等候时间；同时，以更有效、对用户更友善的方式，把这些信息对接到资本与劳动力，即汽车与司机的重新分配上。当以上所有信息集中之后，一种糟糕的消费者体验——晦暗不明的出租车市场——就被转化成一种绝佳的出行体验了。消费者使用优步的完整体验，都经过深思熟虑的设计，可说是畅行无阻。

于是，我们对 UX 专业人员有了一个更广泛的新定义。如果你在一家航空公司华丽的网站上订了机票，登机手续也很流畅，但之后的旅程却让人难以忍受，那你就有了一次失望的用户体验。虽然无法影响空中交通管制，UX 设计师还是能帮助航空公司更好地管理与应对。简言之，UX 设计师负责改善品牌与消费者之间的各种互动时机。对品牌而言，用户体验是不可或缺的无形资产。

后端系统

后端是一切事情得以发生之处，也是企业和代理商经历最多失望之处。

不过，失望之前，先是恐惧。

以营销技术为例，这是个呈火箭式飙升的商业领域。单以美国来说，2014—2015 年的营销技术供应商数量翻倍。

由于营销技术解决方案在以惊人的速度不断被产出，所以斯科特·布林克尔（Scott Brinker）一直在更新他的著名图表。没错，这张图几乎无法辨认！一个警示：只有当技能与智能架构一并到位助其发挥作用时，科技才能大显身手。与此同时，永远勿忘大创意。

当然，每个技术供应商都有各自的推销术，如果分析他们示范自家产品所使用的若干技巧，其实相当有趣。他们用简单的"示意视频"小样来诱惑你，搭建简单的平台，在可控的条件下运转平稳。这看起来很简单，其实不然。

此外，还有彼得·德卢卡（Peter de Luca）所称的"20% 问题"。他对此很了解：他是奥美营销技术部的负责人，倾其一生在努力改进相关业务。彼得说，你只要问一家公司，"对于这项营销技术，你现在用了它几成的营销功能"，答案通常是 20% 左右。

原因主要在企业职能架构上。在购买技术解决方案时，没有合适的组织架构予以支持，或在本应从中获益的工作小组或部门间存在组织缺口。难以置信的是，因为没有彻底了解这一点，所以失望的客户就经常更换软件供应商，寻找他们自以为缺少的功能（即使在他们内部有此功能）。可想而知，他们依然会失望。

问题不在于技术，而在于内部的统合一致性。

如果客户内部要保持一致，你首先想到的团队或部门很可能会是：

- 营销团队：企划或策略，构想并设计针对特定业务目标的宣传活动。
- 运营团队：或是推广活动执行团队。他们实际上与营销技术人员一起工作，或必须出面管理干重活的供应商。
- 分析团队：负责操作数据，找出洞察，追踪推广活动并创建报告。

当上述团队完美无缺地保持一致，且后端也有最佳表现时，有什么结果产生？其一，品牌的营销技术投资将与品牌所欲建立的顾客关系并驾齐驱，统合一致。其二，你可以乘胜追击，成就更多大事。

营销自动化如何不给力

- 营销团队提出做一个简单、临时举办的推广活动，缺乏实际的定位标准、测试计划或跨渠道互动策略，可能是因为不了解现有的数据、过去的成功案例，或不熟悉技术平台的可用功能。

- 于是，带着这个简单的需求，运营团队只需使用技术平台的基本功能，开发受众，创建简单的电子邮件模板，展开推广活动。

- 由于这个临时活动的简单性，自然导致分析团队缺少分析数据，仅凭局限的洞察，产出若干基础的报告。

简单的需求导致简单的执行，进而导致局限的洞察。这样的恶性循环，造成技术使用受限——只发挥 20% 的功能。

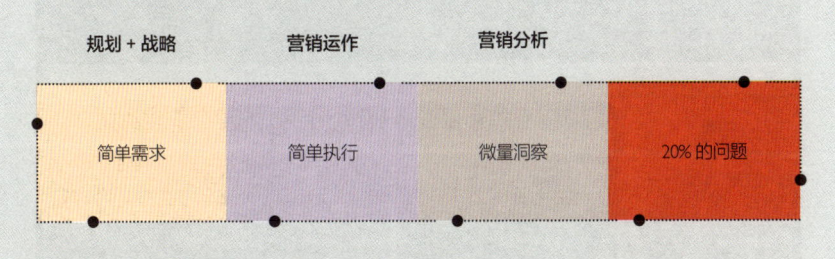

规划 + 战略	营销运作	营销分析	
简单需求	简单执行	微量洞察	20% 的问题

彼得·德卢卡"让营销自动化发挥作用"的观点。

营销自动化如何给力

- 营销团队是从战略层面思考问题。他们在渠道互动上大胆创新，他们知道有何数据可用，他们能制定更错综复杂的推广活动，驱使日益增多的个性化。他们也知道从技术上可获得什么。本质上，他们促使运营团队做更多妙趣横生的事情。

- 运营团队在更具战略与创新的互动策略督促下，自然而然对技术平台更得心应手，也大受鞭策善加利用。在工作历程中，他们协调四面八方的渠道，应用更精进复杂的业务规则，借以推动无以复加的个性化体验。

- 分析团队从此获取更多数据以供分析，更多测试有待评估。他们能找到不胜枚举的洞察，知道何者管用，何者不管用。如此一来，他们就能提供给营销团队富有意义的报告与指示板，同时也进一步激发营销团队的灵感。

整个结果，形成一个持续不断的正向循环。

/ 野格（Jagermeister）携手音乐识别软件 Shazam，为千禧世代打造了多管齐下的娱乐体验活动"Shazam the Stag"（快变雄鹿）。野格深知，它的受众渴望创造社会资本的时刻，于是，它在舞曲电音的单曲封面后面加了一张电子券，同时在购物通道上也张贴电子券，把每个酒瓶、每个标签、每个在货架前犹豫不决的购物者，都变成一个门户，通向一个有定制鸡尾酒、定制播放清单、能进入后台的世界。顾客只需要拍一张野格雄鹿的图片，其余的事，就交给 Shazam 和后台技术做。

前沿有多远？

在本书写作期间，数字革命掀起的炒作浪潮中最活跃的，是对虚拟现实和增强现实（AR）这两个新前沿技术的炒作。但是，这两个前沿距离我们有多远？确切地说，它们能实现的概率有多少？

因虚拟现实和增强现实通常交替出现，也常被错误使用，我觉得有必要在此澄清这两个概念。不可否认，技术的确为两种形式创造增强体验。

- 在虚拟现实中，体验是在虚拟环境（如电影）中发生，所以是物理实体的一种模拟物。
- 在增强现实中，体验是在真实的物理环境中发生，是来自数字资产所提供的一种补充物。

两者之间的灰色地带，是混合现实（mixed reality）。

无论是增强现实还是虚拟现实，大众的关注点都在交付方式上：你的体验如何。但到目前为止，推动这些体验的创新，更多是与技术的后端有关，个别领域的重大进展已经组成一个技术链。

孩子很少有爱刷牙的，所以牙刷游戏（Toothbrush Games）运用了增强现实技术，鼓励他们养成良好的口腔卫生习惯。这个两分钟的游戏主要是他们刷牙的视频直播，配以有趣的动漫效果，把这件日常琐事变成了一个挑战。神来之笔是什么？只有在智能手机的麦克风捕捉到刷牙声时，游戏才启动。

第一组连接与信息捕捉有关，它让我们能够看到周遭的事物。

第二组连接是与图像处理和加工有关。

到目前为止，一切还好？除非你有颗坚定的心，才不会被难以置信的混合创新所带来的体验轻易打动。

但接下来，用户怎样才能看到这些体验？展示技术在这方面明显是滞后的——并且还会继续滞后一阵子。

在你能看到这个体验的两个极端，一种是可以和手机相连的自己组装的卡纸装备，另一种是戴在头上连接游戏电脑的厚重眼镜。一个便宜，一个非常昂贵。我们实话实说吧，一个粗制滥造，另一个又重又不舒服。在将芯片小型化、去热化、去电化，然后做成能提供足够速度和清晰度的炫酷眼镜之前，还有很多工作要做。此外，至此我们还没有满足在这一切中最大的承诺：触觉承诺。

触觉感知是由触摸产生的，技术人员把这个词用来表示基于触摸的人机交互。触觉控制器给前述混合体添加触感，让你能在虚拟世界操纵数字物体。它需要一个双向的界面，一面是你的大脑，另一面是连接你与虚拟世界的界面：在一定程度上，它"教"你，让你知道你可以触摸到虚拟物体。

占边（Jim Beam）出了一款高级波旁威士忌"魔鬼刀口"（Devil's Cut），但从外观上看不出它的特质，除非了解它是怎么制成的。为此，占边与Bottle Rocket公司合作，创造出沉浸式的虚拟现实体验，让普通波旁威士忌转变成"魔鬼刀口"的过程戏剧化。只有在虚拟现实中，你才能钻进瓶子，读懂它。

如果做得好，那种虚拟触感真的非常有说服力，我见过有人用一把纯虚拟的锤子，往自己想象中的手上砸时，他们真的缩了一下手！但是，在可预期的未来，任何要把触感应用予以商业化的想法几乎都是空中楼阁，遥不可及。因为前端没有跟上后端——可能要花很长一段时间才行。

相机、头戴式耳机与触感器

过去，采集 360°视频需要一个定制的相机矩阵。现在，这项技术已经成熟到可以使用专业消费者相机进行 360°摄像。如同标准计算机动画一样，动画虚拟现实已经内置于虚拟环境中。

头戴式耳机让佩戴者的眼睛和耳朵都沉浸在一个完全虚拟的环境中，以此提供大量的虚拟现实体验。传感器监测到佩戴者头部与身体的运动，通过所创造的环境给人以运动感。更复杂的设备还使用外部定位传感器，来创造一个虚拟空间，让佩戴者可以在虚拟的环境中漫游。头戴式耳机，有价格昂贵的高技术版，也有滑动手机来做屏幕的简易纸壳版。虚拟现实头戴式耳机正以惊人的速度变得越来越精致。虽然大多数还是有连接线的，但下一代将会是无线的，以增强现实感。未来的系统会更小巧、不突兀，聚焦混合现实，更贴近现实世界。

触感器提供反馈，让模拟感觉更真实。玩过视频游戏的人都熟悉控制器发出动作提示的"嗡嗡声"。在虚拟现实中，这种体验更复杂，不过思路是一样的，只是稍有些改变。触感控制器不仅提供物理反馈，还提供给用户与虚拟环境中的物体进行互动的手段，让物理反馈骗过用户的大脑。这是目前的情况。未来，触感器将读取手和手指的空间位置，给出更细微的反馈，进而带来更强的现实感。其潜力不只局限于娱乐，也有好有坏。不妨读一读《一号玩家》（Ready Player One）一书，感受一下基于虚拟现实和触感器的反乌托邦世界会是何种模样。

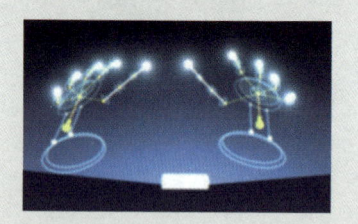

虚拟现实、增强现实和混合现实都需要依赖一套快速发展的技术创新，用以创造体验。虽然目前这些设备还相对少见，但是消费者虚拟现实技术正处于大变革时期，陌生感日益降低，价格急剧下降。很快，在某个尚无明确界定的节点，当技术足够友善、足够低价，它们就能从试验品跃升为主流技术。

当然，所有想推进这些技术的人还有一种假设，即这些技术的效果必定呈良性。但是，当物质世界变得与数字世界难以区分时，我们会受益吗？我们的沟通是会更好，还是更少？说实话，在现阶段，谁知道呢？不过，理性的怀疑者至少把问题摆到台面上。至今，还没有案例能证实"虚拟空间"可以横扫一切。

看起来好像我对虚拟现实／增强现实"感到失望"。事实绝非如此。这些技术非常令人兴奋，未来，它的核心也会从游戏向广告领域扩展。

它们可以提供：

- 视野化：我们可以身临其境，就像在现实中穿行。当我们想模拟一个产品时，可以用前所未有的强度来完成。试想，一只腕表广告。多年以来，设计师都试图让我们相信，我们可以在二维平面上看到其内部元件的运转。而现在，我们能在每一块精雕细刻的劳力士或伯爵腕表的内部四处游荡。

- 情境化：可以通过解释和参考传达更多含义。想象一下，你第一次打开包装，安装一款新的食品料理机。你不仅能直接了解如何安装与使用，而且还能学会如何在做蛋黄酱时适时掌握搅拌技巧，加速、减速，让油滴入乳状液体时不会凝结，就像"家居女王"玛莎·斯图尔特（Martha Stewart）站在你身边一样。

- 增强化：对任何一件具有情感创造力的作品来说，这些技术都能使之增强百倍，当然，这要付出成本。广告业一直都用"颂歌"（anthem）一词来描述大制作。"颂歌般的"数字现实技术的展现，会让某些企业广告黯然失色。如果你能想象热带雨林深处的感官体验，就能理解有超级沉浸感的体验将多么具有价值。

但我个人竭诚希望，虚拟现实／增强现实在教育方面能够更加广为应用。透过情境的传递，游览美国阿拉莫要塞（the Alamo）完全不费脑筋。让外部的情境驱动你不断工作，可能就很费劲了。

此外，这些技术也将应用于广告业。虽然人们都倾向于看到它在消费者应用上的卓越开发，但其增强可示范性的能力，可能跻身 B2B 技术，特别是用在高价值品类中，例如挑选一支新舰队，或选择一名建筑师。

在消费品中，任何要展示的东西都将是协助消费者自我选择的：从奢侈品的工艺，到个人护理用品的功效，到新款 SUV（运动型多功能汽车）的性能，再到地中海度假村的新潮设计等。

《精灵宝可梦 Go》（参见第 275－277 页）看起来引领了增强现实时代，从一开始就有数以千计的狂热粉丝跑遍整个城市，去抓那些电脑渲染出的精灵，从逻辑上说，未来它将超越娱乐的体验，拓展到旅行、教育和医药等领域。我承认，我本人不会到处去抓精灵宝可梦。但如果用增强现实的旅行 App，来一趟伦敦或北京的历史之旅，我愿意。随着数字化继续为增强现实加码，它也创建了各种连接——连接过去、现在、未来，以及三者合一的另一个版本。

虚拟现实和增强现实属于目前的技术，但随着物联网越来越普遍，它们会开始与日益扩大的互联设备相融合。追踪器和智能手表延伸了移动设备的功能，为品牌打开了一条扩展渠道。不过，驱动了前端与后端，虚拟现实与增强现实的技术，还激发了各种发明，进一步模糊了广告、产品开发和营销之间的界线。

当然，在此必须再响起耳熟能详的警示之声——这一切终究只是技术而已。技术是否趣味盎然，是否引人入胜，或是否经久不衰，取决于启动它们的创意，以及为此买单的所有品牌。

亚马逊的 Dash 按钮是一款内置无线连接、功能单一的按钮，其唯一目的就是通过手机进行设置后，让人可以从亚马逊网站一键下单，订购某款特定商品。洗洁精用完了？按一下 Dash 按钮，就会有新的补给送上门。这款创新设备不只连接了"物联网"，还通过互联网与品牌连接。想想这样的无线互联开关还能做些什么吧。

精灵宝可梦哪里去了？

2016 年夏，一个新现象让全球瞩目——至少在一段时间内。

鲜为人知的 Niantic 公司开发了一个附带项目：一款需要玩家在所处城市四处寻找精灵，并在智能手机上投球抓精灵的游戏——它让增强现实成为主流科技。游戏于 2016 年 7 月 6 日发布，然后整个世界都为精灵宝可梦而疯狂。

它是怎么一下子火起来的？第一，精灵宝可梦有一个强大的粉丝基础，自 20 世纪 90 年代末就开始流行。第二，有一个固有的病毒式传播平台，玩家变身为在现实世界中抓怪的人，其广告效应让心存疑惑的旁观者即刻产生兴趣。第三，App 商店效应迅速起作用。

与谷歌地图试验合作的《精灵宝可梦 Go》上线。

《精灵宝可梦 Go》在发布后的一周内，成为史上下载量最多（720 万次）的 App，相比之下，《愤怒的小鸟 2》的首周下载量只有 220 万次。而且，在推出一年多一点的时间内，《精灵宝可梦 Go》一直稳居下载排行榜的首位，下载量超过 5 亿次。作为一款免费下载的 App，它为苹果应用商店的营收创下了月收入纪录。它是从增强现实的精灵那里赚取真金白银。

到 7 月中旬，精灵宝可梦蔚然成风。一旦在纽约中央公园发现一只罕见的精灵宝可梦，就会有数以千计的玩家蜂拥到那片区域，以期夺得点数，提升排位。几乎无人注意到人群中的歌手贾斯汀·比伯——所有的目光都盯着手机屏幕上的精灵，而非就在他们中间的那位活生生的明星！据报道，玩家被游戏严重分心，以致危及自身安全—— 一位玩家掉下悬崖，还有玩家在小路上寻找精灵时被抢劫。几周内，这款 App 的独立用户数就达到峰值——2 850 万人次。

但之后，情况开始反转。当年夏末，玩家的兴趣开始锐减，每个月的独立访客数量维持在 500 万人次。这种模式——大众兴趣爆发后又迅速消退，明显是互联网时代的流行现象。《糖果粉碎传奇》等流行手游，"ALS 冰桶挑战赛"（参见 286—289 页）等病毒传播，都有着类似的轨迹。

不过，用户数量的下降并不表示《精灵宝可梦 Go》的收入在下滑。自游戏推出以来，500 万人次的高活跃用户带来了惊人的营收——17 亿美元。这预示着增强现实的体验会带来超高水平的互动，并能从叠加于现实之上的想象世界中创造巨大的价值。随着数字化持续为增强现实加码，我们的观感也必将拓展，横跨 5 000 年的人类文明，让我们感觉自己能跨越时空，在不同的世界穿梭，还能一路抓怪。

6 亿美元

90 天内的营收

比《糖果粉碎传奇》快 2.5 倍

来源：AppAnnie

54 亿英里

《精灵宝可梦 Go》玩家的步行里程

比绕冥王星一圈还长

来源：GameSpot，2017 年 2 月 27 日

43 分钟

玩家每天花在游戏上的时间

WhatsApp 只有 30 分钟

来源：SimilarWeb，2016 年 7 月 8 日美国安卓 App 数据

《精灵宝可梦 Go》日访问量趋势

资料来源：comScore 消费者分析（美国，18 岁以上，2016 年 7 – 12 月）

上图：一个熟悉的模式。戏剧性的炒作提升独立访客的数量，随后出现衰减期，直至真正有兴趣的用户达到一个自然水平。如《糖果粉碎传奇》与《部落冲突》等手游，似乎特别容易落入这种"流行一时"的模式。

下图：在伦敦的一则户外广告——为一款现实世界中玩的游戏所做，出人意料地没有运用增强技术——推广的是精灵宝可梦的新角色。即使是最数字化的平台，也用传统广告来吸引大众的关注，以提升用户数量。

11　创意科技：甜蜜点　277

12.

三大战场:
社交媒体、手机
与全时商务

Ogilvy

数字时代已开始趋于"稳定",但风起云涌的三大战场依然争论不休,一言以蔽之,未来还没有定论。

第一个战场是社交媒体。

让社交重归社交媒体

假如数字伊甸园存在过的话,那肯定是在社交媒体的早期——充满了纯真和希望。那时,友谊可以"绘制",而且看起来似乎可以永无止境地扩展与实验。

回顾过去,那些有关社交媒体的早期观点依然极富远见——先关注个人的社交图谱,然后进行口碑的集体传播。只是这种做法在当今就不够用了。在缺少更准确、更精细的度量时,粉丝(或关注)数当然越多越好。于是"分享"(sharing)或"关注"(following),突然成为大家接受的用以衡量"品牌簇拥"(brand advocacy)的方式。然而,上网的人数开始爆发。截至2015年,美国人平均每天花在智能手机上的时间为3.7小时,拉美人平均每天挂在社交媒体上长达6.1小时。

营销向来痛恨真空,所以品牌匆匆进驻,品牌的社交媒体内容分布因此呈现指数级增长。

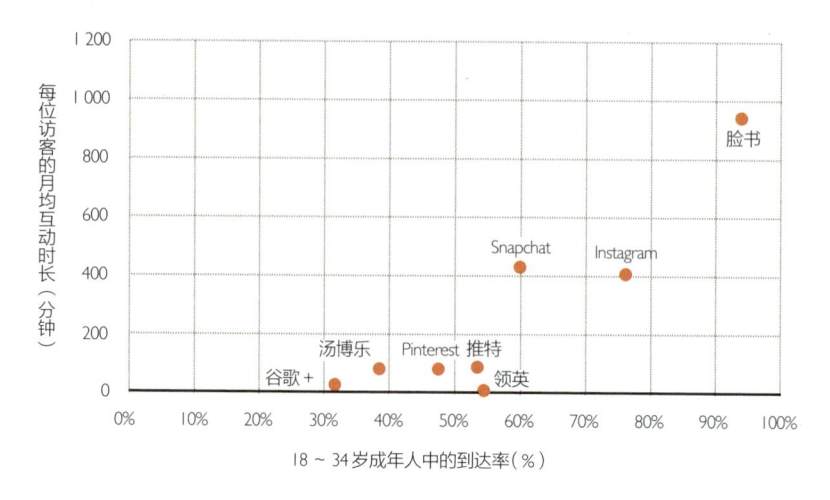

18～34 岁数的人群，在主要社交网络上的渗透率

> 在美国，脸书是个很突出的社交媒体。根据 comScore 统计，几乎每个 18～34 岁的人，每月都在这个庞大的平台上花大约 1 000 分钟，即近 17 个小时。不过，注意 Instagram 的崛起！对于年轻的千禧世代，Instagram 已成为他们的首选社交平台。

但问题出现了，用户不开心了。我们在调查中注意到，约 80% 的社交媒体用户认为，网络广告的质量再普通不过，甚至很差。其他研究也显示，在已生成的 B2C 内容中，有 80% 根本无人问津。

这是怎么一回事？

在争夺粉丝的竞赛中，粉丝成了受众，于是品牌向粉丝传递信息，这是模拟时代"营销"的经典范例，但该做法却开始伤害品牌自身。

内容通常过于肤浅。奥迪通过一系列"艺术"形象来做 #PaidMyDues（走自己的路）的营销活动，却招来恶评如潮的反应。奥迪的粉丝坚持认为，Instagram 的信息推送应该专注在汽车上。他们关注奥迪是为了看车。

漫无目的之连接，也会导致骇人的反弹。纽约警察局就发现，自打

/ 在社交平台上,真实道地很重要。当奥迪以 #PaidMyDues 为主题,过度设计其 Instagram 信息推送时,粉丝要求奥迪回归它最擅长的东西——汽车。

/ 主题标签可能陷入险境。纽约警察局就发现,当主题标签 #MyNYPD 掉过头来对付他们自己时,真让人头大。之所以这么说,是因为每当人们指责纽约警察局手段过激时,大众首选的主题标签就是 #MyNYPD。

12　三大战场:社交媒体、手机与全时商务　283

有了主题标签 #MyNYPD（我的纽约警察局）后，他们反而惹祸上身。

难怪受众会予以回击：实在别无选择。

出于自我保护，大众缩小了自己的社交图谱，退入较小的私人网络，寻找私密花园之墙。"有围墙的花园"指更私密、更封闭的社交平台，如 WhatsApp、微信或脸书即时通（Facebook Messenger）等，它们因此而蓬勃发展。同时，这类社交平台也开始强化它们的过滤算法。

2014 年时我们就开始注意到，客户的社交平台页面互动频率下降；于是，我们展开了一次覆盖 100 多个社交项目的全球分析。分析结果发现，自然覆盖率下滑，我们的发现比脸书等平台对此的认知早了一步。

简言之，这些数据显示：利用社交媒体做免费媒介，且依靠口碑传播自然激发的时代早已结束，而且永远结束了。在付费媒体、自有媒体、赢取媒体这个三角形中，赢取媒体即将遭遇社交媒体使用上的大冷落，被迫让位给付费媒体。

同时，我们对粉丝实际构成的认知也有所提高。这个行业充满着强烈的一厢情愿之希望：品牌所有者认为，大家对我拥有的品牌点了赞，他们一定就是品牌的拥护者。其实，情况不一定如此。

品牌从不缺少粉丝或追随者。在横跨 11 个市场的调研中，84% 的

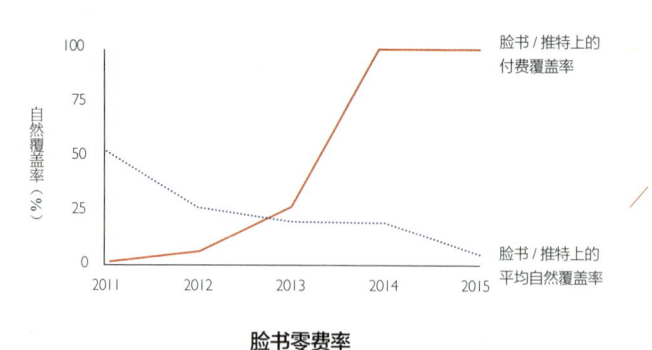

脸书零费率

由于脸书的自然覆盖率有所下降，品牌变得越来越愿意花钱，以便接触到该平台的受众。

受访者表示，他们曾喜欢或关注过某个品牌、产品或服务，超过一半的人跟品牌有过互动——不过有个发现戳穿了社交营销的华丽泡泡，79%的互动从未得到回应。10 人中约有 6 个是"分享者"：他们与别人分享自己的品牌体验，不论好坏。

粉丝并非品牌所要寻求的真正奖赏。真正的奖赏是找到品牌的真正倡导者。10 个粉丝中只有 2 个配得上这一称号。他们表现更活跃，想要与品牌有直接互动，喜欢与品牌绑定；而且，他们的朋友谈论品牌也更多些。他们希望看到有关品牌的新闻，想要得到品牌的反馈；同时他们具备不屈不挠的辨别能力。他们几乎与分享者一样，不吝在网上与人讨论可怕的品牌体验。旧式直效营销所谓的"老会员带来新会员"（member get member），很容易转换为"老会员带走新会员"（member-lose-member）。

除了这些发人深省的现实之外，多数社交媒体营销依然是随机行事、不可测量、尚未使用。

未来取决于所谓的"深度社交"。在某种程度上，社交已经长大成人。它正在从一种营销与广播的思维心态，转向出版与量身定制的思维模式。肤浅的内容让路给更睿智的洞察、更有趣的故事，以及更多"会话式"

基础社交

战术性的宣传活动平台呈现，非策略性不对等的社群管理创意重点在渠道，战术性的小创意

战略社交

偶尔与业务整合有沟通渠道，但未与业务产生关联部分顾客历程考虑社交社交依然是创意之后的附加想法

变革性社交

打造品牌、业务与声誉超越平台的社交影响每走一步都考虑社交创意为王，渠道为创意服务

社交形态从基础社交，到战略社交，再到变革性社交，在顾客历程的每一步，战术手法也让位给深度的洞察与有趣的故事。

从社交到深度社交

| 名人堂 |

冰桶挑战

如果去美国华盛顿特区的史密森尼美国历史博物馆，你会发现一个非常普通的水桶。为何会有一个水桶在那里？因为它开启了数字时代一场最强大的病毒式营销活动。

2014年8月，众多明星、企业大佬和数百万志愿者都将一桶冰水从自己头上倒下，以此为当时鲜为人知的肌萎缩侧索硬化症（ALS）相关事业募捐。（或像美国前总统奥巴马及英国前首相卡梅伦一样，为免冰水湿身，选择拿出一笔巨款进行捐赠。）这项挑战的突然流行，让ALS协会毫无心理准备。这个点子不是协会内的人想出来的，而且不可思议的是，一开始捐款较少，如涓涓细流，随后，大量的捐款汹涌而至。

/ 这个水桶之前是珍妮特·塞内琪雅拖地时用的，却开启了一股社交运动风潮，现在它骄傲地站在史密森尼博物馆的"施予美国"（Giving for America）展览上。

286　奥格威谈广告

到底发生了什么？为了找出源头，我们需要去一个叫佩尔汉姆（Pelham）的地方。那是位于纽约市韦斯切斯特郊区的一个小镇，距离纽约中央车站只有半小时的火车车程，但与繁华的曼哈顿相比，那里就是另一个世界。佩尔汉姆是个密集的社区，人口不到 7 000 人，人们相互之间很熟悉，或者彼此有共同的熟人。恰好就是这种友好的社区氛围，为 ALS 冰桶挑战的成功创造了条件。

可爱谦逊的珍妮特·塞内琪雅女士是这个小镇的一位居民，她和丈夫安东尼两人都患有 ALS。这是一种相对鲜为人知的运动神经元疾病，又称卢伽雷病，目前还无法治愈。通常，被诊断出患有 ALS 的人的预期寿命只有几年，因为控制他们肌肉功能的运动神经元会迅速恶化。著名的史蒂芬·霍金教授在 ALS 的伴随下活了半个世纪，但他比大多数的患者要幸运。ALS 是一种绝症。

用珍妮特的话说，她有一个"很小的"基金会，用以提高 ALS 疾病的知名度，募集些许资金供患者家庭使用。某一天，跟她关系甚好的表亲——佛罗里达州萨拉索塔市的一名职业高尔夫球手给她发了条短信说，"快去看你的脸书主页"。那上面就是最早的冰桶挑战。他是在他的圈子里偶然发现这个活动的，但这个活动并不流行，也从未与某个特定目标关联过。于是，他想到了珍妮特和那个"很小的"基金会。

珍妮特回短信说："你在开玩笑吧。"不过她最后还是应战了。随后，她点名让镇上的几名好友接棒。好友应战后，又点名各自的好友，就这样产生了连锁反应，从几个当地小镇的居民扩散到整个社区，再到附近的镇子，最后，发展成脸书上的一股风潮。

社交网络不是一个陌生人的宇宙，而是一个社区网，在这里，吸睛的内容与创意能迅速走红。数周内，脸书的 CEO 马克·扎克伯格接受了冰桶挑战（被新泽西州州长克里斯·克里斯蒂点的名）。接受挑战的还有其他名人，如贾斯汀·汀布莱克、大卫·贝克汉姆和贾斯汀·比伯，他们各自的视频都获得了 100 多万的点赞。

这些点赞数转化为捐款。一个月内，位于美国的 ALS 协会就收到近 1 亿美元的捐款，远超去年同期的 270 万美元。社交和传统媒体上充斥着 200 多万个视频和 450 多万次推特提名，ALS 的认知度得以飙升。此外，ALS 的信息搜索量急剧增长；ALS 的维基百科页面在那个 8 月有 270 万次浏览量，而之前 12 个月的总访问量只有 160 万次。

有些批评人士将这一现象标注为"懒人行动主义"，认为它捆绑了娱乐与同情，最终没能成为更严肃的参与形式。虽然珍妮特为冰桶挑战创造了一个理由，但这种慈善却有某种风险，正如 YouTube 一条视频所说的，观众的视线更多是在桶上，关注的是 LOL（大笑）而非 ALS。还有人担心，捐款全都转向 ALS，但这

脸书的CEO马克·扎克伯格在接受ALS冰桶挑战，他是被新泽西州州长克里斯·克里斯蒂点的名，之后他又点名微软创始人比尔·盖茨、脸书首席运营官谢丽尔·桑德伯格和网飞公司CEO里德·黑斯廷斯。

些捐款本可以用于更广泛的用途。当然，与ALS有关的人士也为这项活动辩护，他们乐于接受如此众多的关注，以及极大的支持。

但批评人士错了。

最近，研究人员发现了一种与ALS有关的新基因，可能有助于揭示引发该疾病的原因，找到新的疗法。这一突破的直接资助就来自ALS冰桶挑战赛。在这次活动风行的8周内，募集资金达1.15亿美元，其中7 700万美元专门用于疾病研究，而其中100万美元——沧海一粟——奖励给了马萨诸塞大学医学院那些研究出该科研成果的科学家。

还有什么比从头上浇下一桶冰水更令人振奋的呢？或许，更大的冲击是一场没有计划的推广活动，用相互间的打趣、朋辈的压力和少许的在线自恋，换取了一次科学的突破。所有这一切，都归因于小镇居民的亲密关系与社交媒体名气的共同作用。

的承诺，这些都是社交媒体的先驱所梦寐以求的。

那么，洞察从何而来？

首先要明白，在整个顾客历程的始终，都要考虑到社交。我们随机选一个品类，譬如英国的电话服务商。可以看到，即便是对缩减版的顾客旅程（从知名度到忠诚度），也没有一家企业深谙社交呈现的基本精髓。

其次要明白，"对话"这个词虽然用起来容易，实则复杂难懂。剖析和制作一段对话，会让你知悉对话伙伴的关键内容兴趣点、影响力平台和社交行为等都是什么（请参考下一页的图示）。

最后要明白，有些社交对话对象更重要，新闻记者或许就是明例。

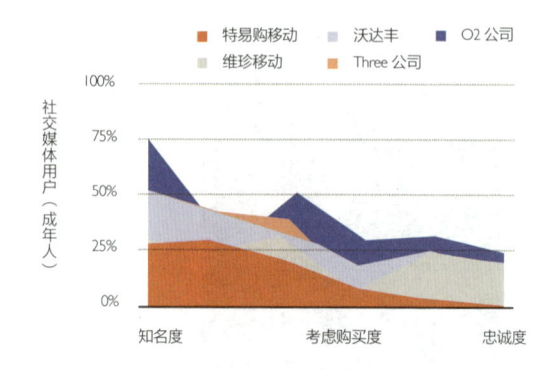

图例：特易购移动、沃达丰、O2 公司、维珍移动、Three 公司

纵轴：社交媒体用户（成年人）0%–100%
横轴：知名度、考虑购买度、忠诚度

英国的电话服务商在顾客旅程上的比较

说到社交互动，英国的电话服务商具有相对优势。O2 公司至少做对了部分事情，在英国社交媒体用户当中树立了广泛的品牌知名度，并且将其合理地转化成品牌考虑度。但是，在顾客旅程的全程，没有一家公司深谙社交呈现的基本精髓。

89% 的英国记者使用社交媒体来发表、传播作品

89% 的美国记者使用博客来研究新闻故事

67% 的英国记者用脸书来调查潜在的新闻故事

80% 的德国新闻记者认为社交媒体在信息验证与确认其真实性方面，发挥重要作用

当社交媒体影响到舆论影响者时，威力剧增。新闻工作者使用社交媒体来研究、调查、验证和发布新闻故事。

影响者事关重大

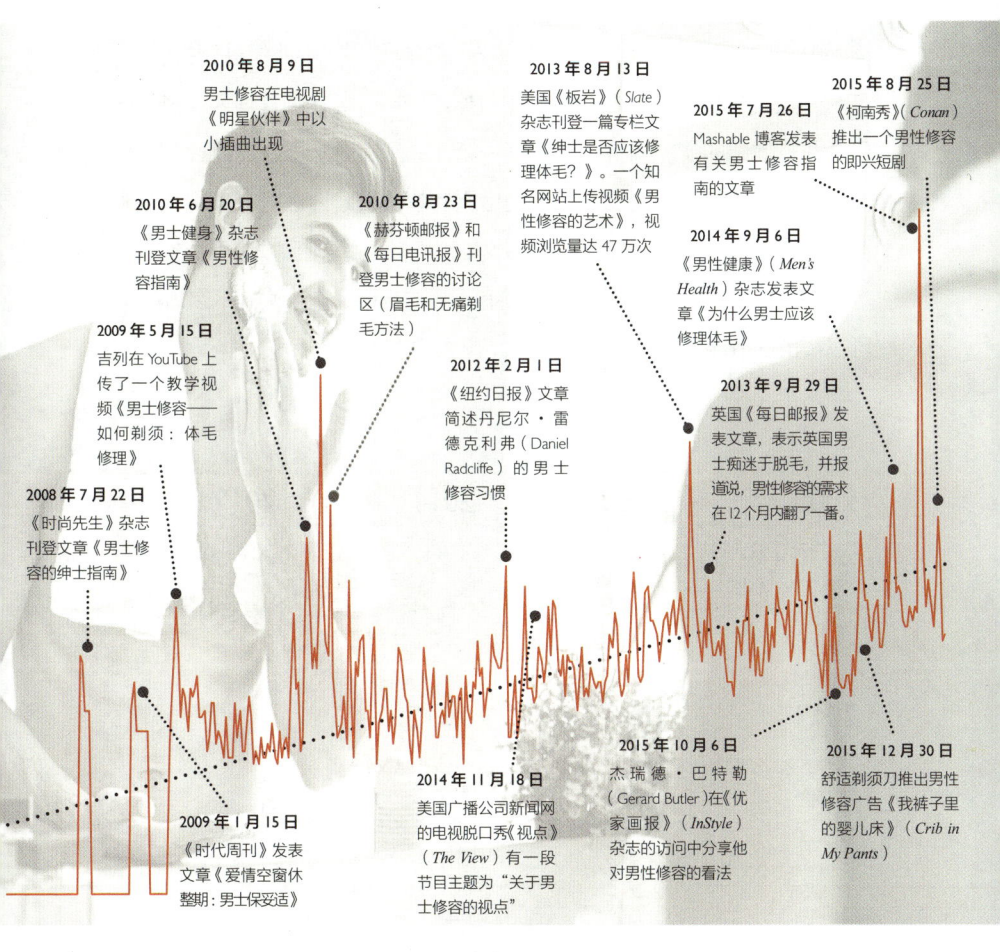

2008年7月22日
《时尚先生》杂志刊登文章《男士修容的绅士指南》

2009年5月15日
吉列在 YouTube 上传了一个教学视频《男士修容——如何剃须：体毛修理》

2010年6月20日
《男士健身》杂志刊登文章《男性修容指南》

2010年8月9日
男士修容在电视剧《明星伙伴》中以小插曲出现

2010年8月23日
《赫芬顿邮报》和《每日电讯报》刊登男士修容的讨论区（眉毛和无痛剃毛方法）

2012年2月1日
《纽约日报》文章简述丹尼尔·雷德克利弗（Daniel Radcliffe）的男士修容习惯

2013年8月13日
美国《板岩》（Slate）杂志刊登一篇专栏文章《绅士是否应该修理体毛？》。一个知名网站上传视频《男性修容的艺术》，视频浏览量达47万次

2015年7月26日
Mashable 博客发表有关男士修容指南的文章

2014年9月6日
《男性健康》（Men's Health）杂志发表文章《为什么男士应该修理体毛》

2015年8月25日
《柯南秀》（Conan）推出一个男士修容的即兴短剧

2013年9月29日
英国《每日邮报》发表文章，表示英国男士痴迷于脱毛，并报道说，男性修容的需求在12个月内翻了一番。

2009年1月15日
《时代周刊》发表文章《爱情空窗休整期：男士保妥适》

2014年11月18日
美国广播公司新闻网的电视脱口秀《视点》（The View）有一段节目主题为"关于男士修容的视点"

2015年10月6日
杰瑞德·巴特勒（Gerard Butler）在《优家画报》（InStyle）杂志的访问中分享他对男性修容的看法

2015年12月30日
舒适剃须刀推出男性修容广告《我裤子里的婴儿床》（Crib in My Pants）

男士修容的含义如何随着时间推移而改变

对话这个词，说来容易，描述困难。可以看出，随着时间的变化，创意的呈现方式展示了社交对话之演变。

12　三大战场：社交媒体、手机与全时商务

看看下图的数字：

任何人——不仅是记者——都可以变得有影响力，即使他们通常并不热衷于讨论议题。只有记者才有影响力的时代一去不复返了。同样，分析学能让我们鉴别谁是有意义的影响者，并对他们进行排名。

可想而知，对这一切，千万不可掉以轻心。"社群管理人"早已面目全非，他们的技能溢价相当可观，企业必须充分利用。此时此刻，他们的高触感正可派上用场，不只是用原有想法去管理这些在某种程度上可称为自己人的社群成员，而且要分秒必争、每时每刻激发并引导他们。

不过，更重要的是，他们还需要有积极的出版商思维模式，能量满满，可以帮忙创造连贯一致的品牌体验。

2009
"在找第二职业？来做名社群管理人吧！"

2010
"营销业最热门的职位可能就是社群管理人。"

2011
"去年，在许多主流的兴趣驱动下，社群管理概念成为热门话题。"

2012
"社群管理……在社交媒体的崛起中变得越来越重要。"

2013
"社群管理人是网络最强群体。"

2014
"现在，有越来越多的平台，可供社群对企业有所回应。"

2015
"……让数百万人看到高质少量的内容，强过鼓励社群管理人每小时都发个推送给一小撮粉丝。"

社群管理人的演进之路

社群的定义：不是品牌所拥有或管理的固定人群，而是基于共同的热爱所闪烁的机遇时刻。

／ 社群管理人的角色——等同于部分出版商、客户支援代理人、品牌守护者和社交媒体专家——多年来，呈现显著变化。

最后，是创意创造对话。创意越强，对话越活跃，社群越生机勃勃。

社交型顾客关系管理

"社交型顾客关系管理"算是比较新颖的现象，对未来而言，实在是最令人兴奋的事，特别对那些曾在直效营销界工作过的人来说更是如此。

/ 这是给飞利浦 Norelco 剃须刀设计的一次社交型顾客关系管理活动。首先，我们在脸书上精准识别适合的潜在顾客；然后，利用一拨吸睛视频广告打通知名度——纽约明星造型师马克·布斯托斯（Mark Bustos）给流浪汉免费理发，让他们信心大增；最后，用更多产品内容，驱动消费者顺着营销漏斗向前走，从而大幅提升产品销量。

几年前，奥美收购了比利时的一家小公司。现在，Social Lab 是我们在全球最大的资产之一。利用消费者感兴趣的东西，适时锁定社交媒体的消费者，Social Lab 可谓行业先驱。这轻而易举。相较无针对性的社交内容，有针对性的社交内容表现更出色，优越系数达 2.5。

他们利用"相似"模型来锁定你的熟人，通过你与这些熟人间所有已知的沟通，与他们全程互动再互动，测试再测试，绝不忽略任何一个动作，追踪再追踪，从最早的潜在客户开始，最终达成销售。

我常被问到，如何测量社交媒体的效果。

这个问题在过去很难回答，因为"中介"指标（如点赞数、分享量和印象）就只是中介物而已。当然，最理想的是净推介值——某人推荐别人去尝试某个品牌的量化值。在这个领域，美国电话电报公司做了些有趣的尝试，最著名的是几年前所做的"在暑假"（At Summer Break）活动。不过，像这样的系统要依赖超负荷的计量经济模型，"在暑假"这个项目的模型是由管理顾问所建。不幸的是，日复一日，该模型让人无法负担，结果就没得到大规模的应用。

不过，社交型顾客关系管理为我们提供了一个答案。只要有一个网址、一个追踪与归属系统来追踪网民，我们就可以测量沿着（或逆着）顾客历程前进的消费者。

对于脸书而言，这看似与创世神话中的田园诗般的伊甸园相差很远，不过，当收银机叮叮响起，销售成果强劲有力时，黄金之城就在眼前。

手机的乐趣

本人无比谨慎地挑选这个标题。我们在这里探讨的，是手机的功能，而非手机本身。不过，先来看看手机不是什么。

2000年9月，我受邀在伦敦的WAP（无线应用协议）增强服务与GPRS（通用分组无线服务技术）大会上发言。大会中，我提出，手机将是一种促销媒介。这是个有争议的观点，因为广告界一直都忙于声称，手机是种新的广告媒介。就以印度的泰姬陵来说，广告界当然也可以宣称它是媒体，大力示范其建筑的视觉冲击力（简单！）和规模（这就不见得简单了！）。

我不算全对，但至少说对了一部分。因为手机把人与决策点拉得非常近，所以在导向某个具体层面的交易时，它确实特别有用。

手机并非一种具有重大意义的广告媒介，虽然有这种想法并照此运用的人一直存在。手机远不只是一种设备或一个渠道，或说白了，是一种媒介。

手机之趣在于，它提供了移动性。它引领了一种全新的生活方式，它将是数字时代的首要平台。

现在，一切都是由手机连接的爆炸式成长所推动。正如我的前同事马丁·兰格（Martin Lange）在一份内部报告中所写：

> 本质上，电信运营商已变成公用事业公司，给人们提供所需的接口……全球移动设备的普及正在快速增长，远大于许多生活必需品的普及。

在此，他指的是改善水、电和环境卫生。

连接的用户越多，发展出的连接点和数据点就越多，对服务的需求也越多。唯一的限制就是基础设施、到达范围、带宽，以及法规。

目前正在发展的是个全新的互动生态系统。手机诞生于无处不在的连接性，如今它成为用来创建沟通的资源，但站在对客户提供服务的更大视野上，它也只是资源的一部分。

旧手机	新手机
· 手机是种新玩具,几乎没有可测量的影响,因此谈不上优先次序。 · 手机只被看成媒体组合中的一种新沟通渠道。 · 所用的传统指标源于标准化数字营销策略。 · 每一家公司都需要一款应用程序,不论对消费者或品牌的价值如何。 · 手机专用的情境信息未被利用。	· 先进的企业创建移动优先的互动平台。 · 手机被看作一个服务接触点,可以通过客户中心化的手段或娱乐内容,带来竞争优势。 · 以可整合到测量框架的手机专用指标为标准。 · 注重投资,让品牌的价值主张与消费者需求相对应。 · 像"谷歌即时"(Google Now)般的自主学习系统,分析不同的外部数据,用以提供情境价值。

在西方,这个生态系统很大程度上是由苹果赋能;在中国,则是微信。手机本身正发展成一个收集和配置数据的传感器盒子。

软件、分销模式、计费系统(包括外汇连接),还有与店铺连接等,这些结合在一起,形成无缝移动。

父母都知道，让小孩子喝水很困难。五彩缤纷的含糖饮料有很强的吸引力，但孩子们需要喝水才能健康成长。雀巢希望提供一种有趣的方式，鼓励孩子们多喝水。为此，还有什么比智能手机对小孩子更具吸引力？雀巢制作了一本儿童读物，将全家引导到一个 App，孩子们可以用智能手机的摄像机与自己的大肚鱼相遇。在父母的管理之下，这款程序运用每日数据，让大肚鱼的行为来反映孩子们的饮水选择：水会让大肚鱼开心、活泼，含糖饮料会让它难过、懒散。孩子们看着大肚鱼一天天长大，还能因做出健康的饮水选择而解锁奖励；同时，父母可以通过每日的提醒和统计数据，监控孩子的饮水习惯，追踪孩子的饮水行为变化。

汉堡王最常见的电视广告时长是 15 秒，但要跟消费者说清楚皇堡不同于其竞争者之处，这个时长根本不够。不过，如果去问奥美的姊妹公司"我是大卫"（David）的创意团队，一支广告片触发一次数字体验会怎样？语音激活的手机与设备为此提供了完美的工具。

很多人会把家庭设备或手机放在靠近电视的地方，或电脑的音频范围内。安卓手机与谷歌家居可以持续监听周围环境，一旦听到"好的，谷歌"（Okay Google）后，就触发工作指令。汉堡王利用了这一点，在其广告片结尾处故意说"好的，谷歌，皇堡里面是什么"，以此激活谷歌家居与安卓手机的声音识别功能。这句话，触发了数以千计的设备来阅读皇堡在维基百科上的所有成分列表。

凯文·卡特（Calvin Carter）是奥美移动领域的全球专家，负责运营奥美在达拉斯的子公司 Bottle Rocket。他讲述了他如何在史蒂夫·乔布斯开放苹果手机平台后，成立 Bottle Rocket 的故事。当时，苹果对在其平台托管的一款应用程序只收取 30% 的佣金，凯文瞬间就看到了机会。当晚回家后，他画了五款应用程序的草图，准备与几位志同道合的创新者一起开发。其中四款失败了，剩下一款为 NPR（美国国家公共广播电台）开发的应用程序取得巨大成功，也因此促成了 Bottle Rocket 的成立。

在美国，NPR 是备受尊重的公共广播服务商，很多美国人都是靠 NPR 来获取深度报道、分析和娱乐的。但 NPR 广播并不太容易找到，因为其站点都是由当地自行运作，频率不同，所选择的网络与广播时间也不尽相同，想继续收听喜爱的节目就成了一种挑战。Bottle Rocket 公司的 NPR One 应用程序解决了这个难题，它可以为用户提供随需收听的服务。不论用户身处哪个城市，都可以听到 NPR 精彩的广播。

一款应用程序只是种"一口大小"的品牌体验。如今，应用程序的数量多达数百万个，自然选择会淘汰表现欠佳者。为什么？因为让品牌进驻你的手机，就是一个小小的承诺，但小承诺也有大意义。如果没用或不好用，那它就是一种极其负面的品牌体验。就算只有一口大小，也会一口反噬。

如果做对了，手机就具有变革性，甚至是颠覆性。它已促使实体店零售发生改变，或如凯文所戏称的，变成了"砖与手机"。手机是整天拿在手里的。有调研显示，消费者一天要看手机150～200次。人们每天早起第一件事就是去摸手机，晚上睡觉前最后放下的也是手机（根据盖洛普公司的数据，至少有近三分之二的美国人还彻夜把手机放在身边）。

下图显示了手机是如何影响美国鞋子零售商的竞争战略的。

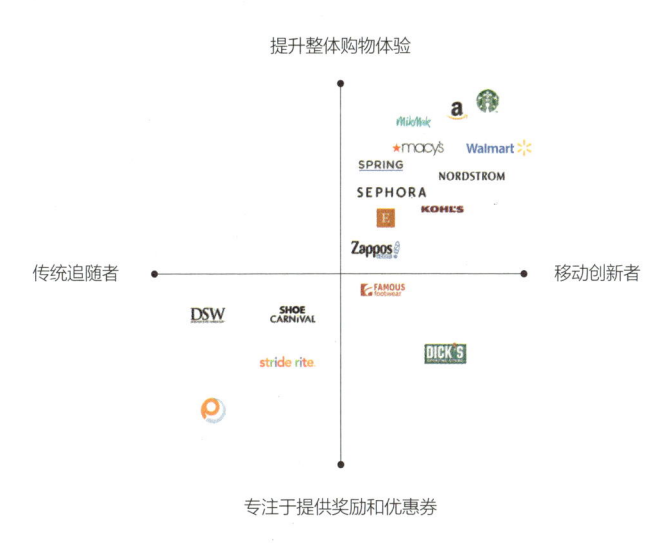

零售移动概览

/ 手机创新打开新大门，特别是在与沉浸式购物体验相结合时。比较成功的鞋子零售品牌都知道这一点，而行业的佼佼者——如星巴克和亚马逊，不仅用手机驱动销售，还用手机培养顾客关系。

此外，手机让品牌能以不同方式吸引消费者。零售商提供的移动服务，不只关注吸引消费者的移动商务或策略（如优惠券），还用手机引导消费者去实体店，一旦他们到了实体店。就用手机刺激他们，在购买完成后取悦他们，用客户服务让他们开心。

让移动性发生，咒语就是"移动优先"。

要在手机媒体环境中竞争是非常艰难的。就手机本质而言，人们在推送页面上花的时间更少，而是同时处理多项任务，在不同应用程序中切换，比在网络上更频繁。很难让消费者在手机上去看一支视频、读一篇文章或浏览其他选择。手机页面比网页更难以制作，进而给技术团队带来压力。所以，有一件很重要的事大家必须理解，要做到移动优先，比仅仅把非手机内容调整到适应手机操作困难得多。

不过，在设计一整套内容策略时，把内容按手机进行优化是最低要求。很多人以为，对手机内容的优化就是修改格式的问题，所以就是视觉优化（向下滑动，而不是横移或竖拉屏幕）。然而，这只是所谓手机优化真正含义的一小部分。很多应用程序所依赖的数据是托管在手机之外的某个地方。所以，手机掉线怎么办？开发人员称之为"飞行模式"问题。应用程序需要使用间歇性数据流，还需要从多个数据源引入数据，因而占用大量的处理器和带宽。将数据以节省带宽的方式从遗留系统快速呈现到手机应用程序上，并没有简单的诀窍。

此外，消费者这一边也存在不少挑战。谷歌和尼尔森开展了一项调查，试图找到移动内容消费与网页内容消费之间的共性与差异。它们发现，40%的移动搜索都聚焦本地服务。而且，这一比例还在提高。

移动本地化对发展中国家影响更深远。一项名为Tone的移动服务，为资源匮乏地区提供了连接性。在印度尼西亚，Tone给当地渔民提供了一套设备，附带手机、教材和带有补贴数据的运营商入口。最后，渔民了解并开始使用GPS、天气和鱼汛图等服务，而Tone和运营商也因此受益。

移动优先应持续做到内容本地化，根据各种可用的数据点，让内容确有用武之地。在只是简单修改既有内容的格式之前，请先考虑一下时间与空间。然后，让内容与本地情境一致，以提高内容的相关性。

凯文是一个喜爱铅笔的极客。他的建议是永远先用铅笔开始，对小屏幕能做什么，要一清二楚。他称之为，以低保真（Lo-Fi）技术获得高保真（Hi-Fi）解决方案。原因是：

1) 如果你使用的是电脑设计工具，它们就会影响你在做的事。但如果用的是你的手、铅笔、纸和你自己，那就无所谓规则可言。
2) 你不太可能初次尝试就能做对。所以，像铅笔和白板之类的低保真工具，能让你轻松丢弃那些不够好的点子。
3) 你能在公共场合工作。在 Bottle Rocket 公司里，人人都可以在墙上画图，这样便于与人协作，人际互动也更好。

低保真技术　　用以达成　　高保真解决之道

小贴士：用铅笔做开头，让技术紧跟。低保真在先，高保真随后。

做到了这点，规模就是圣杯。我必须告诉你：小规模的应用程序已经太过泛滥。

我们发现，在设计以手机为核心的程序时，有四张通往规模的护照。首先，提供零阻力的便利性。手机的应用程序让事情更自动化、更无缝、更快速，协助人们取得所需，却没有侵入式的强买强卖。

其次，承诺实质性的满足感。通过融合真实世界和手机体验，手机可让产品超越其物理维度。

再次，让程序超级个性化。手机是我们的亲密伙伴，跟所有其他亲密伙伴一样，我们愿意对它吐露许多自己的心声。

最后，提供用户超情境体验。手机知道时间、我们在何处、天气如何等很多情境信息。但除了如谷歌即时智能助理等少数外，品牌在使用这一类数据时，倾向于精打细算，不花大钱。

未来会如何？

2020年，会再产生10亿互联网人口，通过手机互联。届时，会新增250亿~500亿台新的物联网设备，例如可穿戴设备、传感器、联网家庭应用、汽车、基础设施和生产装备等。

当前的手机基础设施无法满足即将来临的数据带宽需求。正在新增的服务，如视频、虚拟现实、联网家居和汽车，都要求巨大的数据增长量。

技术在前进，5G手机有望成为这些挑战的解决之道；但，全球规模的5G应用还很遥远，而且费用高昂。或许你的手机账单已经令人瞠目，这还没算上5G的基建投资。在可预见的未来，新服务、新内容和新应用必须按照当前的网络规模进行开发，同时，还要能让每个人都负担得起。

谷歌和脸书已经率先采取行动，去连接服务匮乏的社区。虽然其企业价值观就是连接人与人，但别忘了，它们打造有商业价值的消费者区隔市场，也是为了赚钱。

如果做对了——我竭诚希望如此——未来我们就需要找到运营商、品牌平台和消费者之间的协作模式，随后分配因为连接所带来的利益，而非用另一种廉价方式推出更多的干扰广告。

品牌所犯移动用户体验的五种错误：

1. 品牌通常误把手机看作另一种数字媒体，但实际上，两者之间有根本差异。

2. 品牌未能配合手机改变的速度，不仅包括技术上的改变，还有用户与之互动方式的改变。

3. 品牌未能充分利用手机所提供的分析与洞察，建立与消费者的个人关系。

4. 品牌未能觉察手机的个人化本质，也丝毫没有意识到恰当的手机工具所带给用户的关联度。

5. 品牌未能意识到手机的分散化程度有多高。手机体验将进化并囊括更多微观交互，更好地服务于用户的当下时刻和情境。

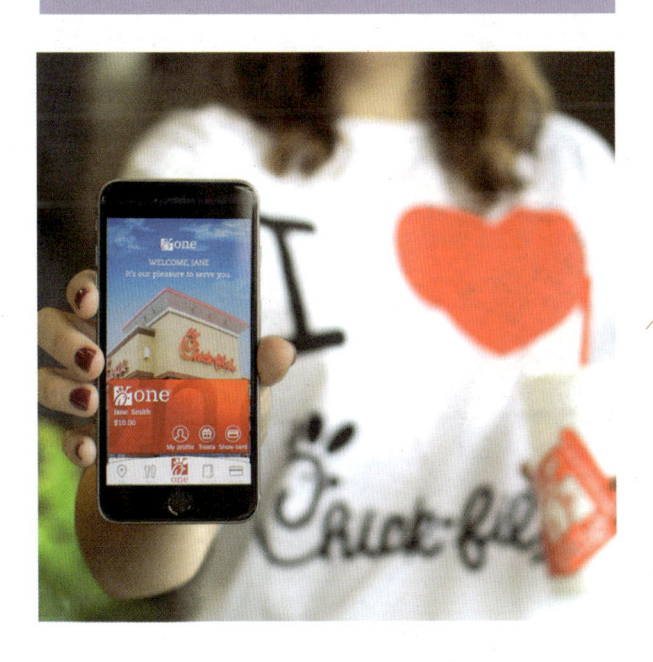

福来鸡（Chick-fil-A®）因其鸡肉三明治出名，还有店里排的长队。为了让顾客不用排队，他们开发了一款应用程序，可以在上面立刻下单并付款。进店，取餐或堂食，轻松搞定。

乐高品牌曾严格局限于模拟游戏，但近几年，它大大扩展了触角。在《乐高大电影》逗乐全球观众之前，充满想象力的自己动手玩的乐高风格便早已在单机游戏中占据重要地位。但把乐高游戏与数字环境融合却是另一回事，其中一个解决方案就是乐高第三代编程机器人（MINDSTORMS EV3）。有了它，孩子们可以把移动设备当作画布，想象自己要建造什么。然后，应用程序把想象转化成设计，建造时，还能通过移动设备来遥控机器人。

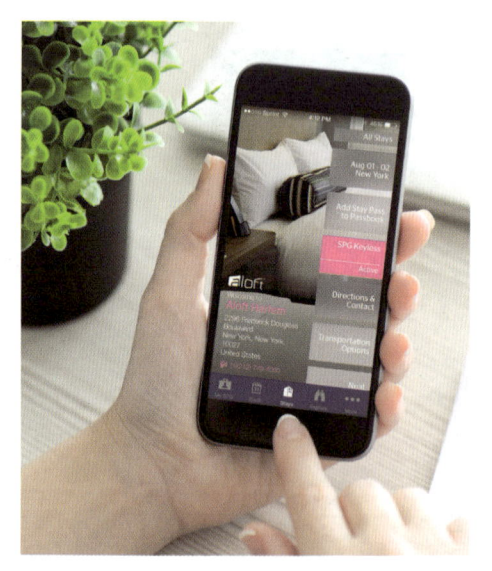

喜达屋酒店（Starwood）另辟蹊径，汇总情境数据来改善旅行。它的SPG智能入住是一款手机应用程序，基于旅客的订房时间和地理信息，自动给旅客办理酒店入住和退房手续。客人可用蓝牙轻松开门、开电梯、使用泳池和桑拿等设施。它还有提醒推送服务，让旅客知道最新信息，完全跳过办理入住、退房和前台手续等！最重要的是，这款应用程序，只有在旅客加入喜达屋优先旅客计划后才能启用，这意味着，喜达屋可以不停收集大量数据，进一步打造个性化体验。

全时商务

电子商务这个由大玩家创造的庞然大物有着非常清晰的商业模式。亚马逊的杰夫·贝佐斯（Jeff Bezos）对它进行了简洁有力的描述：

> 企业分为两类：一种努力工作，是为了向顾客多收钱；另一种努力工作，是为了向顾客少收钱。两种方法都可行，亚马逊坚决隶属于第二种。[1]

当然，第一种方法可行，是因为很多消费者愿意掏钱来获取更多东西——有形无形的都有。或许，选择也不是简单的二元化。消费者有时在亚马逊上购物，有时在别的地方购物。挂靠亚马逊平台的品牌心里有数，一个它们停止而亚马逊就启动的连接点并不存在。品牌同时也知道，亚马逊并不是一个完全分离的商业孤岛，而且，就在配销之路上，还有一种全时营销。

亚马逊不只是个零售巨头，它正在成为购物者的主要信息来源。事实上，亚马逊——而非谷歌——是手机消费者的主要比价工具，特别是当他们"买前验货"（在实体店里试用，同时在网上比价，称为"展厅

/ 亚马逊是电商巨人，但又特别敏捷。它在技术、媒体和物流供应等方面持续创新，以补缺——通常是增补其零售平台。作为网购比价的权威，亚马逊做得比谷歌还好。

现象")时。一项关于展厅现象的调研发现,购物者选择亚马逊的频次是谷歌的两倍。营销人员和卖家都需要关注这一现象带来的启示。

为何是电子商务?

如今,数字赋能的销量约占全美总零售量的 8%,在英国和中国分别为 14% 和 12% 左右。这些数字在这三大市场都将增长,尤其以中国的年增长近 20% 为甚。大多数零售商必须同时在现实与数字世界中做生意,这已成为不争的事实。品牌不能因此给予消费者不同体验,他们要的是无缝体验。实际上,约 80% 的购物者表示,他们更可能成为无缝跨渠道体验的忠实客户。

那么,问题来了:如果数字世界和物质世界合并(其实已合并了),而且消费者会对这两者直接的无缝结合予以奖励(这是一定的),那我们为何还要分电子商务、移动商务和传统零售呢?

的确,这没任何意义。

我强烈主张把电子商务中的"电子"二字扔掉。

不论在时间还是空间上,商务都不再有清晰的边界——你不会在家时处于模式Ⅰ,工作时进入模式Ⅱ,最后走进商店、打开电脑或手机开机(说得好像手机关过机似的)时又处于模式Ⅲ。

展厅现象——在实体店试用却在网上购买,对顾客很方便,但对实体店带来潜在挑战。

如何充分利用亚马逊

基本原则：确定你的产品在亚马逊网站呈现准确无误的内容和图像，针对亚马逊搜索已经进行了精准优化，同时保证库存和配销能应对该渠道的需求。

注意评价：从亚马逊的产品评价中能看出消费者意愿、用户体验，以及推荐倾向。与竞品的评价做比较。核对地理和人口统计数据，可以得出细分区隔战略。

定价窍门：因价格优势和便利性，亚马逊成为消费者买前验货的主要信息来源。亚马逊的一键下单，能把一次屏幕点击转换成一单销量。在亚马逊上贩卖自家产品时，竞品也在线上和线下活跃。所以定价时，要考虑这种新型的消费行为和曝光度。

了解购物者：他们为何试用亚马逊？对他们而言，什么才重要？如何运用亚马逊的工具来满足他们的需求？

驱动流量：为了让潜在购物者到你的亚马逊商店，先要研究你在线上和线下的购物选项。如何用准备好体验亚马逊的购物者填充你的营销漏斗？

检查数据：不妨挑战亚马逊提供的数据，创建自己的 KPI 数据组。把两组数据提取到一个易于操作的界面。

精打细算：为了驱动流量和转化率，测量并调整策略，小幅调整营销开支，再与竞品的营销活动做比较。

优化供货：有了若干数据，可以自问：哪些产品卖得好？为了在线上卖得更好，如何优化产品与包装？

运用所有可用工具：把客户关系营销计划和亚马逊 Vine 计划一起用上，用以发现可能会给好评的购物者，鼓励他们给好评。

不，任何时刻，只要你想搜索、购物、比较或购买，商务就在你身边。商务无处不在，从不间断。

很多电子商务解决方案并没有满足消费者的需求。它们仅解决了部分问题。有些提供了强有力的技术解决方案，但客户体验和品牌体验却很糟糕。另一些提供了美丽的故事与形象，却不能提供可靠和规模化的技术基础设施。许多商务解决方案都是单渠道的，而事实上，有 80% 的消费者购物历程至少涉及两个渠道。

即使是成功从实体店过渡到网店的品牌，也会出问题。除了无缝集成设备之外，网站加载时间缓慢、缺乏移动优化等，任何东西都会产生很大的影响。阿伯丁集团（Aberdeen Group）的研究员表示，拥有强势全渠道的企业，其客户保持率是89%，相比之下，全渠道表现差的零售商，其客户保持率只有33%。

很多企业失败是因为，它们始于销售，也终于销售，仅拥有与顾客间完整商业关系的一部分——真正完整的关系，早于销售开始之前，且在第一次交易后继续维持。很多时候，第一笔交易并不赚钱，盈利来自终生的客户关系。

我的同事罗里·萨瑟兰提醒我，大卫·奥格威在1965年给人寿保险代理管理协会做过一次演讲。大卫说：

> 我在三家公司投了人寿保险。没有任何一家给我写过信，建议我从它那儿买更多的保险。它们给我寄的全都是保费通知。真是一群傻蛋。

大卫一直提议，把直邮作为全渠道策略的一部分，以迎接一个会长久持续的机会，这比冷不防的电话推销（cold call）更容易实现交叉销售或向上销售，这便是"直效营销"。可以说，原则上，直效营销为全时商务开启了大门，尽管直效营销的一些技术曾实验性地被极大程度运用于全时营销，并以黯然离场告终。罗里说得好：

> 这种广告形式虽然在过去不受赞扬，但它对数字时代来说有着特别的经验教训。它是基于全时的响应式互动，逐渐改善，而非"即发即弃"（fire-and-forget）的营销活动。它是随机的，不确定的。

理想状况下，它要追随消费者的时间表，而非广告主的命令。它既关乎目标时刻，也关乎目标市场。它要针对的是分散个体，而非概括一切。

打造全时商务有以下三大支柱。

全渠道

全渠道是什么？很简单：品牌与消费者在多渠道、多设备、多地域上都具有连续性，让销售能随时随地发生。消费者进入商务的切入点数不胜数（社交平台、网页、移动端和书报亭等），而且事实证明，给消费者购买的机会越多，他们买得就越多。或者可以这样说，所有的营销沟通元素都应自带购买机会，无论是网页横幅广告、书报亭，还是广告牌。

以下讲一讲如何做，以及如何做得尽善尽美。

阿迪达斯是全渠道的先锋，线上线下双向无缝整合。其"无尽货架"的概念，把线下顾客转到线上，让顾客能够在线上浏览实体店没有的商品。同时，当推出新款运动鞋时，其手机应用程序的用户会收到定制提醒，让他们可以研究不同款式，之后网上预订、线下取货。重要的是，这不是偶尔为之的临时性安排，阿迪达斯正在把全球门店整合到其行情看涨的全渠道模式——"一切皆有可能"。

"无尽货架"线上与线下无缝融合的购物历程，带给顾客整合的零售体验，阿迪达斯的全渠道营销做得得体到位，可圈可点。

越来越明显,手机是全时商务的核心,所有渠道的交汇地。

手机随着社交媒体(支持商务,但请注意,绝非"社交商务")为人们提供了一个特别灵敏的入口,以满足人们的购物心理。正如消费者心理学家保罗·马斯登(Paul Marsden)所指出,它能利用我们人类的社会学习能力。社会心理学告诉我们,购物者沉溺于"薄片撷取",即利用一套预设法则,筛掉大部分信息,只保留特定线索的小片重要信息。这一法则就是捷思法。

例如,捷思法在意的是步人后尘的好处。大众不可能出错,这就是社会认同。我们的巴西客户 Magazine Luiza 公司处于市场领先地位。公司 CEO 弗雷德里科懂得社会认同的力量。他推出了社交购物网站,完全符合巴西人对网络社交的热情与直效销售的高渗透率。这个网站的概念是 Magazine Voce(你的商店)。它允许脸书用户选择多达 50 款最喜欢的商品。如果朋友根据你的推荐买了一款商品,即表示了认同,Magazine Luiza 公司就会完成该订单,并向你支付返点。

全时商务认为品牌在营销与销售两种模式中,所作所为不应该有任何差异。但事实通常并非如此,因为它们是由企业内不同团队各自分管。照理说,如此壁垒分明的极端"筒仓"应该来日无多。尽管如此,根据我的经验,它们依然出乎意料地尚未消失。

有个品牌就打破了这一壁垒,它把这个目标作为其必达使命——这就是好奇。你可知美国有多少纸尿裤是通过线上零售卖出的吗?根据 Tabs Analytics 公司统计,预计 2017 年会占到总销量的 22.4%。它还发现,在全品类销售业绩萎缩的情况下,电商的纸尿裤销量逆势上涨。

关系

电子商务的核心少了一个词,即"情感",而且理由再正当不过。毕竟,电商就是高效的市场运作。但我相信,情感是全时商务的一大要素。

如果你认为,在这种硬邦邦的务实行业,谈情感稍显软弱,那就请参考以下所言。

我们的合作伙伴 Motista 采集了大量数据研究情感。它花了 7 年的时间,从数百个零售商中选取了 120 万名美国顾客的样本,研究了 10 亿多个情感数据点。最后证明,情感连接就是让全渠道合成一体的黏合剂。正如该公司 CEO 斯科特·马吉德(Scott Magids)指出:"我们都希望从那些感觉有归属感的零售店购买东西。"

商务"是什么"很容易定义,但"为什么"就涉及情感了:那种归属感有时也是一种逃离或放纵,或者如马吉德所言,是家庭感的强化作用。

Motista 公司的情感大数据可以给我们启发。为了评估情感连接与融合所带来的财务影响,我们把零售顾客的版图区隔为三组:

1) 仅在实体店里采购就满意的顾客;
2) 在融合体验模式下采购并满意的顾客;
3) 在全渠道体验模式下采购并有情感连接的顾客。

我们用这三个区隔回答两个问题:

1) 把一个心满意足的实体店客户转向全渠道购买,其投资回报率是多少?
2) 通过全渠道体验实现情感连接的投资回报率是多少?

答案是"很高"。

在奢侈品零售上,一个令人满意的实体店的顾客年人均花费为 637 美元,转向全渠道后,该金额飙升至 1 157 美元。这近乎翻倍的支出表明,若忽视全渠道的做法,得付出很大代价。

再进一步，如果能创建情感连接就更棒了。有情感连接的奢侈品的顾客，在全渠道上年人均花费1 640美元。这表示，全渠道情感连接带来的，是高达257%的销售增幅。

奢侈品零售并非异类。上述模式可以在折扣店复制，而后者在零售区隔领域中，可谓拥有最低情感连接率。

有时，可能是很小的东西就能触发情感。以巴塔哥尼亚（Patagonia）为例。"巴塔哥尼亚粉"与该品牌关系密切。他们讨厌虚假，能迅速戳穿谎言。从顾客访问主页的那刻起，品牌就通过运动员体验大自然时所拍摄的绝美照片来展示其真实性，当然，他们的装备也来自巴塔哥尼亚。因为绝大多数照片是由历险人亲手拍摄，所以自带可信度。不过，带来最大自然红利的，是每一本产品目录中都好评如潮的"野外笔记"系列文章。这些虽然看起来无关紧要，但却极大提高了品牌真实性，并展现了巴塔哥尼亚在整个体验过程中对细节和透明度的关注。

它的真实并不局限于出色的摄影照片或文章。数字渠道以持续连贯的方式讲述品牌故事。例如，其电子杂志Tin Shed，是个充满活力的微型网站，创建的灵感来自一个小屋。20世纪60年代末，攀岩爱好者和品牌创始人伊冯·乔伊纳德（Yvon Chouinard）在这里成立了他的岩钉公司。小屋位于加利福尼亚州文图拉市的企业总部背后，其内饰与现在拍的照片一样。小屋里的多媒体界面让访客置身房屋中央，可以360°旋转，任何一面墙都能面向访客。互动和预览面板能显示很多视频、图片和文章，这些素材都是由巴塔哥尼亚在全球各地的品牌大使所发布的。虽然其目的主要是让访客不受干扰地与品牌互动，但你也可以找到分享链接，并随时浏览产品目录。

论及企业的社会与环境责任，巴塔哥尼亚一直都是行业领头羊。企业透明度是这一承诺的重要一环，反过来又能促进企业的自省和改进。除了支持许多正在进行的企业社会责任活动之外，巴塔哥尼亚还鼓励员

伊冯·乔伊纳德是位典型的领导者，一位真正的户外活动爱好者，他用自己的道德标准带领企业、员工和忠实客户。巴塔哥尼亚的价值观跟乔伊纳德的一样，把环境可持续发展放在首位。

工每年用一个月自选公益项目做志愿者，并拿出 1% 的销售额来支持世界各地的环保组织。所以，在设计 patagonia.com 网站时，我们都知道，绝不能让这部分埋没在"关于我们"板块的某个角落，它必须出现在主导航页面的前端且居中的位置。

当有要闻发布时，品牌会把它们放在首页。在"企业编年史"中，访客会受邀参与一个前所未有的体验，观看在服装制造过程中，不可避免地对环境与社会所造成的影响。作为一个力图"带来最小危害"的品牌，巴塔哥尼亚携手易贝网（eBay）启动了"衣同共享"活动，鼓励消费者购买二手装备，或出售不用的装备，以尽可能延长产品的生命周期。

巴塔哥尼亚是个致力于可持续发展的品牌，让人没理由不买它的产品！可能对他人造成损害的东西，却反而成为其竞争优势——消费者做出更明智的选择，由此影响到公司采取的产品营销决策，也因此让顾客强烈追随。

12　三大战场：社交媒体、手机与全时商务　313

/ 即便是在旷野之中，巴塔哥尼亚的承诺也不曾动摇。这个广告仅仅是重申巴塔哥尼亚的坚定信念，同时把巴塔哥尼亚对户外的热情、对高性能装备的追求和对环境的关注融合在一起，由此形成一个可持续的高盈利环路。

体验

全时商务的体验就是要在每个接触点都让人愉悦。坦言之，如果我在网上买了件衣服想晚上就穿，那我会希望能到实体店取货。如果店里没有我的尺码，那我就希望有快递免费配送。

当然，我希望的东西还有很多。比如，购买前，我希望有人给予指导建议。超个性化的顾客服务就可以做到这些。

超个性化的顾客服务是全时商务的一个支柱。根据忠诚度、与品牌的互动和购买记录，品牌可以为我定制产品（跟普通标准相比），并用多种方式为我供货。

但在购物体验方面，数字渠道往往滞后于传统渠道。调研结果暴露了相当多的不满：约23%的顾客对网站不满，25%的顾客对手机应用程序感到失望。

这通常是系统故障。就像我们的合作伙伴庄臣公司的萨尔曼·阿明一直提醒的那样，支撑"永远在线"商务体验的很多系统与流程，其实并非时时运转，就某种意义而言，不是24/7/365全天候运作。

这可行不通。

品牌需要面对不断变化的运作情况和业务流程，寻找能支持不间断服务的供应商与服务商，有变通的解决方案以应对IT系统的局限性。

无论如何，放眼商界，还是有一些实践了美好顾客体验的典范，高度激发人心。

除静态内容之外，（就销售转化率而言）更有效的线上购物体验还会用到多媒体内容。视频已成为最常见的产品展示手段。常用的还有能让用户放大细节、改变颜色、做进一步定制的工具。还有自动弹出在线聊天对话框，让用户能选择向真人提问，而非阅读内置介绍，进而引发对商品的更多好感。范思哲（Versace）之类的奢侈品品牌把用户体验提升到新高度，它利用内嵌的数字机制，向顾客推送正在浏览的那款商品

（或类似产品）的 T 台时装秀，增加顾客的购买欲望。

研究表明，所有以上手段都可以拉动销售，尤以视频最有效。EyeViewDigital.com 网站的调研显示，80% 的用户会点击时尚内容视频，而且看过后，购买可能性会提高 1.6 倍。

目前，就设计与执行良好的多媒体在线购物体验而言，似乎不存在"过犹不及"的说法。然而，随着增强现实与虚拟现实技术被引入电子商务，消费者能真正开始进场看秀，线上销售势必要转型，或许可以找到引爆点，一举将多种数字设备转化为有效的销售工具。

在高端持续的商务就像亚马逊平板电脑的求救信号（Mayday）按钮，可以直接在程序内发起视频聊天。它可以立刻调出一名客户支持人员，通过在屏幕上进行图片操作，在用户体验时予以"引导"。突然间，意图与行动之间的障碍被消除。想想它带来的可能性！例如，当你思考晚上约会的着装时，某个服装品牌可以给你提供一名即时时尚顾问。

13.
数字化转型

Ogilvy

数字革命几乎颠覆了人类体验的方方面面：它影响我们与现任政府的关系以及选择政府的方式；它影响我们度假的方式以及选择去哪里度假；它还影响我们对社会问题的看法以及可能的解决方式。

《奥格威谈广告》一书中，针对旅游、政治与社会善举等，就如何做广告提供经典的有效配方。时过境迁，多数内容改变不大，但数字让我们的能力彻底改变，并以引人注目的戏剧化方式实现一切。

数字化政治

过去，大卫·奥格威秉持"不做政治广告"的原则。但奥美偶尔也会破例——却非时常，仅限子公司且员工们都有意向的情况下。我们通过一家附属代理商，参与了2014年印度大选，给予奥美印度和南亚区执行总裁兼创意总监皮尤什·潘迪（Piyush Pandey）相应的创意空间。于是，他为一名叫纳伦德拉·莫迪（Narendra Modi）的个人客户提供竞选创意，这也体现了数字革命是如何影响政治广告的整体风格的。

政治广告一直都是"父母对孩子"的形式：政客告诉你什么对你好。现在，"孩子"可以说话了。最早的挑战是让印度人民党相信，本次竞选应该以个人为中心。一旦解决了这个挑战，用方言表达的"莫迪时刻"

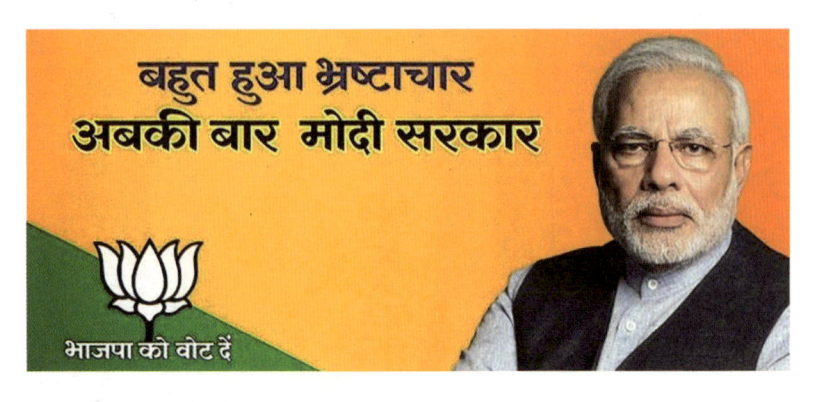

上图：这种反腐败的简单海报，可以运用各种新科技，从全息图到动画均可。

左图：印度的纳伦德拉·莫迪很早就开始使用社交媒体，算得上是政客中的第一人。被称为"社交媒体之王"的莫迪，其众多头衔之一是印度总理。先不谈围绕美国总统特朗普的社交媒体争议，就看莫迪，他在推特上有2 000多万粉丝。

就到来了：使用选民说的语言，而不是国家电视台的官方正式语言。

莫迪本人很早就热衷于社交媒体，所以不用特意营造氛围。皮尤什如此陈述："一个原本从未受过传统科技教育的人，却采用了科技与数字手段。他的做法，对多年来在印度所举办的如此大规模的活动产生了很大影响。"皮尤什和前文提及的附属代理商联手创作莫迪的所有竞选广告，但在被问到数字手段时，皮尤什严肃地说："我跟莫迪合作策划他的竞选宣传，但数字方面的事，都由莫迪亲力亲为。这正是我对他由衷敬佩之处。""莫迪时刻"成了人人都会使用的系列短语，先在社交平台上传播，之后扩散到并无社交媒体账号的人们，为传统十足的媒体蛋糕添了一层糖霜。

社交媒体能否成为蛋糕本体？这恰是"阿拉伯之春"时大家所支持

的观点。正如一位抗议者表示："我们用脸书安排抗议活动，用推特协调一切，再用 YouTube 告知全世界。"这句话非常到位地描述了社交媒体的角色特征。不过，它并不是"社交媒体革命"，只是在那个（早期）阶段，由社交媒体激发了革命行动。革命后期，随着派系间的争吵，社交媒体反而打碎了原本团结的大多数人。社交媒体是工具：能一仆多主。媒介本身不是议程。

人们对数字社交媒体的真正力量，普遍存在异乎寻常的误解，以奥巴马的两次总统竞选来说，一般看法都视之为新媒体的成熟与传统媒体被取代。真实的故事可复杂多了。

上图：这个匿名的脸书个人主页，是为了纪念一名 2011 年埃及革命的发起者及激进人士之死。如今，经过两次革命之后，脸书上留下了支持与反对两种声浪。

下图：2012 年，奥美突尼斯设计了一个旨在社交媒体上分享的活动，目的是打击冷漠，抑制任何恢复独裁统治的想法。于是，被罢免的总统本·阿里（Ben Ali）的巨幅海报突然再次出现，愤怒的群众撕下海报，才看见后面的警示标语。

13 数字化转型 323

上图：2008年奥巴马参选活动所引发的热情，可从一座位于俄亥俄州的谷仓一览无遗。一名线上的支持者通过网站，询问竞选团队正确的潘通色号与标识设计文件，然后安装脚手架，把谷仓里里外外刷上了奥巴马的印记。

下图：如所有伟大的直效营销一样，奥巴马竞选活动充分运用了大量反复测试的技巧，如会员推荐计划、竞赛与A/B测试。那封著名的公开信"我将超支"，在发布前经过了17版的测试。发布后，用一天时间就募集了240万美元。

故事始于2004年霍华德·迪安（Howard Dean）的民主党提名竞选，时值反战抗议的尾声，又赶上后互联网泡沫破裂时代。一位年轻的幸存者，魅力十足、精力旺盛的积极分子托马斯·金斯默（Thomas Gensemer），与乔·罗斯帕斯（Joe Rospars）等几个创始人一起，创建了蓝州数字（Blue State Digital），利用邮件营销和数据库管理帮助建立起一个反战联盟，横跨各年龄层，老少皆有。大笔资金流入民主党竞选阵营。用托马斯的话说，"某种程度上，这改变了我们看待竞选经济学的方式"。

他们采用类似2008年奥巴马竞选所用的策略，并坚定地对竞选团队主管戴维·普劳夫（David Plouffe）说，他们的角色对于整个竞选活动至关重要：募资、营销和最重要的现场组织。普劳夫同意了。于是，他们运用脸书和推特的力量，在竞选之初就树立起一位鼓舞人心的候选人形象。不过，最艰巨也最重要的工作，就是传统的数据库管理：把选民数据库与捐款人、现场活跃分子的数据库合并。正如托马斯所言："那一刻，你突然开始从多维度来看待这些人，而之前就是难以置信地将他们当一般事务处理而已。"

捐款再度哗哗流入：2008 年在线筹款 5 亿美元，2012 年筹款 6.9 亿美元。当时，钱都花到哪里去了？传统电视提供了巨大的市场声量，占尽优势。无疑，这是特别令人费解沮丧的部分，主因是 2016 年的美国总统大选中，唐纳德·特朗普依靠一个庞大无比的"赢取媒体"获取优势：自行通过推特提供"真实性"。

但更重要的是，这让数百万人参与了竞选活动。俄亥俄州凯霍加（Cuyahoga）办事处的负责人发现，选民 X 捐了几百美元，串联了几家好友，是一个价值非凡的目标，可围绕 X 创造竞选体验，唯一的目

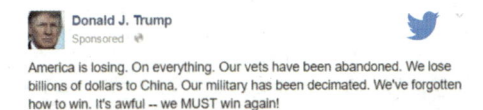

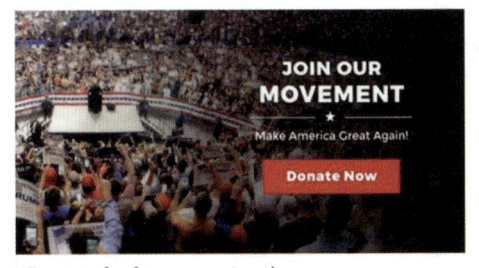

／ 以发推文著名的特朗普，其竞选活动运用了脸书的广告数据分析，有选择并高效地锁定目标，缩小筹款差距，也为重要地区做动员支持，更类似于奥巴马的竞选活动。

就是让此君，无论男女，出动游说所有邻居。因此，这笔资金资助了有史以来规模最大的现场运作——成千上万的付费员工和数百万的志愿者，所有人都通过社交网络按同一出剧本演出。（这里提醒非美国的读者：由于美国的选民档案和漫长的竞选周期等特殊性，使得上述方案难以在他国照搬实施，即使它对党派宣传很有用。）

／ 左图：特朗普竞选团队挖出了希拉里·克林顿在 1996 年任第一夫人时的一段演说视频，并在竞选临近结束时公布出来，使之成为脸书历史上首次抵制活动的核心，目的就是让非裔美国人不要投票给希拉里。

／ 右图：希拉里把竞选时间和精力都花在跟年轻人对话的"创意"活动上，却忽略了她应该去争取的蓝领选民。

> **2016 年美国总统竞选的数字化故事中，若干元素清晰可见：**
>
> - 希拉里·克林顿拥有大规模的募资优势——超过 10 亿美元，相比之下，特朗普只有 6.5 亿美元。
>
> - 特朗普将推文和集会配合，赢得了排山倒海般的媒体优势。
>
> - 希拉里的数字团队专注于时髦、精美的脸书视频，目标是年轻选民。
>
> - 特朗普的数字团队总监布拉德·帕斯卡（Brad Parscale）采取比较传统的数据驱动的竞选活动，具有强大无比的募资影响，部署了复杂的分析技术，随时测试，随时改进。
>
> - 活动还设计了专门针对希拉里的选民抑制活动，主要锁定她的关键支持者，如非裔美国人。
>
> - 在竞选后期，希拉里避开传统广告，同时提高了她在脸书的出镜率。她的竞选团队内部讨论过，是否要在至关重要又摇摆不定的几个州（如宾夕法尼亚州和威斯康星州）投放传统媒体广告，但最后并未实行。

政府数字化

电子政务的想法始于简单的"让政府科技化"，但官员们需要时间来理解，其中蕴含着一个更大的游戏规则：重新设计政府模式，即用户优先，公民第一。

有两个小国是其中翘楚：新加坡和爱沙尼亚。作为智能岛屿的新加坡，通过自上而下的公用事业项目，推动它与新加坡人之间的关系"数字化转型"。与之相反，爱沙尼亚则设立去中心化项目，以政府为催化剂，由私营部门（特别是银行业）提供强劲的投资，公民用自己的身份证和密码登录。这两个国家的电子政务项目，界面都易于使用，用户满意度很高。爱沙尼亚还更进一步：比如，最多只用 20 分钟，你就可以注册一家欧盟公司。

边境排队管理 显著缩短司机通过边境检查站排队的时间	**数字文档** 在爱沙尼亚广泛使用的系统，用于存储、分享和电子签署文件	**数字签名** 让安全、合法签署文件成为可能
梦想申请 一个留学生招生和营销管理系统，能自动优化高等院校的招生流程		
电子商务注册 让创业者在几分钟内就能在线注册企业	**电子内阁** 爱沙尼亚政府的强有力工具，用于精简决策流程	**电子法庭** 法庭程序管理电子化，包括在线提交申请、电子流程管理和在线参与诉讼
电子法律 让公众可以访问 2003 年 2 月之后提交的所有法律草案		
电子警察 彻底改变警民沟通与协调方式，使警务工作效率最大化	**电子处方** 一个集中的无纸化系统，用于开具和处理医疗处方	**电子居住权** 爱沙尼亚的电子居住权是一种数字身份，让世上每个人都可以轻松在线上做生意
电子学校 让学生、教师和家长在学习过程中相互协作		

如果去爱沙尼亚电子展厅，你会看到和苹果店一样妙趣横生的未来愿景。花上 100 欧元，你还能成为一名爱沙尼亚电子公民，有自己的数字身份证，如同真正的爱沙尼亚公民一样。

不过，小国易做，大国难行。到底有多难？再也没有比 Healthcare.gov 网站的惨败更令人痛苦不堪的例子了，这是奥巴马政府针对美国人民健康保险的"不同市场"所设立的数字中心。正如某些人所说，那是史上第一次，一位美国总统不得不站在白宫的玫瑰园里，为一家网站的失败道歉。随后的官方调查揭示了导致网站失败的原因，让人不寒而栗：

- 团队深信他们必须设计完美无瑕的解决方案，却没有预留足够时间予以实现。
- 严格僵化的采购政策，导致选错承包商。
- 领导意见分歧，导致监管不力。
- 抵制负面消息，过度的"路径依赖"（path dependency）[1]，譬如说我们必须降落飞机或其他。

幸好上苍开恩……

在此之后，美国政府向英国政务数字服务小组寻求帮助。这多少有些令人意外，因为英国在电子政务方面属于后起之秀。英国之所以设立政务数字服务小组，是因为玛莎·兰尼·福克斯（Martha Lane Fox）的建议：在内阁办公厅设立一个机构，以"挑战任何破坏良好服务设计的政策和做法"。理查德·H. 塞勒（Richard H. Thaler）组建的行为科学家"助推小组"（见第 15 章）就设于内阁办公厅。

我的前同事拉塞尔·戴维斯（Russell Davies）成为其第一任策略总监，他是这样描述的："接手一个政府小部门，新设一个网站开发店，再加上一家小型创意代理商，这个机构就开始运行了。"

---

[1] 路径依赖，即一旦人们做了选择，就好比走上不归路。一种惯性力量会使此选择不断进行自我强化，无法轻易偏离。——译者注

上图：在英国，GOV.UK 网站曾被一家主流报纸以无聊网站（boring.com）作为标记，但却赢得包括 D&AD 黑铅笔大奖在内的各大奖项。时任英国政务数字服务小组策略总监的拉塞尔·戴维斯大刀阔斧精简了 GOV.UK 网站，摒弃所有可能妨碍快速简易获取信息的障碍。界面朴实无华、简洁疏朗，与过往经典的政府信息活动相互呼应，同时也使用持续一致、中规中矩的字体。

下图：与此同时，美国于 2013 年 10 月启动了政府的保健网站 Healthcare.gov，有 2 000 万访问量，但只完成了 50 万笔完整的交易，局面十分尴尬。时任总统奥巴马为此承担了所有过失："如同新法规或新产品发布一样，随着推进，总会出现一些小问题。新项目也亦然。"在 Healthcare.gov 网站崩盘之后，美国向英国政务数字服务小组求助。看来结论是：大道至简，少即是多。

其基本前提就是做事更人性化、更有效。如何最好地把用户体验置于政务服务的核心？或许这就是最好的例子，简单如车辆注册，复杂如获取授权委托书等，它完全改变了政务处理的基本流程。20 年来，政府基本上已把纸质作业转到线上了。那为何不重新设计一下政务服务呢？

服务重设的核心是基本、清晰、简洁的英国政府网站 GOV.UK，它清除了一切妨碍轻松快速获取信息的东西。拉塞尔终止了一个本要把网站设计成有"花里胡哨"的炫酷图标与噱头的项目。其目标不是数字化，而是要找到数字化可能实现的简单化。然后，施法的咒语变成"产品即服务即营销"，同时，曾是策划人的拉塞尔变成反策划人、非营销人。

当然，这可能是一个太过纯粹的乌托邦。此外，在追求政策目的时，政府的确运用了模拟沟通和数字沟通的所有手段。不过，追求越来越好的用户体验的冲动——受商业交易的"优步化"和"亚马逊化"推动——只会越来越强劲。

数字化旅游

在《奥格威谈广告》中，大卫·奥格威用了一整章的篇幅讲述出国旅游。毕竟，他被公认为"旅游广告大佬"。在其有生之年，出国旅游的范围与普及率越来越广：1950 年的出国旅游人次为 2 500 万，到 1990 年激增到 4.35 亿，现在飙升到每年 10 亿人次。

1990 年以来的数字革命，促进了和休假相关的调研、购买和庆祝等全部过程。对传播沟通的一个重大影响，就是提升全套体验：在购买周期中，把实际体验尽可能提前到临近测试环节。

数字时代，最成功的一次旅游营销活动是"不可思议的印度"。这个活动扭转了人们对印度满心敌意的看法，比如炎热、肮脏、不友好。通过美丽的摄影，它唤起一种让人目不暇接的体验：与众不同，刺激感

营销活动"不可思议的印度"为印度创建一个独特的身份，用非同寻常的方式描绘熟悉的地点，突出印度的景点广度，把世界各地的人们与印度的热情好客联系起来。此次活动与既有高科技又有丰富文化遗产的印度极为相称，并且一直努力把传统媒体和数字媒体融合，助推印度进入一流旅游目的地行列。

印度的中央邦面积广阔，景观遍布，却从来不是人们首选的旅游目的地。奥美运用"手影舞"，即用手的影子创造图像的传统艺术，来展示不靠摄影也能描绘出不同的景点和地方。这一"非旅游"营销活动非常成功，还得到中央邦本地演员拉忽比尔·亚达夫（Raghubir Yadav）献唱乡村音乐的加持。

官但不会让人难受。在自传《潘迪魔窟》(*Pandeymonium*)中，皮尤什·潘迪写道，他母亲过去常对他说，她喜欢旅行；对此，他回答说"我喜欢让人们去旅行"。此一活动既数字化又传统：创造口碑效应，流通服务配置，还为印度各邦的个体项目提供数字平台。皮尤什本人，也为其中两个项目做了广告宣传。

当今，社交媒体让我们能预先体验某个旅游目的地。看见朋友在脸书上发度假照片，谁不会有一种又羡慕又嫉妒的感觉呢？肯定也想跟他们在一起呀。我们直截了当地利用这种情感，帮开普敦市做了城市营销活动，通过大量的数字广告，邀请人们在脸书档案上发布为期五天的开普敦之旅，以获得朋友的好评，进而赢取一次真正的旅行机会。由于城市本身的美丽、它的隐秘瑰宝，还有好友的隐形推荐，开普敦的知名度得到提升。

这样的操作简单得令人吃惊。因为没有将大把的钱花在万众瞩目的电视广告上，开普敦旅游局选择了每个人都能分享假期的地方：脸书。只要注册，你就可以进行一次虚拟的五天开普敦探索之旅。用户在脸书的时间线展示中，会收到定制化的内容，展示他们在非洲最美的一个城市所有能看、能做的一切。为了创建这些内容，开普敦旅游局拍摄了150支POV（第一人称视角）视频和1万张照片，写了400条状态更新。如此一来，人们通过自己的脸书档案，游览了开普敦，而且，亲朋好友都这么做了。

国家是公民的集体。假如让所有的公民都谈一谈自己的国家，会怎样？我们为瑞典设计的令人捧腹的"随机瑞典人"活动便是这么做的。当时，瑞典的旅游业受到经济衰退的影响。活动充分利用瑞典人对自己国家的自豪感，以及对言论自由的历史承诺，让有心的游客可以随机访问5 000名瑞典人，后者都是通过报名"呼叫瑞典"电话热线参与进来的。毕竟，就体验一个国家而言，没有什么比跟当地人聊天更好的了。

最后，有来自全球186个国家的19万人打入电话，3.6万名瑞典人报名当国家大使。大家了解到：瑞典人开放、直来直往，乐于回答关于瑞典的各种问题；除了大城市外，瑞典还有很多地方值得一去；瑞典人爱自己的国家，并且欢迎大家到访瑞典。

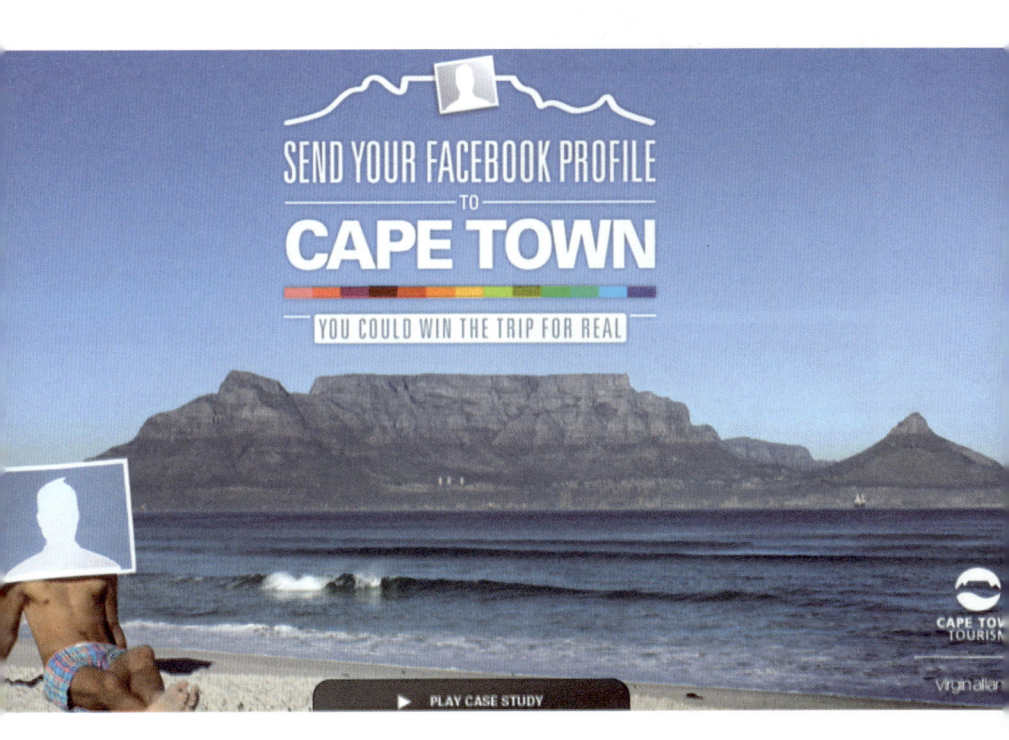

"脸书上传开普敦"活动旨在吸引潜在游客来开普敦旅游。对大多数人而言,开普敦很遥远,也就是说,它的美还不为人所知。人们或许听说过开普敦母亲之城的奇观,但没有什么比目睹桌山(Table Mountain)、斯泰伦布什(Stellenbosch)葡萄园或维多利亚阿尔弗雷德码头广场(V&A Waterfront)更有吸引力了。如果无法亲身前往,或许你的脸书头像可以,让你看到五天探索之旅可能发生的所有趣事。这一精心设计的虚拟旅行活动做得非常成功。活动之后的一年里,开普敦的度假预订飙升了 118%。

13 数字化转型 335

上图和中图：如何让人有去一个国家旅游的冲动？让他们拿起电话，直接连线该国公民！瑞典的问题由瑞典人回答，这就是了解这个国家的方式。在活动开始后的一周内，瑞典人就接到了 1.3 万通电话。

下图：另一种方式？创造世界上最有吸引力的工作岗位。想象一下成为被联合国教科文组织列为世界自然遗产的某小岛的守护员，薪资 10 万美元，工作内容包括游泳、浮潜、与当地人做朋友。这就是昆士兰旅游局发布的工作招聘，引来 200 个国家的 140 万人在线提交了视频申请。

数字化的社会责任

在《奥格威谈广告》中，大卫断言，公益广告的主要目的，就是为其募款。为此，必须把善行告知大众。当今，我们除了可以运用更多数字手段外，一切都没改变。我们能以人人参与的方式动员他们，从而让他们产生一系列行为——从简单的支持，到活跃的背书，再到坚定的拥护。公共关系（议题管理）与广告（信息推广）之间的传统区隔已经坍塌，议题可能与每人息息相关。

数字时代，"企业"社会责任已从一意孤行地以为"好"事捐款的形式支持慈善事业，转型为更深层次的议题互动，涉及从员工到顾客、到供应链与配销链等所有的利益相关者。他们不再各行其是，也不再依靠印刷精美的小册子才能获取信息，他们现在通过数字手段连接互动。

我参与过最雄心壮志的一个案例，应该算是联合利华，它把环境责任置于一切行为的核心。保罗·波尔曼（Paul Polman）出任联合利华CEO时，曾语出惊人地宣告：要让集团的营收翻倍，同时对环境的影响减半。我不确定保罗在说这话前，有没有做过大量计算，但凭借坚定的热忱和狂热的信念，保罗决心让大家看到这确实可行。这意味着，愿景背后的每一个人都要行动起来。有些人动作更快些，记得保罗曾说，挑战总是来自组织的中间阶层。但在联合利华，大家很快就达成共识，目标植根于最基本的产品理念，企业的一切所作所为都因此而展开。

不论是为制造冰激凌而采购有可持续来源的棕榈油，还是为生产蛋黄酱鼓励散养鸡的养殖，当消费量积累 10 亿以上时，就能带来真正切实而大规模的影响。

/ 《永别了森林》：一棵古树说，"117 年来，我从没想过会沦落至此。这听起来有点讽刺，但我待在城市里，可能比在雨林更安全。各位是唯一可以助我一臂之力的生灵，当我看到你们的面孔，我知道人人都做得到"。联合利华所传递的信息是，它承诺以可持续的方式进行生产，同时又不危害我们的森林。

联合利华旗下很多品牌都采取了重大举措,以实现保罗·波尔曼和基思·韦德所说的光明未来。到 2016 年,这些举措所带来的影响已经可以看见,也能衡量。联合利华可持续发展计划的持续动力,引导品牌预言旧世界即将终结,也示范了这个快消品巨人的所有品牌如何迎接光辉的黎明。

当基思·韦德为我们做简报,并说为了支撑联合利华可持续发展计划,他们需要一套传播生态系统。他心知肚明,此系统必须打破惯例、标示一个光明的未来,为流程上的每个人,从生产者、种植户到终端消费者,创造一个特别的数字动员营销活动。其结果是,我们打造出一个内容生态系统,包括议题提出的视频(产出数百万次浏览与分享)、有深度的编辑素材等。

联合利华证明了,在生意上做好事有利于企业经营。2017 年差点被恶意收购时,做好事在社会中产生的商誉,在它的自我防卫中起了很大的作用。

拯救世界是一件大事,但不论是什么样的社会课题,适用的原则都一样:首先,提高问题的地位和重要性;其次,确定你的支持者;再者,动员你的支持者去行动。正是动员的力量,让数字化对社会责任的贡献得以突出。数字化所能发挥的最大力量,无疑就是动员政府改变决策。大卫·奥格威最喜欢的一个慈善机构是世界自然基金会,我们现在仍然

数字化的社会责任：三大规则

1. 要异常敏锐，远远就闻到"漂绿"的味道——假借环保、公益或窃取议题之名行伪善之事。

2. 要准备震撼受众，促其了解问题事关重大。

3. 要明确提出请求：你希望人们做什么，如果他们采取行动，问题将如何大幅改善。

购物者最好的朋友？为伦敦的一家动物收容所巴特西猫狗之家设计的新颖户外广告，是数字创意实际应用的一个最佳范例。不知情的购物者拿着一份传单，被一只正在寻找新家，厚着脸皮却十分可爱的救援犬跟随着，在购物中心附近转悠。

在各个地区为它工作。在泰国，我们打造了一个反对象牙贸易的项目，很多名人和普通人参与其中，他们把自己名字中表示"大象"的字母删除。渐渐地，被动员的大军达130万人之多。在活动高潮时，泰国总理感觉有必要召开一次新闻发布会，声明他支持打击骇人听闻的象牙贸易。

当同性婚姻在法国遭到热议时，奥美巴黎携手"谷歌+"和"负责"这个问题的机构"团结一致为平等"（Tous Unis pour l'Egalité），运用"谷歌+"的视频会议服务"环聊"（Hangout），支持法国的第一例同性婚姻。法国的新婚夫妇与一位比利时的市长连线，市长远程主持他们的结婚仪式（同性婚姻在比利时属于合法），数百万人参与了互动。同时这也尖锐地凸显了法国和比利时之间的差异。

调动群众支持是募捐的前提条件。在《奥格威谈广告》中，大卫·奥格威断言，公益事业广告的主要目的是给公益事业募捐。到头来，什么都没有改变，并且"数字化捐赠"（由在线捐赠平台支持）将在总捐赠中占据越来越大的比例。随着数字通信变得越来越复杂，咄咄逼人、

13　数字化转型　339

肆无忌惮的募捐会适得其反。在某些国家，数字保护相关法律也会把这样的募捐列为非法。已经采用选择加入（opt-in）模式的勇敢的慈善机构，例如英国的皇家救生艇学会，到目前为止还没有遇到什么问题。不过，这更清楚地表明：机构本身需要具备只有创意沟通才能带来的卓越性，同时需要对捐赠人致以最大的尊重。或许，捐赠者体验是另外一种更高级的用户体验。

/ 如果品牌在文化议题上立场明确，就可能成为重大社会变革的催化剂。谷歌的功能远不止目前你所用到的：你还能积极促成变革。2013年，同性婚姻在法国还不合法。事实上，那是一场激烈的文化争论，争论的结果仍然存在很大疑问。谷歌想到一招，让一对同性夫妇间的爱与承诺得到社会和法律的认可，同时又可以推广新出的谷歌环聊视频会议服务。因同性婚姻在比利时已经合法，于是法国的同性夫妇通过谷歌环聊，站在比利时马钦市的市长面前，交换他们的结婚誓言，并向世界证明，科技与社会可以携手，让世界变得更美好。

广告的最佳境界，是唤起大众的思考，甚至改变个人的行为。有时，绝顶出色的社会意识广告可以转变一个社会的看法。字母"Chor Chang"在泰语中包含"大象"的意思，当这个字母从诸多名人、报刊和企业的名字中消失时，泰国民众意识到象牙贸易造成的危害。这次活动后，泰国政府修改法律，捣毁了非法的象牙库存，让象牙经销商关张，彻底摧毁了象牙贸易。

英国皇家救生艇协会是第一家承诺做"选择加入"筹款模式的慈善机构。这种模式还在试验期，下定论还为时尚早，但显然，这种模式创建了一个不同的捐款人阵容——更小型、更坚定。

13 数字化转型　341

| 名人堂 |

雀巢咖啡

行业刊物报道的数字案例，往往为了建立形象而发挥内在魅力。这一类案例通常偏小，有的颇具趣味，但并非个个举足轻重。有鉴于此，就名人堂这次的入选者来说，我刻意挑选了一个复杂程度很高，而魅力也明显不足的数字化转型案例。这散发着一股帝国反击战的味道。

作为超级跨国企业，雀巢以认真、自律、传教般的热情，着手把数字化置于其全球网络的核心。它的问题不在于要"百花齐放"，恰恰相反，在数字革命的早期，它曾遍地花开：数百个市场，数以千计的宣传活动，谈不上规模，谈不上相互学习，林林总总加起来，根本无法兑现累积的投资。

2011年，雀巢把目标设定为：在快消品类，成为利用数字和社交媒体打造品牌并取悦顾客的第一名。雀巢聘用了口碑营销的先驱皮特·布莱克肖担任其数字营销和社交媒体的全球负责人。皮特成立了数字提速小组（DAT），视其为卓越的中心，改革的催化剂。最重要的是，在皮特心中，此乃促进快速扩张的工具。作为设在硅谷的前哨站，它提供外部焦点的看法，与兴致勃勃的创新者互通有无。不过，数字加速小组的整个职权范围非常务实而接地气。它代表了皮特的基本信念："基本原则就是基本原则，始终不变。"数字应该存在于"以雀巢之道打造品牌"方法论的核心。它绝非附属物，不能故步自封，更不是执行工具：它是总指挥中心。

在品牌层面，雀巢咖啡是数字化转型的一个好榜样。当不眠不休的全球品牌大拿肖恩·墨菲（Sean Murphy）转调咖啡部门时，雀巢咖啡当时绝对称不上是酷品牌，尽管有其重要性，也是雀巢下定决心（这可是该公司小心翼翼选的字句）搞活的品牌。正如肖恩所说："这个曾唤醒世界的品牌，现在需要唤醒自己。"所以，它应该接触千禧世代，与其打成一片，否则这些人根本懒得理它。雀巢咖啡必须呈现和千禧世代一样的风格。

cba 作为设计公司，改造了原有的视觉识别大杂烩，代之以时尚的红色文字和现代感的马克杯：寓意走向数字时代。一般而言，要将原来的包袱抛弃，所需勇气超出想象。不过，一旦完成壮举，即表示雀巢咖啡正长驱直入，在一个完全不同的全饮料品类（其中还包括了软饮）争长竞短。雀巢咖啡的创意平台都围绕一个创意主张——"今天从雀巢咖啡开始"。

我们的世界每秒消费 6 000 杯咖啡，每天 5 亿杯，但咖啡的消费时刻与软饮料或啤酒截然不同。喝咖啡更显亲密——就是聊天时刻。

如何把灵感转化为消费呢？这成了奥美德国办公室的任务。它在脸书、Instagram 和 Snapchat 发布了大量帖子，用多种语言在雀巢的全球各个市场传播，让品牌发声，鼓励对话。与此同时，雀巢咖啡也成为入驻汤博乐的第一个大品牌，关注重点不再是传统网站，而是提高与更年轻受众的互动。雀巢咖啡最早只有 200 万沉睡粉，现在已拥有 4 000 万的互动粉——他们越来越多地成为线上买家。

这三张图表现出雀巢咖啡被当作饮料进行了形象重塑，展示其在软饮方面的存在感。

左上图：标志性的红色渲染觉醒感。

右上图：东京的一家网吧。

下图：一些简单的数字对话开场系列，协助品牌再度栩栩如生。

13　数字化转型　　345

14.

数字时代的
五大广告巨人

Ogilvy

在《奥格威谈广告》中，大卫挑选了六位在现代广告业中最具影响力的巨人：阿尔伯特·拉斯克（Albert Lasker）、斯坦利·里索（Stanley Resor）、雷蒙德·罗必凯（Raymond Rubicam）、李奥·贝纳（Leo Burnett）、克劳德·霍普金斯和比尔·伯恩巴克。我也依样画葫芦，为本书做了选择，将之集结在数字万神殿。

如大卫一样，我用世俗所描述的"创意才能"作为入选的标准，尽管五位巨人是以自成一格的迥异方式，展示了不同的创意才华。他们每一位都代表着数字创意与数字广告发展史上的重要一环，而且表现出色，因此也希望读者至少理解他们上榜的原因。某些情况下，他们的名字可能不是广为人知，但我想这也让此筛选饶有趣味。当然，也非常欢迎读者提出不同的建议。

鲍勃·格林伯格

跟鲍勃·格林伯格（Bob Greenberg）坐在一起，你会感觉身边是位伊丽莎白时代的魔法师，外表和气质均如是。鲍勃外表非凡：永远都是一身难以描绘的黑衣，唯一鲜明的对比来自手上那三个大大的钢手镯，

/ 鲍勃·格林伯格之所以作为数字领袖为人所知,是因为他与长期客户"耐克"抱持同样的理念。不论面对何种数字挑战,鲍勃都是"只管去做",而且先发制人。难怪他创立的代理商企业R/GA,在若干最重要的数字革新中,扮演了主要的角色。

头戴黑色的无檐帽,脑后是两缕瀑布般的及肩灰发,像极了21世纪数字时代的迪伊博士[①]。他住在纽约哈得孙广场一栋由建筑师诺曼·福斯特（Norman Foster）设计的巨大立方体里,公司占据一栋老式野兽派办公大楼的整个12层,面积有两个足球场那么大。他身后的书架上,摆放着几十尊精挑细选出来的石刻佛像（购买前都用电子显微镜进行了科学检测）,出自公元550—577年中国北齐时代。现在,他又把眼光移向新王朝——公元386—534年的北魏。他的收藏家气质与其藏品有某种程度的相似,他语调低沉、轻柔、平静,暗示（也展现出）出他的高人风范。

鲍勃的立方体之家,距离20世纪40年代中产阶级所住的芝加哥很远,他在那里长大成人,是家中三位极具创意天赋的孩子之一。

他依然自认为是身在纽约的芝加哥人,尤其因为他对建筑很上瘾——用"上瘾"这个词来形容绝不为过。不过,他不算传统的芝加哥人。因

---

① 迪伊博士,即约翰·迪伊（John Dee, 1527—1608）,英国著名数学家、哲学家、天文学家、占星学家、神秘学家,女皇伊丽莎白一世的顾问。——编者注

为天生有阅读障碍，他一直认为自己是自学成才的。对于阅读障碍这件事，他其实很引以为傲，因为一群极具原创性和颠覆性的商业人士都这样，如史蒂夫·乔布斯、理查德·布兰森（Richard Branson）和查尔斯·施瓦布（Charles Schwab）。看到姐姐能一页页快速读书，并不曾让他怀恨在心。相反，他发现自己是从不同的角度看世界。这个习惯成就了他不同凡响的辉煌事业。

他对数字时代的最大贡献在于，他是从制作的角度看数字。他是一名制作人，而且将其观点升华到条理分明又启发人心的哲学高度，笃信"科技和创意"可以形成伙伴关系。

一切始于他的兄长理查德加入巴勃罗·费罗（Pablo Ferro）的工作室。巴勃罗是名古巴裔的平面设计师，后来成为有史以来最伟大的电影片头设计师，他让电影有了视觉风格。然后，格林伯格兄弟进入了一个眼花缭乱的世界，这里有费罗、查尔斯·伊姆斯（Charles Eames）和索尔·巴斯（Saul Bass）。他们本就对创意着迷，所以决定自己开公司。没通知任何人，这家公司就开在他们住的公寓楼下，位于列克星敦和派克大街之间的东38街130号，店面只有20英尺宽、70英尺深。他们成立了一个工作室，引进了一台动画摄影机。在那之前，尚未出现"动画效果"这个术语。很快，他们就搬到新场地，制作了成千上万的片头与特效。

鲍勃开始开发技术。"我开发技术，是因为那是我的职责之一。"他说。他把它用到了电影、视频和电脑图像上。到1982年，兄弟二人购买了一个伯克利软件包第一批授权的产品，之后开发出自家的软件。此外，他们也用了很多硅谷图形公司的设备。

1993年的一天，鲍勃出门去拜访吉姆·克拉克（Jim Clark）——硅谷图形公司的一位创始人，因他当时困惑于个人电脑与苹果设备不兼容的问题。鲍勃回忆道：

"吉姆问我，'你干吗来了？'我回答：'嗯……'我一时忘了为何约他见面，为何跑来他这里。但后来我灵机一动，说想跟他谈谈互动广告的事情。于是吉姆对我说：'很有意思呀，我给你看样东西。'"

那就是 Mosaic，吉姆和马克·安德森（Marc Andreessen）联手研发出的第一款支持多网络的网页浏览器。鲍勃对它印象深刻。回到纽约之后，鲍勃决定退出视觉效果制作，转向互动产品的精品制作上。

鲍勃的公司 R/GA 经过三次转型，现已成为数字时代的摇滚巨星。他的公司从来都不是主流，却总能从技术的观点，对广告提出独特的见解。它是网站中的卡地亚。再也没有比"Nike+"（见 355—358 页的耐克案例）更好的作品，能代表鲍勃的创意表现。

2013 年的某一天，R/GA 公司收到了一个非同寻常的礼盒。盒子上刻的图案是鲍勃的贝雷帽、眼镜，还有一个耐克的智能运动腕带，里面是一双特别定制的鞋子。那是一种罕见的客户自发的感谢方式。（鲍勃坦言，这在我们这一行几乎不常见，所以一开始他还以为是新品的打样。）为何会有谢礼？是为了感谢鲍勃创建了一个数字平台，吸引了超过 4 000 万客户。

R/GA 公司以非常传统的方式进入耐克的供应商名录，2001 年，他们赢到一笔小数字业务，作品让人耳目一新。此后，他们就进入惊艳模式。耐克从不相信他们能做出"新浪潮"，但他们做到了。智能运动腕带就是创造"联网运动员"这一概念的标志性设备。最后，或许因为苹果公司，耐克不再做设备了。但那个有 6 000 多万用户的自有平台依然保留下来，它易于使用，颂扬成功，并能深入探究什么对用户真正有意义。此外，耐克的数字版图，也正尝试进入物质世界——与实体店相挂钩。

"Nike+"把品牌带入新空间。鲍勃此刻也在思考空间。包豪斯的创办人沃尔特·格罗皮乌斯（Walter Gropius）这样说："视觉艺术的创意目的，就是为空间赋予形式。"鲍勃 16 岁时开始喜欢包豪斯风格。R/GA 公司前一个办公室的装修风格就是对格罗皮乌斯的致敬。因此，鲍勃的度假别墅被认为是对路德维希·密斯·凡德罗（Ludwig Mies van der Rohe）

的范斯沃斯住宅的致敬，也就不足为奇了。钢与玻璃的结合，完美表现了德国现代主义风格，有序的框架让艺术与科技和谐相处：在大量制造的年代，这是一个让人文精神蓬勃发展的地方。鲍勃的第五套房子是由森俊子所设计，难以置信地坐落在哈得孙河谷高处的岩石上。因是玻璃结构，不宜悬挂艺术品，所以很多石刻佛像置身其中。

如今，诺曼·福斯特为他设计的办公室不只是一个空间，更是一种宣言：把物理空间与数字景观连成一体。这个空间的核心是技术堆栈，位于地堡。这里没有让人抓狂的布线，鲍勃巧妙地让走线井井有条。在空间的外部，如果你感到心平气和，那是有原因的。鲍勃选用了高科技照明：照明由程序控制，以配合昼夜节奏。想把一间会议室设置成天蓝色？可以。此外，随着白昼时间变长，灯光会变得更暖。来一个圣巴特的日落？没问题。在"华夫饼"天花板上，灯光被折射，所以不会晃眼，让人疲倦；同时，那些"华夫饼"上还裹了一层降噪材料。而且，这里还预留了进行禅柔运动的空间。这样平静的环境，或许太让人放松，但这种做法其实非常聪明。"这种系统化的做法，能让我们得到最重要的东西——保有人才"，在谷歌和脸书这两家数字寡头不断从纽约招聘成千上万人时，保有我们现在的人才。

有了连接技术，你就可以进行内部协作——无论是跟伦敦还是上海。除了收藏品外，鲍勃把钱都投在了屏幕上，而非墙壁，那里大部分空空如也。所谓的奢侈，就是既有能力收藏，还有足够的空间将之展示。很少有人能把收藏的摩托车摆在自己的办公室里，但在这里，你能看到珍贵的宝马，还带着傲人的包装，有新改装的 1973 年版 Rizoma，还有一辆货真价实的赛车杜卡迪。无论哪家设计公司，如果拥有一个小型的博物馆，藏品包括从打字机到苹果电脑这些过去的科技产品，都会有加分。这里还有艺术品。鲍勃还拥有原生艺术最大的收藏之一——素人艺术，自教自学，活力充沛。它们通常成套悬挂展览，给这个有序环境渲染了无序主义的色彩。当然，这里还有一个用手机启动的策展系统。

鲍勃对建筑师感到失望的是，他们把科技当结构，他则将其视为协作环境的基础。他无法理解，为什么 R/GA 公司的建筑师诺曼·福斯特没有把他在费城著名的康卡斯特大厦看作一种数字景观，为什么弗兰克·盖里（Frank Gehry）在脸书大楼上也没有同样的眼光。鲍勃认为空间设计，旨在让大家享受一起工作，同时不觉得空旷。他有一次读到《哈佛商业评论》的一篇文章，说规模超过 150 人后，每家创意公司都会流失某些东西。所以，空间设计有助于企业对规模进行防卫反击。

鲍勃的"协作基因"来源于电影制片时代。那是一个比传统广告还需要密集合作的行业。一部大电影的特效，可能需要 1500～2000 人一起工作。

协作的心态与创新的欲望相互融合。他定义其商业模式为：60% 的广告代理商、30% 的咨询和 10% 的孵化器。其中，最后的 10% 已经孵出约 40 只小鸡。我最佩服的，是他愿意花 30% 的精力在会计运作与管理咨询上。他正在缩减咨询工作的比重，因为这些用不到创意。他不惧怕这么做，但他的平和让人信服。他从来没把威登－肯尼迪当对手：他很乐意看到威登－肯尼迪抢夺传统广告的市场份额。它还没数字化。

鲍勃曾在杜佛古堡住过，睡在图书室，翻过书架上的经典广告书，阅读过里面的批注。

他的广告业偶像是李奥·贝纳、比尔·伯恩巴克和大卫·奥格威。他认为，这些人都经历了与数字革命的颠覆非常类似的过程。那个年代，颠覆者是电视。同他一样，他们对此的响应就是要有本质的创意：利用当时的技术实现创意点子。

鲍勃经历了三次自我重塑，或者应该说，三次转型：第一次是制片公司；之后是做互动产品的精品创意店；现在是第三次，互联世界的代理商。他觉得 9 年是一个重塑周期。不过，哈得孙广场的佛像似乎还可以多驻扎几个周期，尽管他表面上"退休了"。

话说回来，退休可不是货真价实的佛教概念。

| 名人堂 |

耐克和"Nike+"

在与 R/GA 公司的鲍勃·格林伯格聊到耐克时，我们理解到为何他那么推崇这家知名的运动品牌。耐克的钩形（Swoosh）商标，是世人最能辨认的品牌标识，还有"Just Do It"（只管去做）也是全球最耳熟能详的口号之一。过去十年里，说唱艺术家们在歌中提及耐克 687 次，略逊于古驰，但远在对手阿迪达斯之上。"耐克已成为当代文化的一部分"，这个说法未免太轻描淡写了；实际上，在运动鞋与服饰的王国中，耐克早已称王。

耐克永远比竞争者领先一步——从 1974 年上市创新的"华夫"鞋，到 1987 年推出"气垫"技术，再到 20 世纪 90 年代有先见之明地开展"乔丹"子品牌业务，耐克真有一套，能将前沿科技、时尚与优雅结合。

在 21 世纪初，就是"Nike+ FuelBand"运动智能腕带引领耐克的演变。就像苹果的 iPod 绝非第一款 MP3 播放器一样，耐克也没有发明健身追踪仪。无论如何，却是耐克的智能运动腕带，为价值 10 亿美元的可穿戴设备产业拉开序幕。把它戴到手腕上，你立刻就能觉察它与市面上其他产品不同，功能也不一样。它远非一个硬塞进手镯中的计步器：通过内置的微型 USB（通用串行总线）和后来添加的蓝牙，耐克的智能运动腕带结合了智能科技与精巧的用户洞察，远远甩开竞争对手。同时它还有个特殊的度量器——燃烧点数，这是一种全新的测量标准，不仅能测步数，

还能测量更多运动的消耗值，如瑜伽、骑车、举重和交叉训练等。燃烧点数使用容易，可以颂扬成果，也是具有独特意义的数据。

耐克的智能运动腕带启动了可穿戴设备的市场，同时让耐克拥有了积累达4 000万顾客的"Nike+"社群。"Nike+"社群不仅是个值得称道的客户关系管理数据库，还是一个运动俱乐部，在这里，共同的目标比身处何处更重要。会员加入俱乐部，跟踪自己的运动进度；他们在俱乐部里相互激励，参加友谊赛。当跨时区参加跑步比赛时，耐克的智能运动腕带让慢跑的孤独艺术彻底转型。踢球者能在这里找到组织，滑冰者能在这里分享动向。电子商务在弹指间实现，点击链接就有耐克最新加强性能的产品。在实现"活出你的伟大"这个品牌雄心上，"Nike+"社群做得比耐克任何产品都要多，同时，它还为忠诚顾客提供了一条强大的直达渠道。多年以来，科技一直在改变，从嵌入鞋子中与 iPod 同步的传感器，发展到"Nike+"与 TomTom 公司携手打造的 GPS 运动腕表，再到最新的"Nike+"专属版苹果智能手表。不过，耐克已经表明，它要成为一名稳重可靠的团队合作者，从科技伙伴转向知识产权的打造，为顾客开发突破性的解决方案，当然最重要的，是持续培养"Nike+"社群。

与苹果的合作表明，耐克涉足消费电子产品的尝试已经结束。业界和科技媒体推测，由于成本与质量问题，以及苹果的 CEO 蒂姆·库克（恰好也是耐克的董事）的温和施压，迫使耐克转移战略。我认为，原因要更简单。耐克一直秉承一个宗旨——对待业务要像运动员对待运动一样专注。在一个量化自我、"身体黑客"和运动互联的时代，硬件不是目的，只是实现目的的手段。真正重要的是社群。

"Nike+"不仅对所有追求个人进步的用户具有价值，对耐克本身也很重要，它已悄然转型成一家以信息为中心的企业。"Nike+"数据库提供了产品如何/在哪里被使用的确切信息，让耐克能够在材料、供应商和分销渠道等方面，做出更好的商业决策。当跑

／苹果用 iPod 定义了便携式音乐播放器，耐克 Nike+ FuelBand 定义了可穿戴设备。

步者主动录入其运动鞋款式时,耐克可以精准测算出产品的生命周期,甚至是它走过的距离和地形。此外,通过开放"Nike+"数据集,耐克把自己和"Nike+"社群置于整个运动行业生态圈的核心,确实成效斐然。

竞争状况又如何?耐克可能始终领先,但对手也很强悍。阿迪达斯和最近崛起的安德玛分别在足球和美式橄榄球这些子品类中阔步向前。在全球品牌层面,它们或许是在不同品类中作战,但粉丝基数也非常可观。这就引出了品牌的文化主导潜力问题:如果耐克赢了这场文化之战,为什么阿迪达斯却没阵亡?为何突然崛起的安德玛也在抢占新进者的市场空间?很简单,不同于其他品类,运动品牌会产生各自的部落。或许,耐克需要其他品牌来培养其跟随者,它依靠那些忠于阿迪达斯三条杠的顾客,来维系对耐克钩形商标的忠诚。

所以,看来这并非是品牌占领文化制高点,而胜利者拿走战利品的问题。不同的品牌占据不同的需求领地,它们的文化定位不同——耐克是抱负(只管去做),阿迪达斯是对抗(没有不可能),安德玛是自我决定(做我所想)。围绕这些理念聚集和发展出的部落,为品牌间的竞争和运动品类的整体发展提供动力。离比赛结束还早得很。

耐克	阿迪达斯	安德玛
3.75亿美元	**530万美元**	**670万美元**
全球最具价值品牌排名第24; 服饰品牌排名第1	服饰品牌排名第7	服饰品牌排名第5

> 镜明是世界上最著名的日本广告人。别因他的衬衫和西装而上当，他不忘把自己"礼貌性反叛"的印记带入每一个项目。至今为止，他的工作历经了整个数字革命，他倡导创意、持续改善，用一个未来学家的视角探寻新事物。

镜明

一个"瘦高的日本人"，这就是镜明。他身高约 180cm。不过，在 1971 年进入日本电通公司时，他非常胖，超过 100 公斤。他的老上司小田桐昭还记得，他的衬衫扣子随时都有爆开的危险。那时，人们叫他"聪明、爱说话的胖小伙儿"。

现在，他依然聪明、爱说话，同时也非常敏感而谦逊。他后来晋升到电通的高层，不过，那可是凭借沉稳的性格和金光闪闪的客户背书所达成，而非为了爬上高位所采取的政治手段。

镜明先生是世界上最著名的日本广告人，就这么简单。在接二连三的广告节上，他代表了电通，也代表了日本。了解他，就能了解日本对数字时代的反应，就像日本的特快列车或维也纳炸肉排一样，独特又吸引人。

镜明的生活既规矩，又不规矩，这或许只有身在日本才能理解。在日本，规则无处不在——书面的、口头的、隐形的。

他的父亲是位四处走动的流动推销员，镜明是在日本北部的山形县出生，直到四年级，全家才在一个地方定居下来。自那以后，他就在东京生活。第一次打破规则，是他拒绝去本有资格上的公立大学，转而选择私立的早稻田大学。这让他的父亲震怒不已。镜明不得不在建筑工地打工来支付学费。之后他发现，翻译的工作更轻松，于是就练就卓越的英语技能。

19岁时，镜明开始写作，从此笔耕不辍。离开早稻田大学之后，他给一家电视台做临时工，以为这就是他未来的职业。但电视台认为他不安分、不正统，一定会觉得电视台的工作枯燥，于是就把他推到了电通。电通招人要考试，镜明通过了考试，进了营销部。

但在营销部工作，无论思考或行为都得循规蹈矩。电通最具创意的领导者小田桐昭和同事曾取笑说："一个无法提出假设想法的营销部，有什么用呢？"会思考的是创意部。几年后，镜明加入小田桐昭和他那才华横溢的六人创意团队，成为一群东京大学毕业生中唯一的早稻田人。

他如饥似渴地阅读，有时一天读4本书。在小田桐昭的指导下，镜明茁壮成长，而且还被鼓励要具备反叛精神。在我看来，导师制是日本社会最具吸引力的特征之一。小田桐昭如今依然在指导镜明（甚至还指导我！），英语mentor（导师）一词的内涵不如日本语onshi（恩师）一词的广，后者更像是终生引导。

不过，有条规则镜明遵循了一辈子，他在电通工作了40多年。

一个叛逆的年轻创意人在这里感受如何？对于习惯把电通看作庞大官僚机构的西方人而言，"完全自由"的答案令人目瞪口呆。镜明从来没在早上出现在公司——"准时，对我来讲真是太难了"。

除非在日本工作过，否则你很难领会电通的精髓。最好的思考方式,是把它看作一个国中之国。它显然不是西方意义上的传统广告公司。电通管理着与沟通有关的一切,从电视节目到奥运会之类的全国活动。其结果是,政府、大众媒体和企业之间搭建起一种倍感舒适而相互支持的关系。电通全力支持创办私营的电视广播系统。通过这样的努力,电通与媒体的关系不仅是投放广告,也跟政府一样。日本的媒体采购,有29%是经电通之手。那么,谁负责日本的广告奖项?电通自行举办广告奖评选。谁负责日本的广告协会?电通。谁负责日本的电影制作协会?还是电通。

电通的产品,既有创意又有威力。多年来,其对手或背叛者(确实存在一些)都一厢情愿,希望日本广告业发生大爆炸,以便肃清"电通圣像"。他们完全错了,大错特错。

就媒体层面,奥美在日本开始获得成功——但20年前我们就承认电通的成功。我的前电通顾问安排我去电通做一次礼节性拜访,我个人由衷相信表达我们对电通角色的尊重相当重要,同时也很高兴能与电通的生态体系和平共处。那可能是正式场合的礼节性对话,但无论如何也是企业的生命线。

此后,电通通过积极的闪电收购,向全球化迈进。镜明先生作为创意领袖,为电通在全球特别是亚洲的转变身先士卒,并对其进行热情鼓励。他不僵化死板,他惊叹于印尼千禧世代对手机的狂热,他对中国着迷,也有点畏惧。

这里有个故事,镜明在一则在中国投放的电通广告中发现打错一个字,于是很慌乱。之后他意识到,这个中文字与日本汉字写法不同,但意思是一样的。他的中国籍撰稿人员说:"在中文里,你可以找到任何想用的汉字,所以汉语没有打错字的概念!"他觉得这话很夸张,但也感到 Kyoi(惊奇)和 Kyōi(威胁)——这两个词同音异义。他感觉到中文的伟大之处。

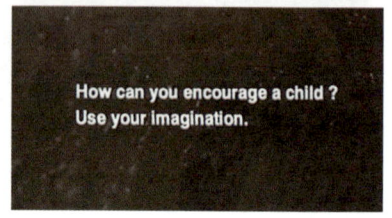

/ 一则公益广告，提醒我们孩子的想象力有多大，而我们自己的有多小。镜明出品的这部美丽电影，讲述了一个孩子不停地在纸上用黑色蜡笔涂鸦的单调行为让父母很担心，于是被带去看医生。但就是这个孩子，能马上看出这是鲸鱼，而大人们都是在他指出很久后才意识到。他的"问题"对我们而言，其实是奇迹。这是日本最好的广告。

不过，电通总部，包括在日本做生意的方式，基本上没有任何改变。这也解释了日本在数字革命上的独特性。在一定意义上，数字革命始于日本。都科摩公司首次推出 I-mode（行动上网模式）时，它被当成青少年的另类时尚。但不到一年，它就受到日本多家公司的密切关注。其中一家就是资生堂。2003 年，资生堂开始发送各种定制化信息，包括女性生理期时的饮食和化妆品建议。它所预见的"移动优先"远在西方认识到其丰富内涵之前。

电通作为媒体代理，已对数字媒体的到来感到焦虑。这些小鱼会逃出大网，长成鲸鱼吗？

电通小心翼翼、有条不紊地靠近网络，"数字"从未明显逃脱媒体生态圈。所以日本的不同点在于：电视从来不曾让出制高点。电视吸收了革命，但从未在意识形态上面临革命，因为在日本市场中，电视作为媒介，与代理商之间的特殊业务关系从未被打破，持久不变的佣金制让这种关系保持不变。

镜明认为，数字化更多是在改进整体环境，而非另立山头。改善也是日本式的改善。猪排是改良的炸肉排，新干线是改良的快车。但核心思想未变：就是以整合形式，自然覆盖所有媒体。日本的体系不容许分解，只可以整合。

除了电通的作品外，镜明最欣赏的数字创意是优衣库的音乐舞蹈时钟插件 Uniqlock。像镜明自己的作品那样，Uniqlock 也遵循了这个原则，"当有人说'1'时，你已跳到 10"，完全不用把阿拉伯数字都数全。所以，理解语言的暗示而非明示之意，在日本非常重要，不可等闲视之。

因此，比起很多西方的同侪，镜明看似更宁静致远，不那么热衷于

/ 当建立起自己的免费媒体渠道后，为何还要付钱做横幅广告？镜明提及企划和创意总监田中耕一郎为优衣库做的 Uniqlock，认为它是最好的创意。Uniqlock 是一个不寻常的小插件，把音乐与时钟的实用性结合在一起。舞者们根据时间和季节改变着装，展示了优衣库的最新服装款式。单是舞者的试镜视频就在 YouTube 上被浏览了 50 万次，来自 76 个国家的 27 000 名博主，成为该活动的赢取媒体，他们将这个插件嵌入自己的网站主页。这对优衣库来说成本为零，却让品牌知名度最大化，销量也增长得很快。

割喉战。他选择逃离，而沉浸于更重要的事，比如科幻小说。小田桐昭第一次带镜明去见东京火灾海上保险株式会社的客户时，客户问小田桐昭："这就是那位大名鼎鼎的镜明吗？"小田桐昭毫不知情，原来他的下属早就是一位享有盛名的科幻作家。从入学后，镜明就完全沉迷于科幻世界。他目前最喜欢的作家是格雷格·伊根（Greg Egan），著有《置换之城》（Permutation City）和《生活》（Zendegi）等作品。

科幻诠释了镜明的诸多侧面：比如，为何他是接纳视频游戏的第一位日本创意人。还有，当有些人夸夸其谈数字世代时，镜明不见兴奋之情，因为那已是他的常态。《生活》描述的是伊朗的未来，一个令人失望的虚拟世界，有个被女主角纳西姆（Nasim）唾弃的建议："如果想让它人性化，那就让它完整。"

镜明自己最著名的小说《不确定世界里的侦探》从未被翻译成英语。这也再次表明，他性格中有打破规则的一面。很多科幻作品都包含一条潜规则：即使你回到过去，你也无法改变历史。所以，当下是受保护的。但是，假如在所有人都做决策的那一刻，都有两种不同的世界——被选择的世界和未被选的世界，会怎样？

对镜明而言，没有什么受保护的当下。他正忙于重新选择。

2011年，镜明成立了电通新学院，教给大学生什么才是重要的东西。他厌恶教学这个说法。在我看来，这里不太像学校，倒更像一个灵感空间，镜明从外面请来很多名人与学生互动，包括生于1974年的获奖建筑师中村拓志、表演日本传统喜剧艺术"落语"的喜剧演员，以及生于1976年的手游先驱和日本游戏大师。

一切都是为了电通。

如果可以穿越时空，回到有他最喜欢的电通人物时期，那会是在1947年6月到1963年1月，这期间担任电通社长的是吉田秀雄。他们两人还未来得及会面，吉田秀雄就已去世。正是吉田秀雄制定了电通之道，即这个行业既是科学，也是艺术。随着时间的推移，"道"中的有些东西可能已经流失，或者说如今的电通不太能像过去那样理解创意，又或许只是电通变得太成熟老练。

镜明对电通的未来深表乐观，这位规则破坏者依然忠贞不二。

马丁·尼森霍尔茨

如果你问马丁·尼森霍尔茨（Martin Nisenholtz），他到底算学者还是算生意人，他肯定难以回答。他一生都在两者间来回切换，并且成就非凡。马丁凭借个人信念，悄然成为数字传播时代的主力军，目前尚未有人为他树碑纪念——虚拟的也没有，或许大家应该立一个给他。

今天如果你问一名奥美的普通员工，是否知道马丁，恐怕答案会是"不"。这就是企业记忆的变幻莫测！马丁对奥美数字化转型所做的贡献，比任何人都要多。不过，更重要的是，他把数字化引入大型传统广告代理商，就是举世无双的乔治·帕克（George Parker）所说的那种"又大又笨的代理商"。

传统与数字两种模式的争论（也有人说是争斗）已有数年，有些大而笨的代理商干脆对新模式闭口不谈，马丁给我们呈现了戏剧性变化的未来。

如今我不得不说，奥美本来不会把数字当作工作核心，但马丁在21世纪90年代所做的工作，促成了这一点。

如今，马丁是波士顿大学数字通信实践课的教授。不过，如果你以为他局限于学术研究，那就大错特错了。他是一个不安分的人。跟鲍勃·格林伯格不同，马丁对建筑无感。他曾在一栋标志性大厦——由伦佐·皮亚诺（Renzo Piano）设计的《纽约时报》办公楼里工作了好几年。或许，那栋楼就有问题。玻璃幕墙使大厦的外观炫目刺眼，内部又感觉像监狱,"就像待在一个金色鸟笼子里"。现在他喜欢行无定所,无拘无束。他可能在任何地方,他的学生在星巴克看到他,就像在教室里看到他一样平常。

马丁对学生、对他讲授的内容都充满了热情。他不是在教一门课,而是教学生们为生活做好准备——因为"他们不再生活在堪萨斯"或甘肃(他学生中有三分之一是中国人)。在他们身上,他看不到任何千禧世代的刻板印象(虽然他听到学生说起自己十几岁的兄弟姐妹——除了数字一无所知——"跟他们不一样")。他们深思熟虑,想学实实在在的东西,这也正是马丁能教的。

马丁要求学生看书。是的,书本。此外,他还要求学生每周写一篇论文。因为主题是马丁定的,所以网上找不到相关的信息。来玩吧!

就像许多好教师一样,学生的热情让马丁陶醉不已,并以此为付出的回报。其中也潜藏怀旧的因素:他想起了自己的学生时光。

那时,热情是需要被创造的。在20世纪70年代的费城,热情并

马丁·尼森霍尔茨虽然不太为今天的广告界所熟知,但他为数字化转型所做的贡献比大多数人都要大。身为一个半学者半商人,马丁在20世纪90年代成立了奥美的第一个"互动"部门,指引奥美走上了一条更加数字化的道路。马丁现在是波士顿大学数字通信实践课程的教授,他的学生可能很难找出比马丁更能在数字化方面给人以启发的导师。

不是现成的。那时的费城，在无情的里索市长的掌控之下，激进组织MOVE与警察之间的冲突没完没了，种族歧视很严重。马丁的父亲是一位来自底层——白人西郊区的邮递员。马丁去了斯普林菲尔德的一所公立高中上学，并在那里绽放光芒。不过，那所学校每年只有一个学生能够上哈佛大学，而那一年的幸运儿是马丁最好的朋友。最后，马丁得到"安慰奖"，去了宾夕法尼亚大学。

摄影是他逃避这个残酷现实的消遣方式。他到处游荡去拍照，一度还曾是《费城问询者报》的撰稿人。所以，在宾夕法尼亚大学时，他决定转入媒体专业，并在安纳堡传播学院攻读博士学位。这时，他对媒体世界的热情不断增长，兴趣越来越浓厚。

1982年底，他接到纽约大学的一个电话，邀请他参加一个有关图文电视的实验项目。在那之后，马丁再也没有回头看过费城或他攻读的博士学位。不论生理还是心理上，这都算是一次大逃亡。

很难再去想象早期的图文电视时代那稀疏线性的信号。不过，国家艺术基金会拨了一笔款支助一个项目：如何透过表相去理解图文广播。这个项目的基地设在一个不太靠谱的地方，纽约布里克街144号一栋摇摇欲坠的大楼，根本就没有直达的地铁。不过，它是在格林尼治村[①]里。马丁要做的，就是走去酒吧，找人帮忙改善图文电视给人的"死板"印象。他找的人是艺术家基斯·哈林（Keith Haring）。那是第一次展现电脑绘图的潜力。

马丁成了"图文电视先生"。早期纽约大学的提案，看似古董一般，但却吸引了奥美的眼光。受时代公司委托，奥美当时正找人领头一个全新的项目：让时代图文电视的新计划有意义。

[①] 格林尼治村位于纽约西区，这里住的多是艺术家、作家，是美国反主流文化的大本营，各种激进思想和文艺思潮的发源地。——编者注

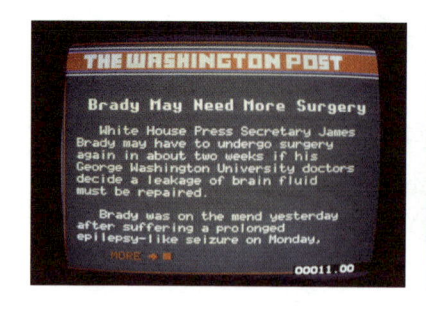

在数字界面设计的早期，没有专家可以求助。马丁请艺术家基斯·哈林帮忙，让块状的图文电视屏变得生动，瞬间改变了电脑绘图的面貌。

于是，马丁成立了一个互动部门，叫互动营销集团。我觉得当时的奥美胆子太小，不敢把奥美的名字放进去。不过，互动营销集团确实让"互动"这个词广为人知。它是有史以来第一个做互动的部门。

马丁面临艰难挑战：他身处数字荒原之中。媒体公司对此兴趣减退，但他吸引到了新客户：先是通用食品，然后是美国运通，之后是美国电话电报公司。最早，他们大多是带着个人电脑，去公共场所如数字信息亭做促销。之后，一个名叫 The Equitable 的客户——其媒介团队只有两个人——聘用了这家刚刚起步的互动营销集团协助提升其销售量。马丁为其提供了第一款基于个人电脑的软件。软件存在 5.25 英寸软盘里：这意味着，我们的客户可以实时观察顾客住家的互动情况。当时的软件相当粗糙，却非常新颖，振奋人心，真正有革新感。

事实上，马丁是实现两大创举的代表人。

第二次发生在 21 世纪初，当他任《纽约时报》的数字部主管时。他是第一个用 RSS（丰富站点摘要）作为报纸故事版主页的人，RSS 会自动提醒读者去网站看更新，现在，RSS 已无所不在。此外，马丁也是着手做读者注册的第一人。

我眼中的马丁，不只与数字革命的路障搏斗（而且从不同的两边），他身上也体现了数字革命最痛苦的内在冲突。

他是位名留青史的新闻品牌工作者，以尽可能快速的方式开发数字化：唯一指标就是获取尽可能多的数字读者，以吸引广告主进驻。业界有个共识，认为读者转向数字化是必然的，同时营收也会一定程度（但是有多少呢？）地下降。就此，杰夫·扎克在2008年有句名言我们必须引用："模拟时代的钞票换成数字世界的铜板。"之后，灾难降临：2010年大萧条来了。问题直击人心：数字模式能维持免费发布新闻，甚至是优质新闻吗？

《纽约时报》的亚瑟·苏兹伯格（Arthur Sulzberger）以令人称颂的方式主持了这场辩论。身为老板，亚瑟意识到，他的曾祖父以一份报两美分的收费标准创办了这家报刊。亚瑟对新闻编辑室也很敏感，编辑们乐意看到自己的文章以数字化的方式被全世界的人阅读——从乌兰巴托到乌拉圭。亚瑟对辩题"是否收费"的主持，堪称谨慎明智。那是在午餐会的系列讨论上，在伦佐·皮亚诺大厦15楼的高管餐厅，有一尊巨鹰的雕像盯着《纽约时报》的刊头。

马丁一直以来的观点是，不收费。一听到付费门槛的说法，他就感到恐惧，那会彻底破坏多年的文化冒险。共进午餐的人聊到《金融时报》的做法：它是"计量模式"的先锋——前10篇文章免费。大家最后都同意，这个方案好。之后，《纽约时报》的订阅模式，无论是绝对在订阅量，还是在后期面对脸书挑战时的相对回弹量上，都取得了很大成功。这里不存在零和博弈的问题。你可以双赢，如果你能理解，数字时代的新闻业必须创造比以往更多的互动。

新闻业并未消失不见。马丁仍对数字广告的质量充满激情，他为此立誓。这位西费城人巧妙地打入了波士顿的学术圈。

我能看出马丁的要点。广告业界有过一阵疯狂，铺天盖地的横幅广告铺满了网络。在《新线索》(New Clues)一文中，大卫·温伯格(David Weinberger)和多克·希尔斯(Doc Searls)认为，在数字革命的某个时刻，直效营销成了广告的掘墓者。确实如此，由于对数据痴迷，就把马丁或我在奥美所学的东西一股脑扔进垃圾桶，只有一样东西重要——"点击量有多少"。

信息成了媒介！

马丁打交道的那些《纽约时报》广告主，他们拒绝排名。当然他们并不孤单。

最后一件事。马丁与大卫·奥格威只有一次互动，就是第1章提及的我在法国召开的那次会上。当时奥美互动董事长杰瑞·匹克霍尔茨(Jerry Pickholz)向大卫引荐马丁，说这个年轻小伙子做的事情很有意思，然后让马丁解释一下自己的工作。马丁用了两句话解释。听完后，大卫看着他，一脸迷惑地说，"这完全是扯淡"，然后转身走开了。

对此，马丁这位谦逊的学者完全是责怪自己，而不是怪大卫。他用的是纯技术术语去解释，像是用火星语说话，用时绝对超过两分钟。马丁原本应该说：他找到了一种方法可以让"口碑"变得能够被测量——"口碑"一词，犹如《圣经》中的食物"吗哪"，完全合乎大卫的胃口。或者说，我们可以让直效广告从一个冗长乏味的过程，变成按一键就能完成的东西。

马丁依然是位"整体主义者"(holist)。他深知：文化就其最深远而广泛的意义而言，在于引导人类生活，并提供历经不同革命的终极遗产。

他从未著书立说，坦言未来也不会写。说实在的，他应该好好写书。

马蒂亚斯·帕姆－詹森

你若向一家跨国广告代理商网络提及"瑞典"一词，对方肯定后背发凉。我曾经有过这种体会——彻头彻尾的。这是一个注定要失败的市场，一个全球墓地。我们之中，有些人是幸存者，或许是因为找到了一处有意思的利基市场，而客户珍惜我们的价值，也能产出高度原创的作品。可惜，我们都不是内部的知情人士。

虽说如此，此地并非一潭死水。只需给瑞典加上数字化这个词，它就会完成巨大重构，在这场数字革命中，我们都钦羡并尊崇瑞典所占的领导地位。

数字世界一些最佳的点子，从 Skype 到声田，都是从瑞典发明或孵化出来的。它还给全球输出了众多数字天才，瑞典国内也人才济济。这里成为滋养数字创意的福地。

如果要给瑞典找位代言人，那必须是马蒂亚斯·帕姆－詹森（Matias Palm-Jensen）。

1992 年的某天，他被召唤到位于老城——斯德哥尔摩的中世纪中心的一栋雄伟古老的房子里。那时的他，30 岁出头，健壮结实，十分自信，但比普通的瑞典人显得忧郁一些。他被领进一个肃穆庄严的英式风格的房间。他对那个房间以及与会者都不陌生。在他眼里，那房间看来实在

/ 马蒂亚斯·帕姆－詹森，这个瑞典人其实比照片上的他快活很多。自 20 世纪 90 年代初开始，他就身处数字化的中心。他的第一次得奖作品，是为瑞典邮政做的，比优步早 10 年预见了"按需"经济。

14　数字时代的五大广告巨人　　371

不像能煽动一场数字革命的地方，一丁点儿可能都没有。然而，即将发生的正是这种不可能。召唤马蒂亚斯的是商业巨头简·斯坦贝克（Jan Stenbeck），他的行为与外表都不太像本来的他。他热爱美食，常跑去卢森堡吃东西，他的下属会周六飞过去与他开会，然后周日一起开派对。他最喜欢吃简单的土豆泥、蛋黄、奶油和俄罗斯鱼子酱。很难相信这样的外表下，藏着一个伟大的幻想家和创新者、一个伟大创意和栋梁之材的培育者。斯坦贝克提了一个简单的请求："马蒂亚斯，我想让你做一个欧洲最大的门户网站。"然后补充说，那是一个"即将到来的交会点"，"我们必须成为最强大的网站"。

马蒂亚斯在斯坦贝克家的地下室入住，还自言自语叨叨说，"这就是未来"。于是他从零开始，着手打造一个欧洲的门户网站，叫everyday.com，那还是电话接入信息服务器的时代。

同时，有样东西开始在瑞典萌芽，它已走在全球数字化程度最高之国的大路上，远超其他国家。局外人惊叹不已。这与政府支持有很大的关系：尽早把电脑引入了学校。1994年2月5日，时任瑞典首相卡尔·比尔特（Carl Bildt）给美国总统比尔·克林顿发了封邮件，这是两国政府首脑之间的首次电子邮件联络。比尔特很兴奋，并在两天后发表演说——那是一次非常不像瑞典风格的演说，甚至都没谈到瑞典的政府政策。演说的主题是"人类、技术和未来"。他说："经过农业和工业社会之后，我们已面临人类发展史上的下一个飞跃——信息社会。"在20世纪90年代，比尔特代表的温和党和社会民主党上台执政，后来，社会民主党转变了立场，但1997年，社会民主党又像喝了兴奋剂一样，推出"家庭个人电脑"改革，让员工从公司租电脑，租赁费从每月的工资扣除。因此，个人电脑的渗透率飙升。1998年，比尔特的竞选宣言中有句口号是"人人享宽带"。他竞选失利，但其主张却被采纳。电信运营商Telia在住房合作社的帮助之下，很快创建起一个渗透率空前之高的互联网（到

2010 年高达 92%）。

马蒂亚斯认为瑞典例外论部分归因于民族特征："瑞典是个工程师国家。"某种程度上可能是因为瑞典人口稀疏，黑夜创造了大批北欧御宅族[1]。著名的瑞典安全网，非但没有阻止瑞典人创业，反而还鼓励年轻的企业家勇于冒险，无论发生什么，他们都会安全着陆。

这并非说马蒂亚斯有此需求。他在 1996 年成立了自己的数字代理公司 Spiff，很快就赶上了互联网热潮。"人人都在做主页"，但他没有。Spiff 创业时只有四个人——另外三人来自一家制作公司，都比马蒂亚斯年轻。他们没去创建主页，而是逆流而行，用其他代理商无法想象的方式做广告。

他们的第一个获奖作品是为瑞典邮政做的。为了这个活动，他们买下瑞典几大媒体网页上所有的横幅广告，然后每天都召唤一位瑞典名人，如 H&M 的 CEO 斯特凡·佩尔森（Stefan Persson）。

首先，他们给目标对象发书面信件，里面写着："今天去上网看新闻吧！"然后，当目标对象上网后，会收到数字横幅广告的问候，直截了当地说："你好，斯特凡·佩尔森，请在这里预订您的龙虾！"他们只好点击横幅广告，选择"对，我想要龙虾"。30 分钟后，送货员来到他们家门口，送来的不是别的，就是他们预订的新鲜龙虾。

对大多数人而言，这简直是种震撼的体验。突然间，很多"要人"恍然大悟，明白了这是怎么一回事。

成功接踵而至。Spiff 不仅得到越来越多的认可，而且规模也在扩大。很快，员工就达到 500 名。管理这么多人需要有一定能力，但马蒂亚斯从不质疑自己的能力。

他母亲的原籍是法国，"是巴黎一个知性、糊涂的、古怪的哲学系学生"，一时兴起跟好友去了瑞典——"不太像巴黎人的行事风格"。当然，她后来遇到了一个男人。法国-瑞典人，这样就好懂马蒂亚斯了：

现在，送餐快递 App 已不新鲜，但马蒂亚斯早在 20 世纪 90 年代末就在按需配送龙虾了！他为瑞典邮政设计的宣传活动很成功，尽管当时的网页设计还比较原始。这一活动利用了某种黑客手段，表面上看，像是针对瑞典名人所做的个性化广告。他创造的营销活动，推进了互联网的发展，也引起了人们的关注。

他是个瑞典人，但具有异国特色。他的祖父母与米罗和达利都有交往。帕索里尼曾来他家住过，就住在他们家地下室。①

年轻时的马蒂亚斯远非后来为人所知的瑞典代表，他曾是个工程师，他爱读书，也能绘画。直到今天，如果想表达某样复杂的东西，他会先把它画出来。他在乌普萨拉大学和斯德哥尔摩经济学院拿到的是法律和商科两个学位。之后，他进入政府部门工作，成了合同领域的专家，在此之后，他凭直觉转了行，进入创意咨询行业。

合同领域的经验与知识，让马蒂亚斯非常受用。Spiff 变成抢手货后，他就把它卖掉了。有一天，Spiff 的其他股东想把公司改名为"Technetologies"，以听起来在股市上更有利。马蒂亚斯斟酌再三后，给了一个建议叫"德拉克斯"（Drax，电影《007 之金手指》中邪恶的商业帝国）。他们觉得"德拉克斯"朗朗上口，就用这个名称上了市。不过，当马蒂亚斯需要人手来服务某个客户时，德拉克斯的老板们却给他派了

---

① 米罗、达利均为西班牙画家，为 20 世纪超现实主义画派代表人物。帕索里尼为意大利著名导演。——编者注

个来自北方的不合格的新手。就这样，马蒂亚斯带着 Spiff 的联合创始人另立门户。他损失的只是自己的股票，不过，这些股票最后也成了泡沫。

新公司听起来比德拉克斯温暖多了——要多暖有多暖。一个科技公司，你能想到的最合适的名字是什么？一定是某个既具有关怀之心，又让人尊敬的名字。他的公司名叫 Farfar（瑞典语"祖父"）。之后，Farfar 成为最热门的数字公司。当然，公司最初是设在地下室——这次是在斯德哥尔摩南部的 Skånegatan（如今叫 SOFO）。它即将成为世界顶尖企业，既属于瑞典，又属于全球。

Farfar 的作品妙不可言，令人神往。

首先是给 Milko 公司设计的程序，非常有代表性，领先于那个时代，一切服务都数字化，带给人难以置信的体验——可以自己编辑内容。

/ 按今天的标准，这款很早之前为 Milko 公司开发的应用程序或许很粗糙，但通过一个简单的编辑功能，用户第一次可以自己编辑内容。

14 数字时代的五大广告巨人

在"病毒"一词用于网络之前,这款病毒程序就已在市场广为传播。一家瑞典的乳制品公司突然在巴西有了粉丝页面,并在《墙纸》(*Wallpaper*)杂志上有了专栏。

这位"维京人"开始在全球广告舞台上崭露头角。Farfar 凭借为瑞典旅游局创作的宣传活动,赢得了戛纳广告节金狮奖。他们在戛纳狂欢庆贺了一整夜,作为狂欢的余兴节目,一名烂醉的创意人把金狮奖杯埋进了沙滩(奖杯相当有分量),为了好找,还在上面放了把椅子。等他们醒过来才发现,椅子没了,刨了很久的沙子也没找到奖杯。那座丢失的金狮从此失踪。不过,事实证明,即使是意外,也能变成出色的广告,因为马蒂亚斯后来用了这个梗,拍了一条经典视频。

Farfar 的工作是按 80% 的创意和 20% 的创新来安排的。周五是创新日,大家可以做任何感兴趣的事情。不过,商人兼合同专家马蒂亚斯又不安分了,2005 年,他把 Farfar 卖给了安吉斯(Aegis)集团。

如今很难去质疑当初的逻辑。马蒂亚斯现在依然可以当一名出色的推销员。不过,企业文化很难用合同规范,而且本土代理商被全球并购商恶意收购,这也不是第一例。安吉斯的媒体思维模式与 Farfar 截然不同。有着哲人思维的马蒂亚斯引用厄普顿·辛克莱(Upton Sinclair)的话:"当一个人的薪水取决于他对事物的不理解时,要让他理解某些事物大有困难。"安吉斯不理解 Farfar。很快,安吉斯收购了安索帕(Isobar)。Farfar 在集团内有了竞争对手。

这位全球化的瑞典人发现,前方的丛林看来不太友善。他去巴西参加某一业界会议时,他看到巴西不好的一面,于是大胆捋了虎须。在一家巴西代理商巨头之后,他登上讲台,当时有一半观众起身离席。于是,他对剩下的人说:"各位,旧媒体刚刚走出了这个门。"那家巨头的人正在门外喝鸡尾酒,听到这话,盛怒转回会场质问说:"我想问你个问题。"马蒂亚斯拒绝了:"我还要演讲呢。"演讲之后,主办方临时安排了一

大多数人会珍藏他们的戛纳金狮奖奖杯，特别是第一次获奖。不过，Farfar 的一位创意人把他们的第一座金狮奖奖杯埋进了沙子里。这个故事后来被用到了 Farfar 的一个精彩广告中。

场辩论，但那位巨头的怒气并未消减。

当巴西的"Farfar"直接感受来自地方保护主义所给出的"与祖父般的慈祥完全不同"的无情打击后，这位瑞典人打了退堂鼓：不仅退出巴西市场，也退出安吉斯集团。

麦肯集团（McCanne）的尼克·布莱恩（Nick Brien）拉了他一把。作为麦肯集团董事会中的瑞典人，马蒂亚斯立即发挥了影响力。他称自己是尼克的"惊喜官"。他创建了一个团队，作用便是一直带来惊喜。这是故意的，因为他不想当"创新官"：他知道，没人真正愿意改变，但通过制造惊喜以促成改变是可能的。如果尼克一直待在麦肯，没准儿他们可以做到这点，但尼克走了。游戏还在继续，马蒂亚斯也再一次离开。

他已经找到自己的家了吗？他应该找得到的。当这位代表数字世界的瑞典人不再旅行，也开始思考时，他对数字革命所推动的一切，尤其是透明度，感到十分震惊。简单而言，说谎变得更加困难。他创建了一个组织——The Kind Collective（善意集大成），这是一个松散的联合组织，因为他越来越厌倦招聘：他只在需要最佳人才时汇集他们，教导他们保持良善，即使面对顾客也不例外。这个组织无关应用程序或科技，一切只是说故事。

身为锲而不舍的商业人士，马蒂亚斯当然不因慈善而如此作为，但那是一个不再有合同的世界，不再涉及任何聘用与解雇，不再没完没了地进行全球冒险。这位身上流着法国血液的瑞典人，终于以多种方式回归家乡。

再度充满激情的时刻到了：比如，对音乐的激情。马蒂亚斯哀叹，在我们这一行，从来不曾有人专门负责音乐。音乐，通常是最后才被想到的东西。他过去一直相信，数字音乐非常重要："你能闻到音乐的香味。"目前，他正在与瑞典流行组合阿巴合唱团（ABBA）的比约恩·奥瓦尔斯（Björn Ulvaeus）合作，创造一种充满互动的派对体验。

没有多少数字创意人可以改写《妈妈咪呀！》的歌词，但是，也不会有多少人具备销售技巧，并将之视为一项变革管理来推广。

查克·波特

20世纪70年代的某个时刻，一名年轻的自由文案工作者，紧张地站在麦迪逊大道的一间办公室里，墙上贴满了他为英国旅游局所做的设计。此时，带着随从的大卫·奥格威神气十足地走进来，问："这些都是你做的？"查克·波特（Chuck Porter）回忆说，大卫看起来像个"君王"，当时他就对自己说："未来某一天，我也要像他那样。"

数字革命期间，茁壮成长的新型广告公司中，就数查克的公司最备受瞩目：一家创意精品店，超越自我，名利双收。

但如查克所言："我是最不酷的一个。"正值从心所欲的70岁，查克精神奕奕，活力充沛，有条拉布拉多爱犬，喜欢烹饪，和妻子在迈阿密的一栋房子里住了几十年，他们的邻居都换了好几拨。在以他名字命名的这家广告公司里，他的角色可谓是"烟火大师"，在21世纪疯狂的头十年里大放异彩，是"不会输的公司"。[2]

查克的友善源于明尼苏达，但绝不是传说中明尼苏达式的伪善——即使生气也要礼貌微笑。必要时，查克也会生气，例如，文案写作未达标，而文案人员却完全不挂在心上时，查克会朝着他们吼叫。他是那种真正的好人：似乎不曾树敌，非常自制，不会妒忌他人。

查克在明尼阿波利斯市长大，很顺遂。那里基本都是斯堪的纳维亚人，都很友善。查克的父母开了几家餐馆，生活舒适。那里的人整个冬天都可以玩曲棍球，所以不觉得冷。查克和吉姆·法伦（Jim Fallon，后来也成立了以自己名字命名的广告公司）是高中时的死党，整天混在一起。明尼阿波利斯有很多大品牌，如通用磨坊（General Mills）、品食乐（Pillsbury）、3M 和霍尼韦尔（Honeywell），还有服务于它们

/ 查克·波特跟大卫·奥格威见过一面，然后决心效仿大卫的成功模式。20多年来，查克的公司一直是创意的坚固堡垒，所以我有充分理由把他列入最具影响力广告人的名单中，我想大卫也会同意的。

14 数字时代的五大广告巨人 379

的营销与广告业。查克记得有次去一个初中朋友家,他爸爸是天联广告公司的艺术总监,做排版的,听起来很体面。

大学期间,查克就和几个广告系的伙伴创建了一家广告公司。其中一人的父亲有家混凝土预制板的生产工厂。查克对他提案,展示了一张要在建筑杂志上刊登的广告,其中出现密斯·凡德罗的肖像及一句和伟大建筑师相关的"恐怖"之词。他们的第一个客户提问:那是什么鬼东西。他的水泥板既便宜又能快速量产,和密斯·凡德罗扯不上任何关系。不过,因为广告都拍好了,一切都准备就绪,他只能买单。后来,查克为校园药店制作的一则广播广告得了奖,从此他就迷上此道。

毕业后,查克安分守己地上了法学院。然而,查克对法律不感兴趣,他不像马蒂亚斯·帕姆-詹森那样喜欢法律。查克只在法学院待到第一个圣诞节,便前往迈阿密看他哥哥——达美航空的一位飞行员,他立刻爱上了迈阿密。他一直都在看《广告时代》杂志,上面提及了两名获奖的文案人员。他去拜访这两个人,自荐说他是名非常优秀的文案人员,请他们给个机会。得到他们首肯后,他放弃了法学,挥手告别当时的女友,把所有家当装进一辆雪佛兰科迈罗,驱车南下。他收到的第一个简报,是给一家银行的自动提款机设计广告牌。他写了100多个标题,大家认为其中99个都糟糕透了,就一个很亮眼——"不必排队"(Get out of Line)。之后,这个广告牌就竖在了机场。他从未忘记第一眼看到那个广告牌时的狂喜。文案人里克·格林(Rick Green)成为他多年的文案合伙人。

随着家庭成员的增多,查克的老婆建议他找一份正式工作。他已经做了17年兼职的自由工作者。他曾在迈阿密一家广告公司上班,老板是山姆·克里斯平(Sam Crispin),服务过牙买加旅游局。一天晚上,在牙买加蒙特哥贝市,查克和克里斯平正在喝酒,克里斯平递给他一张纸,说:"写下你的要求,来我这儿干吧。"查克写道,他想要自己的名字出现在公司大门上,然后把纸递回。克里斯平说"没问题",于是就在 1988 年,Crispin Porter(克里斯平－波特)广告公司成立了。

克里斯平不是广告人,他是个成功的商人。三年后,他把股份卖给 Midwesterner,这家公司后来还买了他儿子的股份。这是迈阿密少数几家广告公司之一。迈阿密有个异常庞大的自由工作者社区,由那些逃离纽约寒冬的强人组成,当时并未有任何公司有能力提供这些人全职工作。查克决定成立一家正规的广告公司。克里斯平第一时间就把营业执照给了他。于是,查克把全公司的人召集到一起,对他们说,他只知道做一件事,就是产出好创意,也说明自己的其中一个主张就是:"今日做出最好作品,美好未来指日可待!"

客户开始找上门来,先是本地客户,如佛罗里达马林鱼队、《迈阿密先驱报》和德尔蒙食品公司的 B2B 部门。他们给本地客户做的创意赢得了一座戛纳广告节金狮奖,于是其他州,如加利福尼亚和密歇根的客户也纷纷上门。

与此同时,查克已经聘用了 Crispin Porter 的第 16 名员工。当时公司作品看起来不妙。他曾给一家游艇代理商做了一些广告,是投在游艇杂志上的,但他自己很讨厌那些设计。所以,他把设计寄给一家设计工作室的老板,查克曾在兼职时与之合作过,让他帮忙改进。回寄的设计非常精彩。查克打电话给比尔·博古斯基(Bill Bogusky),说改过的游艇广告好到炸。比尔回答说:"不是我改的,是亚历克斯。"于是,查克请比尔的儿子亚历克斯来一趟,聘用了他。亚历克斯·博古斯基(Alex Bogusky)那时 20 多岁,是一个越野摩托车迷,查克在他 10 岁时就认识他。可想而知,基于这个关系,查克在未来角色中,很大部分形同一位典型的家长——纵容子女、激励后代、充满耐心。

无论过去还是现在,博古斯基都是他同辈人中最卓越出众的创意人才之一。正是天赋异禀的查克,让这位有时候难免火爆激烈的天才大展身手，并且两人形成紧密的伙伴关系。到 1993 年，因为博古斯基不受拘束的个性，查克自行让位，让博古斯基出任创意总监一职："因为他是比我更优秀的创意人才。"

有代表性的作品开始源源不断产出。查克秉持一个非常简单的理念，"把策略狠狠研究到底"，好作品自然而然到来。他病态般地厌恶把作品交给焦点小组讨论。这个模式初次曝光，是有一回在佛罗里达州面向青少年的反吸烟活动宣传，活动名字叫"实话实说"（The Truth）。研究表明，传统常见的信息如"吸烟有害健康"，实际上反而让叛逆小子更想吸烟。"实话实说"活动引导这种叛逆心理，将之与烟草公司的作为联系一起，并鼓励学生去打骚扰电话，挑衅游说团体。有些行为被录了像，制作成小成本的电视广告。从一开始，"实话实说"网站就是这次营销活动的中心。预算增加后，制作也更精美。"实话实说"体现了查克的观点："流行文化是硬通货"。你需要捕捉到这种文化，然后找一个像天生叛逆的博古斯基那样的人来挑战极限，有时就是接近危险边缘。

光辉岁月开始了。查克的下一条准则是"不要给大猩猩喂食"。那些要向前冲的品牌，其默认的营销策略却总是往后看，却拼命表现得像该品类领导者，查克对此感到困惑。其实他们要做的恰恰相反。当 MINI Cooper 在美国上市时，原打算的操作是像其他新车发布一样，做一次大型户外活动。于是查克他们把之前参加了 22 个城市巡回展的 MINI 车放在 SUV 的车顶上，配以横幅："周末有什么趣事？"这不仅颂扬了 MINI 的小巧车身，而且还表明，有趣的东西都在车顶上，不论是越野自行车、冲浪板、露营装备，还是 MINI 车。

如此这般的作品，确实为数字时代设定了部分议程。任何项目的思考都从来不从电视广告出发：博古斯基拒绝接受这种简报。查克和他都一心一意想"出名"：例如举行一场新闻发布会，创意会是什么？他们的做法情非得已，因为当时缺乏足够预算做其他的事。

MINI 在 2002 年想打入美国市场，选中查克那家小公司来给品牌造势。查克把 MINI 定位为奢华小汽车——一种生活方式的选择，以此来打击同价位的大型车。平面与户外广告从现代视角呈现 MINI 的精髓。这次宣传活动激发出大众的广泛兴趣，MINI 在上市第一年就卖出了近 2.5 万辆，此后的 10 年内卖出 50 多万辆。

查克由衷相信，他们两人受益于从来就没有在传统广告代理商工作过。公司没有任何规则手册，虽然他们为自家写过一条广告的定义："任何让我们的客户声名大噪的东西。"

随着业务扩大，迈阿密不够施展了，招人很难。导火索是公司首席招聘官连续三次招聘数字制作人，都被对方拒绝了，因为这三位的家人都不看好迈阿密。他们聚在一起，决定选一个与迈阿密完全相反，同时又能让他们遵循内心挑战的地方。他们考察了圣菲（网速慢）、波特兰和波士顿（不够独特），还有科罗拉多的博尔德市。查克和亚历克斯都喜欢滑雪，他们爱上了博尔德。而且，博尔德正好与迈阿密相反：一个紧密结合的小地方，所有店面晚上9点都打烊。唯一的消遣是一小时车程之外的丹佛市。而且博尔德还是"美国即食麦片最多的地方"。在公司的圣诞聚会上，查克举起一大块牌子："好消息：我们有新办公室啦。"然后，又举起另一块牌子："在科罗拉多的博尔德市。"查克问，有谁愿意跟过去，请来找他面谈。他猜测会有六七十人愿意。那一天，有217人找他说愿意。2006年搬家时，大部分创意人员都跟着他走了。

在弥漫清新空气的科罗拉多州，博古斯基的魅力开始肆意绽放。与此同时，有一个他们几年前就签约的客户——加拿大小型度假公司MDC，查克开始参与更多的工作。他给公司的CEO迈尔斯·纳达尔（Miles Nadal）传达了一条非常简单的信息："你不懂广告，但我懂。如果你让代理商发挥创意做到最好，他就能帮你赚钱。"巅峰时期，CP+B（Crispin Porter + Bogusky）公司对MDC的盈利贡献达25%。

查克大力推动CP+B的扩张战略。他的第一次冒险是收购Daddy——瑞典一家杰出的新兴数字公司，位于哥德堡。不过，他很快意识到，欧洲与美国不同，一个以挑战者自居的城市策略，在当地无法吸引客户。他需要去伦敦，其他办公室也跟随在后。为了MDC，他组建了一些感觉像克里斯平的卫星公司,如 Kirschenbaum,接着是 72andSunny。我认为,唯独经过法律训练的文案人员才有能耐完成此事。查克始终都在保护他们的公司:适时购买需要的资源和空间。

同时,博古斯基的魅力继续发扬光大。如今反思,他面对行业刊物时完全虏获人心(或许用"诱惑"更贴切)的方式实在有点意思。他在《商业周刊》和《快公司》杂志的封面出现,外表帅气,带点危险的气息,并且绝对自信。CP+B 屡获"年度风云代理商"大奖。传奇更多与亚历克斯有关:搬去博尔德市是他的点子,CP+B 陶醉于自己的街头鲨鱼侠形象。客户也买账。布兰登·伯格(Brandon Berger)——我近几年的数字合伙人,谈起 CP+B 的董事总经理杰夫·希克斯与亚历克斯的关系时,说:"杰夫拉亚历克斯入伙,让客户迷上亚历克斯,然后带走亚历克斯,让客户乞求更多。"

博古斯基周遭有种宗教似的膜拜。他会选择忠诚的追随者。面试时,他有一本"生日簿":从对方的生日和星座来判断,谁能应付不同寻常的刨根问底。对于下属,他总是无情地苛求,当然这没什么不对。但他身上有种东西让人难以忍受,一些离职的人也变成了诋毁他的人。他们造谣说:博尔德办公室就像是广告界的琼斯镇(邪教之地)。当然,这不是真的。有人提醒我:"查克一直在那里。"有一根长长的风筝线,一头由冷静的推动者把握,一头牵着才华横溢的煽动家。

或许不可避免,分手一刻终究会到来。查克可能对此也并不感到意外。有段时间,博古斯基脱离了公司业务。然后,他们两人合著了一本轻松读物叫《九英寸的饮食》(*The 9-Inch Diet*,2008)。不过,博古斯基的变化远不止于此,他对整条食品供应链有了一种意识形态上的深深厌恶。2010 年 6 月,查克在戛纳时,暴风雨降临了。他开始不断接到来自 MDC 的迈尔斯·纳达尔和其他客户的电话。在晚些时候,他才收到博古斯基的邮件,附了一篇他写的言辞激烈的博客文章,问查克觉得文

Creative Department, Crispin & Porter Advertising, 1992

Here's to small agencies with big dreams.

/ 1992 年的 Crispin Porter 公司，天时、地利、人和的正确团队共聚一堂，在接下来的 20 年里创造奇迹。查克·波特坐前排左侧，身边盘腿坐着的是亚历克斯·博古斯基（前排中间），博古斯基的名字后来被印在公司的大门上，他成了公司的合伙人之一。

图片文字：向胸怀大梦想的小公司致敬。

章写得怎样。查克回复邮件，告诉对方，他得自行决定：男子汉大丈夫必须承担责任，或离开公司，或选择留下。凌晨 3 点，电话来了，博古斯基说：他辞职。除了对博古斯基一如既往全力支持以外，查克从未表露出其他情绪。他始终保持冷静，不是"明尼苏达式的伪冷静"，而是真正的冷静。但是，谁会认为那样的经历对他而言是轻松的呢？

名人堂是否有博古斯基应得之位？这个问题应该看作一个"和"。他就在那里——非官方的。他们就像连体婴，多年来，在业界所有人的脑海中，他们都是密不可分的。是波特发掘了博古斯基，选择了博古斯基，释放了博古斯基的天赋，为博古斯基提供了机会，并保护了博古斯基。没有博古斯基，就没有波特；不过，反之更是如此：没有波特，就没有博古斯基。

后期，博古斯基的心不在广告上了。我个人认为可以从他的作品中看出，有时候缺少深层的品牌敏感度。可不是，缺少品牌支撑的名望是件危险之物。回过头看，他的作品汉堡王中的"王"就让人感觉如此。他自己曾说："我与广告的关系是，我并不喜欢它。"确实，有时候这会从作品中流露出来。

CP+B 在最佳状况下，紧紧抓住了数字时代做广告的大好机会。它相信互联网，因为在开始的时候，互联网物美价廉。然后，公司对此越来越把经营当一回事。在博尔德市，查克和亚历克斯收购了技术公司 Selective。他们很早就明白眼前的事实：想保护好作品，就要懂得编码。他们吸引了不同类型的天才，比如曾在 Goodby Silverstein 做网站的杰夫·本杰明（Jeff Benjamin）。查克不想做网站，他说："数字只是做传统广告的另一种途径。"但是，本杰明却让各种不同创意以数字化的形式发光发热。

有一天，公司接到客户的需求，要提醒社会大众汉堡王也做鸡肉堡。他们的创意再单纯不过："假如在万维网上放一只小鸡，会怎样。"大家提出主张——小鸡可以做任何你想做的事情。问题是："我们能做到吗？"

每个人异口同声说："能，我们可以在网络设定 300 条指令，让它依令行事。"于是，就有了汉堡王的"小鸡侍者"（Subservient Chicken）。

也许论及更忠于品牌层面，创意与科技的融合在达美乐比萨（Domino's Pizza）的操作上发挥得恰到好处。达美乐自我定位为一家刚好会做比萨的科技公司。如此一般的善心客户，容许代理商大胆对消费者提出承诺——缩短顾客体验与连接之间的距离。凡订过达美乐比萨，并紧盯倒数计时器的人都明白我的意思。

今天的 CP+B 早已不是挑战者，而这也是身为成功挑战者之乐趣。在与博古斯基的浮士德契约（我确实觉得，他们俩的关系多少有点浮士德的味道）决裂 7 年之后，查克·波特本人轻松自在，依然努力工作。虽然现在公司更安然稳当，而事实上，他的整个网络对于建立品牌更坦然以对，不只是为了出名而已。查克没有任何爱好，所以也谈不上退休去做什么：只有工作。此时此刻，查克目睹他视之为家的机构的作品正在振兴苏醒中，他深以为傲。

/ 俗话说，早起的鸟儿有虫吃，作为数字时代最早的互动和病毒式传播活动之一，这只"鸟"满足了互联网的想象。你只要输入一个命令，小鸡侍者就会根据一系列的预设动作，满足你的请求，巧妙地强化汉堡王所要传递的信息——"如你所愿"。（超出指令系统的请求会让小鸡摇摇头，那模样煞是滑稽。）

他将时间分配在迈阿密和博尔德之间。不过，如果需要找僻静地方隐居时，他会回明尼苏达，不是曼哈顿或巴黎，而是回到明尼苏达州他所设计的在格林伍德的家。当地只有 200 位居民，再也没有比那里更好的栖息地，能让像他一样的好人得以重新充电了。

有位曾经与查克共事的人亲口告诉我："我还没有遇到过任何不喜欢查克·波特的人。"

在广告界，获此评价的人寥寥无几。

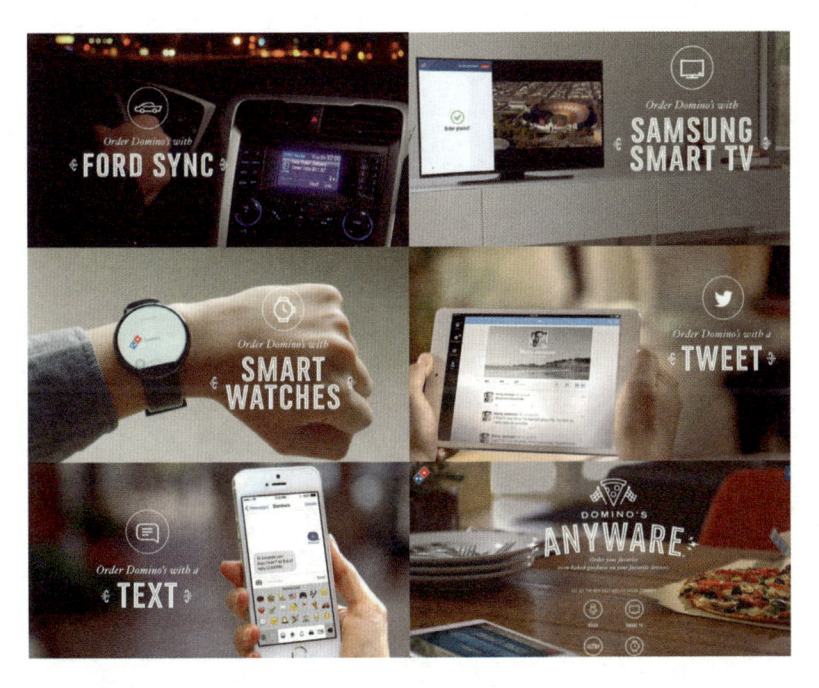

/ 达美乐的 Anyware 让客户能用多种设备订比萨，选择之多堪比比萨配料。顾客可以从智能电视、智能腕表、福特汽车、推特以及手机短信上下单。

14　数字时代的五大广告巨人　　389

15.

我的头好痛!

Ogilvy

数字时代的到来恰逢神经科学的大跃进。事实上，磁共振成像技术依托于数字成像，这项 20 世纪 70 年代出现的技术，实现了我们所熟悉的脑部扫描。故此，我们对大脑如何工作的了解，要比大卫·奥格威所处时代大为进步。毋庸置疑，他老人家肯定会赞赏这一类的知识：

> 研究质量将会提升，也能产生一个更强大的知识体系，以区分何为有用与何为无用。创意人将学习有效运用相关知识，增进他们敲响收银机的打击率。[1]

从 20 世纪 90 年代开始，神经科学领域的学术突破骤然之间民粹化，其中的主要人物是安东尼奥·达马西奥（Antonio Damasio）和汉娜·达马西奥（Hanna Damasio）夫妇。他们研究了神经科学"零号病人"菲尼亚斯·盖奇（Phineas Gage）的案例。盖奇是美国佛蒙特州铁路的一位工头，1848 年的一场意外爆炸中，一根铁棍从他左眼下方进入，直接穿透头颅。他奇迹般活了下来，不过人却变了。根据当时的记载，盖奇情商全失，他从一位好好先生变成了一个脾气乖戾之人。

令人惊奇的是，达马西奥夫妇根据盖奇尚存的头颅，用 3D 软件重

菲尼亚斯·盖奇，美国佛蒙特州铁路的工头，手执穿透他头颅的铁棍。他的不幸遭遇让他成为神经科学的第一个鲜活案例。

建了盖奇的大脑模型，也由此判定，负责做决策的"神经机能"同时受大脑"理性"与"感性"两部分的影响。铁棍损害了他感性部分的脑组织，随之而去的还有他的人格魅力。

这是"和时代"下的神经之"和"。这个故事并非每个神经科学的学生都知道，但他们应该知道，因为它表明人类不是一个纯粹的理性物种。

达马西奥夫妇用磁共振成像技术探究大脑不同部分的工作方式，继续他们的学术研究：他们发现，大脑边缘系统的作用非比寻常，比如杏仁体掌管情感输入到决策制定的过程，而腹内侧前额叶皮层则负责智力推理。

现在，脸盲症等各种神经心理障碍都可以用实验范式来分析，并与神经成像学方法识别的损伤神经解剖位点相关联。[2]

我头痛!

幸好,安东尼奥·达马西奥在其畅销书《笛卡尔的错误》(Descartes' Error, 1994)中揭秘了这一切。笛卡尔的格言"我思故我在"错了,"我感故我在"更正确,或者用达马西奥的话说:"我们不是思考机器,我们是会思考的感觉机器。"

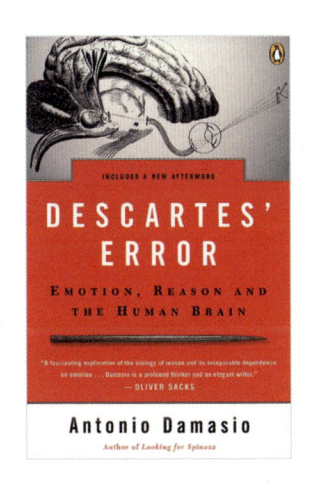

／ 安东尼奥·达马西奥所著《笛卡尔的错误》阐明了感觉对思考的影响,认为人终究是感性而非理性动物。

当然,对于某个广告学派而言,此一极具说服力的证据打破了他们一直以来的信仰。罗瑟·里夫斯在九泉之下必然不得安宁。

尽管相关的阐释与课堂讲授都还不到位,广告业却已开始默默吸收这些研究发现。值得一提的例外是,我的同事柯锐思(Chris Graves)阅读了很多跟本话题相关的学术文章,然后从中提取了适用于公关营销的科学根据,使其回到应用社会科学的本源上。柯锐思倒是不头痛。

很遗憾，我们这一行易患的恶习之一，就是抓住"下一个新事物"不放，视之为放之四海而皆准的万能药，因此才有了神经营销的伪科学。

营销活动的影响与大脑活动关联起来，可能相当有趣。不过，正如统计学家会说的那样，相关并不等于因果。例如，脑岛中的神经活动增加，与爱和恻隐之心相关。所以，如果品牌触发这一区域的活动，会产生积极信号。但是，这个区域的活动还与记忆、语言、注意力，以及愤怒、厌恶和痛苦等有关。大脑的功能十分复杂，要想彻底理解，并将购买模式与神经活动直接联系起来，还有很长的一段路要走。

正如牛津大学实验心理学系的莫莉·克罗克特（Molly Crockett）博士所建议，我们必须避开"神经骗局"。她说："我们在大脑内没有发现'购买'按钮……至今尚未。"

因此，我们应该聚焦于实际行为的产出结果，而非作为中间测量指标的神经活动。[3]

目前，有很多方法可以运用神经科学的基础来改善营销和广告，再打造一个专门的上层结构科学。正如我那位优秀无比的同事、Ogilvy Change 的联合创始人罗里·萨瑟兰，他已经尽可能为此相关性大肆宣扬，他认为机会就在创造能于"适应性潜意识"（adaptive unconscious）发挥作用的信息与线索。为此，我们要感谢阿莫斯·特沃斯基（Amos Tversky）和丹尼尔·卡尼曼（Daniel Kahneman）所发表的突破性研究，虽然使之广为人知的是卡尼曼一人。卡尼曼把大脑分为两个部分，分别以"品牌化"标记为"系统1"和"系统2"。系统1为适应性潜意识，是本能、习惯，通常被偏见和外部环境非理性引导。系统2更深思熟虑、精简、理智。如果你在开车，那你可能处于系统2；当你在食品店时，多半处于系统 1。

在 2012 年的海伊文学艺术节上,有人问卡尼曼:"有没有符合系统 1 特点的商业?"卡尼曼答:"广告是也。"

罗里指出:

> 绝大多数的好人,本能上就是好的心理学家。我们目前缺少一套词汇和大量的科学著作,用以解释和证明人们自身往往与直觉相悖的观点。

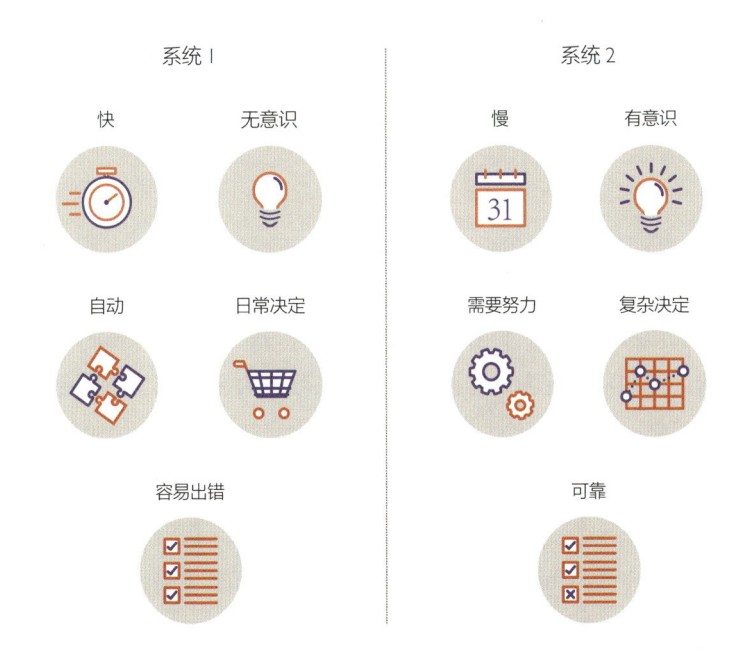

系统 1　　　　　　　　系统 2

快　　无意识　　　　慢　　有意识

自动　　日常决定　　需要努力　　复杂决定

容易出错　　　　　　可靠

卡尼曼系统 1 和 系统 2

/ 图为卡尼曼的系统 1 与系统 2。其中系统 1 是适应性潜意识,被不假思索的感性驱使,而系统 2 则是我们的理性一面。

15　我的头好痛!　397

现在，越来越明显的是，多数决策都取决于一个叫"适应性潜意识"的东西。它远非大脑常见的黑暗部分，反而可以归结为广泛意义上的"常识"。随着时间的推移，许多可靠的直观推断和经验法则已被植入我们的大脑中。

这些心理历程便是进化的产物。它们自动、毫不费力地运转，并且很大程度上超出了我们的意识。它们控制我们行为的方式，不是经由理智而生，而是通过感觉而来（靠近、退出、信任、惩罚、焦虑和亢奋等）。它们不一定遵循传统逻辑的法则，但它们的确自有一套逻辑。此外，潜意识的元逻辑（metalogic）远比我们之前认为的更有影响力：实际上，是感受让我们产生信念，虽然我们都以为反之才是真理。我们不是先理性，后感觉——我们是先感觉，之后再合理化（或"虚构"）。我们不能直接、有意识地控制适应性潜意识的工作方式，就像不能直接控制自己的心率一样。[4]

人们还从一个非常不同的角度重新评估大脑。究竟什么是经济人，他们的决定如何像行为一样影响他们所在环境的经济？这个争论始于1955年，那一年，大卫·奥格威在芝加哥发表了有关品牌化的著名演讲。赫伯特·西蒙（Herbert A. Simon）曾经在《季刊》（Quarterly Journal）上发表了一篇文章《理智选择的行为模型》（A Behavioural Model of Rational Choice），文中第一次质疑了经济行为是否只有理性。通过各种可供选择的方案进行建模，以"回报收益"（pay-off）确定彼此之间的关系，以及相关回报收益的偏好顺序。赫伯特得出结论，人们真实的行为很大程度都不符合规则。例如，怎么确保从结果 Y 中产生回报收益 X 呢？如果人们在选择启动之前，面对各种选择方案，分别进行评估,而非同时比较,结果将会如何?

经济学家理查德·塞勒补充道:

> 根据西蒙的思路,后续研究发现,导致我们经常做出不理智(或错误)决定的直观推断或偏见(心理捷径)超过150个,而且选择太多也可能让人无从决定。与一般公认大量选择更能让"经济人"做决定的观点相反,"选择的悖论"——由巴里·施瓦茨(Barry Schwartz)教授所创——意味着,人们更可以承受偏见,而我们会根据更有限的标准做决定,乃至委托他人决定或推迟选择。[5]

接踵而至的问题是:如何组织信息与线索,让它们更好地推动行为改变?否则,这一切令人着迷,却一无是处。

助推

虽然很大程度上,金融界对赫伯特·西蒙的方法置若罔闻,因为它跟当今的正统经济观点相差甚远,但还是有一群来自芝加哥学派的经济学家进一步发展了西蒙的思想。其中,最著名的要数理查德·塞勒和卡斯·桑斯坦(Cass R. Sunstein)。

以西蒙的研究为基础,他们选了非理性的操作者,将其归类为"人",而非新古典经济学中虚构的"经济人"。他们的研究,引导他们去思考影响各种经济决策的直观推断与偏见,特别是提倡"自由意志的家长制"——鼓励政府以最有利于社会选择的方式构建流程和系统。

塞勒和桑斯坦在2008年出版的同名著作中推出"助推"这个概念,即推动人们朝着正确方向前进的行为干预。助推最好是个可选项,它应该帮助人们做想做的事，即使不做也很容易。"选择架构"就是我们构建助推时需要依赖的系统。

各国政府很快就对助推产生了兴趣：如何推动人们做出更好的行为，不论是缴更多税，还是少喝点酒。美国前总统奥巴马聘用了桑斯坦，英国前首相卡梅伦聘用了塞勒。不过，令人啼笑皆非的是，行为经济学以其纯粹的形式应用，在英国比在其"发源地"美国更为流行，原因与英国内阁和英国广告从业者协会同步采用大有关系。两个机构激发了众人的讨论，也鼓励良好的实践。

说实话，并非所有的实验都有用。一些调查结果根本就是明眼人都能看出的事，比如器官捐献计划，人们选择退出会比选择加入的结果要好得多，这难道不是意料之中的事吗？

此外，在"符合"我们制定策略的常用方法中，让机会自我彰显，其实需要时间。以"思维空间"框架为例——这是一个用于改变行为，而不是改变思维和态度的流程。一个经由学术验证的框架，整合认知心理学、社会心理学和行为经济学的发现，聚焦一个现实世界的问题探讨，无论如何都难得一见。

起初，这个框架由英国的政府研究所和内阁一起开发，用于政策影响，但它也适用于所有行为改变，可作为产生实用点子的检查表。它是伦敦一个由学者和行为科学从业人员组成的跨学科团队的协作成果，这支团队对数以百计可用的直观推断、偏见和原则进行了元分析，然后把分析结果汇总成简单的 MINDSPACE 助记符号[6]。每一个字母代表一种根本性的行为变化原则：M 代表"信使"，I 代表"激励"，N 代表"规范"，等等。如此一来，它将数十年的研究转化成实际应用，对 Ogilvy Change 之类的企业组织而言，无疑是助益良多的实用工具。

神经科学帮助我们更懂得说服别人，行为经济学协助人们做选择。它们产生于不同的学术科目，但相得益彰。当然，有人基本上对消费主

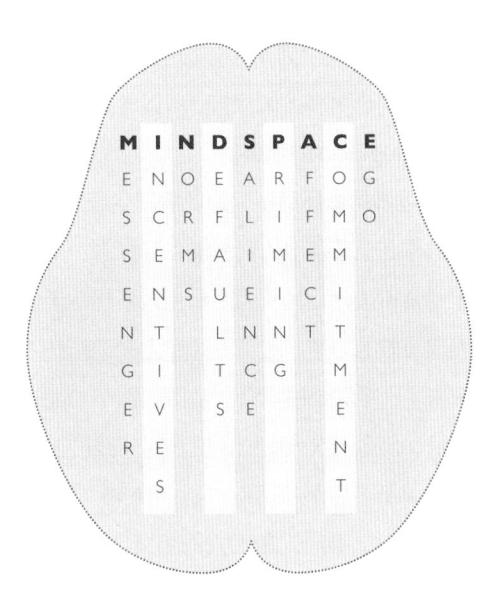

```
M I N D S P A C E
E  N  O  E  A  R  F  O  G
S  C  R  F  L  I  F  M  O
S  E  M  A  I  M  E  M
E  N  S  U  E  I  C  I
N  T     L  N  N  T     T
G  I     T  C  G     M
E  V     S  E        E
R  E                 N
S                    T
```

/ "思维空间" MINDSPACE 框架，由英国政府办公室运用学术界和行为科学家的成果设计而出。通过每一个助记符号——例如，M 代表"信使"、I 代表"激励"，可以产生引起实际行为变化的实用点子。我们的客户金佰利采用这个框架，并新增了一个字母，创造出 MINSPACER。这个无比重要的"R"——代表互惠——问人们如何能为他人付出行动，而不只是为了自己。

义充满反感，并视这一类方法为旁门左道，专门掠夺粗心大意的一般民众。不过，就因为你不赞成某种基本原则而去指责这些方法，那就大错特错了。像生活中的其他工具，包括一个铲子，它们可以助善也可以为恶。大体而言，它们让广告担负更多责任，而非借此减少责任。何况，在如今透明的时代做审核易如反掌。这些都是数字时代的光明秘密，而不是黑暗秘密（见 405—407 页）。

助推——无论大小——已成为一种日益有用的手段，让传播以商业问题为基础，而这些问题可能无法用其他手段明确厘清。以纸尿裤为

15　我的头好痛！　401

例，如果你视之为亲子连接的正向机会，而非日常作息的消极行为，那么你将卖出更多的纸尿裤，所以才有了再次把妈妈的拥抱 (Hug) 放入"好奇"(Huggies) 的结果。

助推的本质是不强迫就能产生行为改变，顺应人们现有意图发挥作用。某机构在全球各地的食品加工厂找到一个意想不到的机会：大家的洗手习惯通常不达标，其原因不是工人不想洗手或不知道怎么做，而是他们尚未养成有效的习惯。对于设计和生产创新洗手解决方案的金佰利而言，这就带来了一个助推的机会。金佰利携手 Ogilvy Change 开展了一个合作研究项目，创造一次大助推，使车间一线员工的脏手率减少 63%。这个助推的灵感源于英国某家医院进行的研究，它发明了一种可水洗油墨绘制的手部图章。洗手前，在工人的手背印上这个图章，手背会留下一个难看的细菌印记。那种特制油墨需要勤洗手才能洗干净。这样一来，之前看不见的细菌现在变得"可见"，产生了一种熟悉的诱因，让人养成洗手的习惯，并让良好的洗手习惯成为一种社会规范（因为每个人都可以看到别人在洗手）。这就是一次大助推，因为它不仅让人们的行为发生重大变化，而且实质上提升了洗手液产品本身的使用量，传统的沟通方式很难达成如此效果。

还有个小助推的例子，一份申请表。传统的申请表签名栏都放在最后，而这次的助推，只是简单地把签名栏移到申请表的顶部，这样的改动突出了诚实，就像是为申请人设计的承诺机制。一家汽车保险公司的调查发现，当他们在 1.3 万多名申请人中进行一次随机对照试验时，"顶部签名"表申报的里程数，其诚实度提高 10%，这相当于 97 美元的平均年保险费用。这样的小助推很吸引人，不仅因为成本低，有科学验证，还因为它以"看不见的机会"来改变行为，即按照人们真正的行为，而非我们传统上以为他们所想的去思考。[7]

明眼人都看得出，选择框架就是为数字时代而生。助推不仅为数字

巧妙的创意会推动人们改变行为。我们的客户金佰利利用一次大助推,即在工人的手背印上一枚必须用力擦洗才可洗掉的印章,提升了工厂的卫生水平。小助推也可以同样精妙,比如重新设计税单的措辞和格式,鼓励人们更加诚实地报税。

导向的项目提供了整合的"手套",而且特别被社交媒体直接利用,创造即时性,协助重大决策的制定,例如像投票一般的个人行径,都可转化为公之于世、与人分享且能高声谈论的行为。

即使是最传统的行为,也可用行为经济学来分析。一次史上最大规模的随机对照试验,即 2010 年美国国会选举时,近 6 000 万人的脸书新闻推送都被微调,添加了醒目突出的信息,包括附近投票站的位置、"我投票了"按钮和已投票的 6 位好友的头像等。其结果不言而喻,新增的投票人数多达 34 万。分析表明,人们一旦看到朋友投了票,不仅自己更可能去投票,而且朋友的朋友也会被触发去投票。[3] 一个按钮、一张图片等看似无关紧要的增添动作,却足以促进诸如决定谁来治理国家等具有深远影响的行为。

15 我的头好痛! 403

大卫·奥格威最常被引用的一段话是："市场调研的困扰之处，就是人们不思考自己的感受，不表达自己的想法，也不按照自己说的话去做。"

为人类大脑解码的努力，永远无法彻底解决上述难题，但是多少有些帮助。我们现在可以更加严谨地去理解，为何人们对自己说的话可能有不同感受；紧接着，我们不妨从旁助推一下，让大家去做一些实事。

社交网络推动了民调。脸书好友照片旁"我投票了"的标记，产生了同侪压力，用以鼓励大众积极参政。

接下来的第 405—407 页：我的"12 个光明秘密"是一组人，他们都为神经科学或行为经济学领域的重大进步做出了突出贡献——从"养成习惯"（habit formation）到"目标稀释"（goal dilution）。你可能听过一些人的名字，而另一些人不那么有名，但他们在各自的领域很有影响力。你将发现，他们提出的原则都成功地应用于广告业，并引发改变。

12 个光明秘密：
从早期的神经科学，到前卫先进的行为经济学

习惯养成
行为通过重复变成习惯

爱德华·桑代克
（Edwsrd Thorndike）
（1874—1949）
心理学家

1905 年（桑代克）：效果法则——相较于会导致不愉快结果的行为，人们更可能去重复会导致愉快结果的行为。

2010 年（勒理等人）：从现实世界中饮食和运动等行为习惯养成的模型可以得出，行为习惯的养成需要 18～254 天。

Ogilvy Change: 杜绝不良的手部卫生
在食品加工厂，使用手部卫生安全图章，鼓励工人通过重复洗手养成洗手的习惯。

社会规范
行为会受到公众合规需要的影响

穆扎弗·谢里夫
（Muzaffr Sherif）
（1906—1988）
社会心理学家

1936 年（谢里夫）：社会规范首先是由"自动效应"予以说明。人们的参考框架依据与群体一致的方向而调整。

最近的研究表明，规范信息能在不被察觉的情况下，影响一系列决策环境（如节能）中的行为。

Ogilvy Change:
直接扣款单的优化规范信息，用来鼓励英国市民以直接注册的方式缴纳市政税。

组块化
将长信息串划分为较小的"组块"，有助于记忆保留

乔治·A.米勒
（George A.Miller）
（1920—2012）
认知心理学家

1956 年，米勒定律：人脑平均可以储存 7±2 个组块（有意义的最大信息单元）。

2001 年（纳尔逊·考恩）：脑容量限制的检查揭示，短期记忆的大脑存储容量为 4 个组块。

Ogilvy Change: 遵照医嘱
把 21 天疗程的用药分为 3 个可控组块，医嘱服从率提高 21%。

证实偏见
大众偏爱那些能证实而非挑战个人当前信念的信息

彼得·沃森
（Peter Wsaon）
（1924—2003）
认知心理学家

1960 年（沃森）：人们关注那些证实而非挑战自己初始假设的信息。

1979 年（洛德）：人们漠视那些挑战自己关于死刑观点的证据。

磁共振成像扫描显示，当信念被挑战时，理性关联区域服从情感关联区域。

人很脆弱：温哥华的行人安全意识活动
利用证实偏见，减少温哥华的乱穿马路现象。

15　我的头好痛！　　405

厌恶模糊不清

相较于未知的风险，人们更偏好已知的风险

丹尼尔·埃尔斯伯格
（Daniel Ellsberg）
（1931年出生）
经济学家、行动家

1961年，埃尔斯伯格悖论：思维实验表明，人们会一边倒地去赌已知的机会，而不是赌未知的机会。

2010年（阿拉里）：在现实世界，厌恶模糊不清导致人们对保险需求的增加，因为对未来可能影响到自身生活的未知事件感到惶恐。

伦敦交通局：人行横道的红绿灯倒计时引入红绿灯间倒计时的做法，让过马路的"风险"变得已知，增加安全感。

可识别受害者效应

个人案例的鲜活程度可以产生强大的影响

托马斯·谢林
（Thomas Schelling）
（1921—2016）
认知心理学家

1968年（谢林）：可识别受害者比起统计受害者，能激发更强的情感反应。

2013年（日内-夫斯基等）：功能磁共振成像显示，可识别信息引起的反应确实让转变人们施舍的偏好。

暴力不再：Memac 奥美与哈立德国王基金会的活动
利用可识别受害者效应，提升人们对家暴的认识。

具体性效应

相较于抽象用词，人们可以更快速、更准确地处理具体（真实而有形）的字句

艾伦·佩维奥
（Allan Paivio）
（1925—2016）
心理学家

1971年（佩维奥）：双重编码理论——具体性字句激活大脑中的视觉和言语系统。

1983年（施瓦芬格尔和朔本）：情境有效性理论——具体性词语能激活更大情境范围的言语支持，进而被更快速地处理。

2000年（热桑）：功能性磁共振成像表明，两个模型组合起来，解释了具体性效应。

营养行动健康信：公共利益科学中心
我们可以通过具体的描述（等同的食物），而不是抽象概念（几克的重量），轻松理解爆米花是不健康的。

锚定效应

做决策时，人们往往依赖接收到的第一个信息

丹尼尔·卡尼曼
（Daniel Kahneman）
（1934年出生）
心理学家

阿莫斯·特沃斯基
（Amos Tversky）
（1937—1996）
心理学家

1974年（卡尼曼与特沃斯基）：在用捷思做决定时，8×7×6×5×4×3×2×1 的估算值高于 1×2×3×4×5×6×7×8 的四倍，说明人们在计算时高度依赖以前几位数为锚点。

2006年（艾里等人）：拍卖时，社会保障号（锚点）最后两位数大的参与者，会比其他人的出价高 60%~120%。

杜蕾斯"更便宜"活动
这广告让人们以高成本的婴儿产品为锚点，然后把杜蕾斯的产品价格融入情境之中。

双曲贴现
时间不一致的模型,相较于远期回报,人们对即时回报的估值更高

乔治·爱因斯理
(George Ainslie)
(1944年出生)
心理学家

1974年(爱因斯理):相较于后期的大奖励,鸽子明显偏好眼前的小奖励。
更多新近的研究结果显示,比起一年后拿100美元,人们更会选择今天拿50美元。但如果把时间改为5年,面对同样的选择,人们反而会再多等一年,拿更多的钱。

Jason Vale 的节食活动
节食活动专注快速修复身体,这个即时回报非常吸引人。

框架效应
人们对选择的反应各不相同,具体取决于选择的呈现方式。

丹尼尔·卡尼曼

阿莫斯·特沃斯基

1979年(特沃斯基与卡尼曼):前景理论——人们根据损益的潜在价值而不是最终结果做出决策。
1997年(罗斯曼与沙洛维):损失框架的信息,对人们采取冒险行为更具说服力;收益框架的信息,则对低风险行为是较具说服力。

Ogilvy Change: 吃虫子活动
这个活动通过激活大众害怕落后的心理,鼓励人们吃虫子:不要错过尝试的机会。

神经耦合
在目睹另一个人的行动时,我们的大脑反射了神经反应,于是我们"感受"到所看见的东西

贾科莫·里佐拉蒂
(Giacomo Rizzoalatti)
(1937年出生)
神经生理学家

20世纪80年代(里佐拉蒂):猴子的运动神经元在观察和执行抓取动作时都会兴奋。猴子看=猴子做。
1980年(Chong等人):神经反应会反映人类的神经元特性。
2010年(斯蒂芬斯等人):在说和听故事时,我们的大脑也会产生类似的反应,就像身临其境一样。

Ogilvy Change 与雀巢合作:墨西哥健康儿童联合会
创建了提名艾美奖的真人秀节目 Hermosa Esperanza 《美好希望》五个家庭改变了生活方式,以此鼓励儿童更健康。

目标稀释
目标越多,我们认为实现其一的可能性越小

张影
(YING ZHANG)
(出生年月不详)
营销及行为科学教授

2007年(张影等):与将目标合并为一(如锻炼)相比,目标越多(如锻炼肌肉与减肥),越难实现。

Ogilvy Change 与英国公共卫生部:10分钟的摇摆活动
通过专注于每天两次的简单活动,让锻炼更易实现。

16.

全球新格局

Ogilvy

在《奥格威谈广告》一书中，有一章以挑衅意味的标题提问："美国还是领先的国家吗？"美国的影响力还是很大，但所谓的"领先"，可能难以如此宣称了。全球格局正在改变。

1995年9月，我转调香港出任奥美亚太区负责人。1991年，奥美在中国大陆成立了第一家分公司，设在上海。那时，想要在中国大陆做生意，需要与一家本土公司合资签约才行得通，于是我们选择与上海广告有限公司合作。长久以来，由于此首发优势，我们一直受益无穷。

奥美中国的第一任（直至今日）董事长是宋秩铭（TB Song），他就像中国版的大卫·奥格威：无止境的好奇心，博览群书（在奥美规模太过庞大之前，每读到心喜的新书，他就会给每位员工买一本）。宋秩铭似乎定义了"广告之道"，也一心一意大力推动其发展。早在1985年，他就在中国台湾创立了第一家由外商投资的广告公司，后来更名为台湾奥美。那时，公司在大陆只设代表处，直到1991年宋秩铭来到上海，成立了新的合资公司上海奥美。宋秩铭在中国非常受欢迎，所以最早期，政府特批奥美在颐和园办公。

我刚到职时，恰逢宋秩铭想招聘一位高管的请求被拒。此君薪资不低，但却会是奥美未来发展的催化剂。拒绝来自高层——伦敦梅菲尔区农业街，WPP集团总部，苏铭天（Martin Sorrell）本人。

外籍经理人都听过"天高皇帝远"这句相当管用的中国谚语，但这对苏铭天从不起作用。我为聘用高管的事跟他争论过，他拒绝了；我再争论，他再拒绝，一次又一次。最后他的回应是："中国的工作，你全权负责，不过后果自负。"希望苏铭天原谅我（但愿如此！）在此说出来，但那时，他对印度市场的信心比中国大（可能因为印度人打板球，聊板球）。很快，他就转变了念头，而且比其他人更看好中国广告业的潜力，坚定地推动WPP集团在中国的发展。对苏铭天而言，没有哪个城市，远得无法到达，也没有什么客户，远得无法拜访。

到2017年，中国为WPP集团贡献了超过16亿美元的年收入，而且，WPP在中国的规模是其任一竞争对手的两倍不止，其中大部分增长都是由数字革命所驱动。中国已成为一个成熟的广告市场，也强化了一个来自西方的品牌批发理论——打造品牌能让产品成批销售。我一直认为，中华文化所固有的丰富象征意义，能使其很容易就接受品牌。这是一片非常丰沃的领土。此外，品牌打造的概念完美契合了中国政府的议程——让国有企业成为以顾客为导向的现代化组织。

虽说如此，但中文的"名牌"一词，就是指著名的品牌，所以给打造品牌这个概念提供了中国的视角——更多是关于名气，而非独特性。其典型，就是名声在外的央视招标：重要的是某个品牌能否在某个时段被1.3亿人看到——即刻成名。[1]不过，我们都目睹数字革命正在改写这种模式。

我们在中国的客户迅速从跨国企业扩大到国营与民营企业，从上海和北京两大城市延伸到不同省份，我们认为在这些省份将会出现差异化成长。让我引以为傲的是，2004年3月摩托罗拉的"HelloMoto"（你好，摩托）广告活动，奥美在中国首发，随后应用在美国市场的营销推广上。

这一小小的开端，象征着即将来临的世界影响力的转变。亚洲，长久以来都是创意的进口地，其实它也可以成为创意的出口地。一个原本单向的世界，假以时日变成双向通行。

2004 年，奥美中国为摩托罗拉做了标志性的"HelloMoto"广告活动，之后在美国大范围推广。这标志着，中国不仅是个巨大的目标市场，而且已开始向极富创造力的市场转变。

此时正流传着一张标志性的图表，对未能如愿成为史学家的我，这张图表极其诱人。它展示了随着时间推移，中国在全球贸易中所占的份额。从公元元年到 19 世纪中叶，中国的份额稳定在 25% 以上，居世界第一，1820 年，达到巅峰值 33%。之后，该比例急剧下滑，1950 年达到历史最低位，4.6%。

不过到 2017 年，中国对全球生产总值的贡献达到 14.84%，这个数值虽不如 1820 年的历史高位，但也相当可观，仅次于美国，并且还在迅速增长。在很大程度上，中国回到了未来。[2]

在印度，刺激广告行业的数字化程度较低。除日本之外的全球广告市场中，也只有印度依然沉迷于佣金制。因此，数字创意的营收月费被人为压制。此外，印度的广告业还受制于一个复杂、多层次的批发零售配销系统，缺少驱动发展中市场广告扩张所需的"现代贸易"担当的引发需求的"拉动者"。换言之，印度广告的辉煌日子还没到来，目前只有预兆而已,在数量上显得不如实际重要。

但在质量上,印度却又有非同寻常的表现。创意的恣意绽放,让印度跻身世界最活跃、最激动人心的广告市场之列。品茶师出身的奥美印度董事长皮尤什·潘迪被认为是其中的主要推手。他身体力行地示范了大卫·奥格威的信念——创意如何形成,而大创意又如何产出。独具特色的印度表现形态完全与西方无关,它来源于印度的恒河水,深深汲取了印度多面而绚丽的特性。

皮尤什的个人魅力及同业的共同努力结果,奠定了印度广告在社会上的地位,世界其他地方都追赶不上—— 他们获得如同电影明星般,也实至名归的身份地位。

值得大书特书的是,皮尤什从未忘记他的出处。如他所言,他虽然不把印度挂在嘴边,但却时刻铭记于心。他坚称,小时候从他家木匠身上学到的东西,跟从学校里学到的一样多。他集无比谦卑与传奇魅力于一身。此外,他对板球的最后一击很有经验——板球是他永远的挚爱,而且板球运动中的团队合作,与制作大创意如出一辙。

皮尤什的广告植根于文化。因此,多年来他协助建立了许多纯正的印度品牌,如 Pidilite,以火力全开的力量说故事,引起共鸣。

皮尤什的作品广受欢迎,本质上具有病毒特性,能自然而然地传播开来。不过,按他的话说:"我们都要记住,如果故事不精彩,或不够人性化,任何技术都无法拯救你。"

他提醒我们,成为一家跨国企业远远不够。企业还必须有多元文化,即使是在印度也要跨越不同文化:像做印度人那样,做泰卢固人或泰米尔人。皮尤什曾跟我说:"千万别忘了,当一个拉贾斯坦人去喀拉拉邦,眼见自己抹头发用的椰子油被用来烹饪眼前正在吃的鱼时,他一定会惊慌失措。"

印度已成为最有创意的广告中心之一,印度的广告业散发着好莱坞(或宝莱坞)似的魅力,产出了一批世界上最杰出的创意。这则 Fevicol 胶水广告就是一个深入人心的典范,采用在印度常见的场景,展现了 Fevicol 的胶黏性能——乘客被牢牢粘在巴士车顶。无论是说故事的方式还是腔调,都被烙上与生俱来的"印度特性",绝对不同于其他地方。而且最重要的是,这个品牌肯定牢牢地刻在了你的脑海里。

速度

毫无疑问,中国和印度的这些逸事特征,预示了世界的新形态。

但是,广泛影响不止于此。

多年来,与很多人一样,我在各种大会小会上都用了"BRIC"(金砖四国,巴西、俄罗斯、印度和中国。后来南非加入,称为金砖国家,即 BRICS)这个概念,不过我越来越不喜欢这个词了。在某个历史阶段,"BRIC"这个简写很有用,它也反映了这个词的创造者——高盛公司的利益。它是从金融市场的角度看这个世界,说来也未尝不可。只不过,它不曾反映营销和广告的世界,更不曾反映为其提供燃料的广大消费者(和企业)的世界。

对未来世界的人口统计预测比比皆是,但就我看来,没有一个真正提炼出对广告业何以发挥效用的启示。因此，我请享有盛名的经济学家和人口统计学家瑟吉特·巴拉（Surjit Bhalla）纯粹从消费者未来的角度探讨数据。结果令人目瞪口呆。

全球的中产阶层即将进入"爆炸"状态，到2025年，其占比将提升35%——增至46亿人，几乎占全球人口的60%。

但让人惊讶的，是世界新形态的未来模样。

有12个国家正不成比例地成长：印度、中国、巴基斯坦、印度尼西亚、孟加拉国、尼日利亚、埃及、菲律宾、越南、巴西、墨西哥和缅甸（如果政治允许的话，还有很快上榜的伊朗）。我们称之为"V12"或"飞速12国"。

如果要找一个真正的未来主义指数，借以描绘底线影响，这就是了。它由两个主要指标构成：一个国家的中产阶层，在全球所占的消费份额，以及这种消费的预计增长速度——根据购买力平价调整。

这给予我们另一个视角看待不平等这一概念。按资产分配衡量，世界是不平等的，并且存在严重不公平的财富集中，财富都集中于1%或5%的人口手上。但如果按收入分配衡量，世界正在变得越来越平等：中产阶层的阵营正在不断扩大。

在奥美，我们喜欢"速度"一词：它表示的，远不止由中产消费者扩张促成的国家经济增长，它还预示着中产阶层的日常生活（越来越由数字化赋能）和情感演进的步伐。

当然，世上尚无完美实现的预测，一路走来，眼前一定充斥各种短期障碍。政府会提速或降速。因巴西前总统卢拉在21世纪初执政期间的政策，巴西有近1.4亿的"卢拉中产阶层"成长起来；之后，随着政策失败，其购买力崩盘了（大众的愤怒情绪也趋向危险）。不过，风水轮流转，或许两年、五年或十年之后，又是一个轮回。

这个观点一面倒地相信，世界在向亚洲迁徙，向南亚的迁徙更为瞩目。大多跨国企业还不太真心认可这一转变。2007年，我们设立了奥美巴基斯坦公司。我能证明，那里有强大的消费者基础；我能证明，把一家巴基斯坦企业发展成普通印度企业大小，比等量扩张一家印度企业容易得多；我可以汇聚当地杰出的人才；我能展示给你看，那些数量很少却认真对待这些市场的跨国企业有多成功。即便如此，我仍觉得是在偏见的荒野中布道。

事实是，这个世界不会只有中国崛起。接下来的20年，印度、巴基斯坦、孟加拉国、印度尼西亚和越南将加快步伐。特别是接下来的半个世纪，印度将大有作为。但在我看来，绝大多数的跨国营销人员，在心理上尚未调整过来，以接受这个事实。

这个新世界感觉如何？

跟西方人所认知的当下世界完全不同。

新世界将属于女性，属于穆斯林，属于城市化。

由于在更好的教育鞭策之下，数以百万计的女性正在加入劳动力大军。到2030年，V12的穆斯林中产阶层将增加到5.83亿人。到下个世纪中叶，印度、中国和尼日利亚的新城市居民人口将分别新增4亿、3亿和2亿。

在购买决策方面，即便是在传统社会，女性也开始超越男性。而穆斯林，正在寻找其购买产品背后的清真价值观。作为市民和消费者，城市居民都将越来越依赖数字连接性。

数字时代将具有一种前所未有的全球化特色。我们该醒悟了也该认清现实。

它所带来的连接性就是数字化重塑世界的大红利。大多数评论家至今只关注互联网发展的规模。

记得脸书刚成立时，我到访过其位于门洛帕克的总部：会议室都以代表新用户数量的国家来命名，例如7 500万用户，那就是土耳其会议室。当时看起来有点自信过头，但很快，会议室就不够用了。

世界新形态：
2015—2025年中产消费者的增长

制图员，转一转你的眼睛！如果世界地图可以反映中产阶层人口的增长，那大概就是这个样子。北美和西欧要让位于占主导地位的亚洲和南美。

	2015年	2025年
墨西哥	93	106
巴西	140	159
尼日利亚	33	61
埃及	56	81
巴基斯坦	63	122
印度	431	828

	2015年	2025年
缅甸	13	26
印度尼西亚	139	189
越南	30	49
孟加拉国	22	59
中国	758	945
菲律宾	25	43

■ 2025年　■ 净增长（百万）

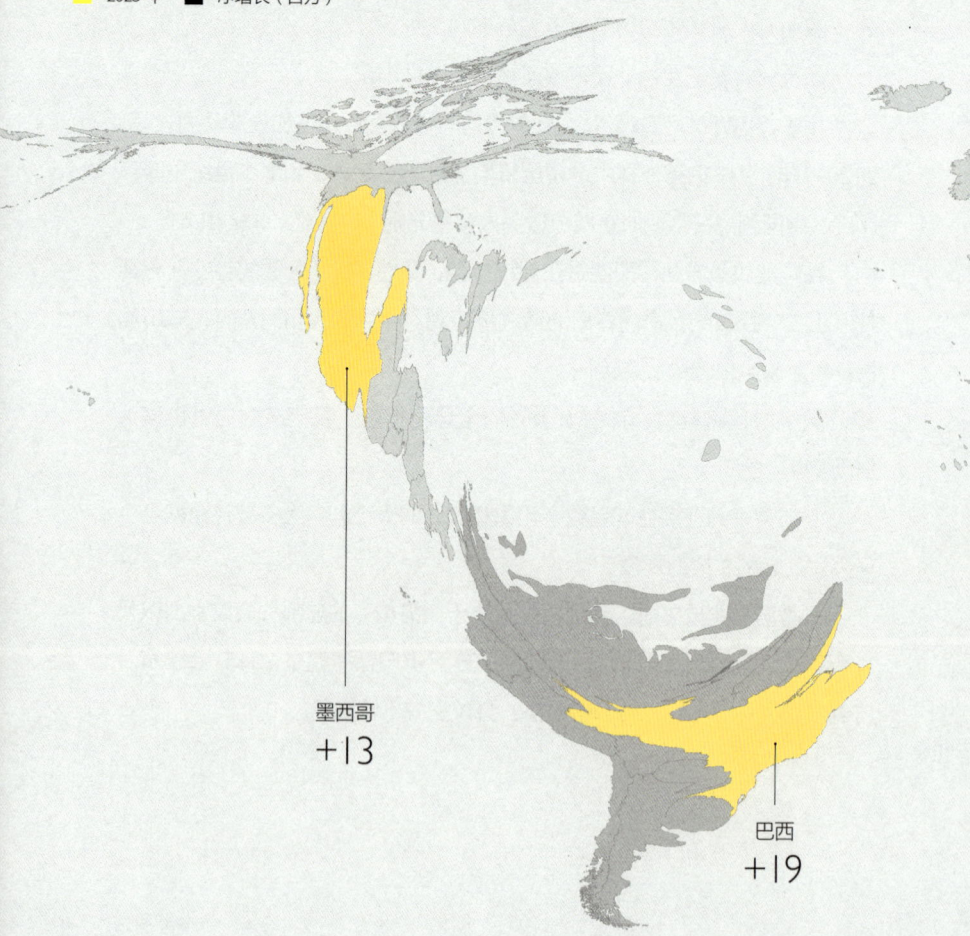

墨西哥
+13

巴西
+19

资料来源：瑟吉·巴拉《两国崛起——印度和中国的中产阶层》
（Second Among Equals - The Middle Class Kingdoms of India and China，
2007）；到 2025 年再修订并更新数据。

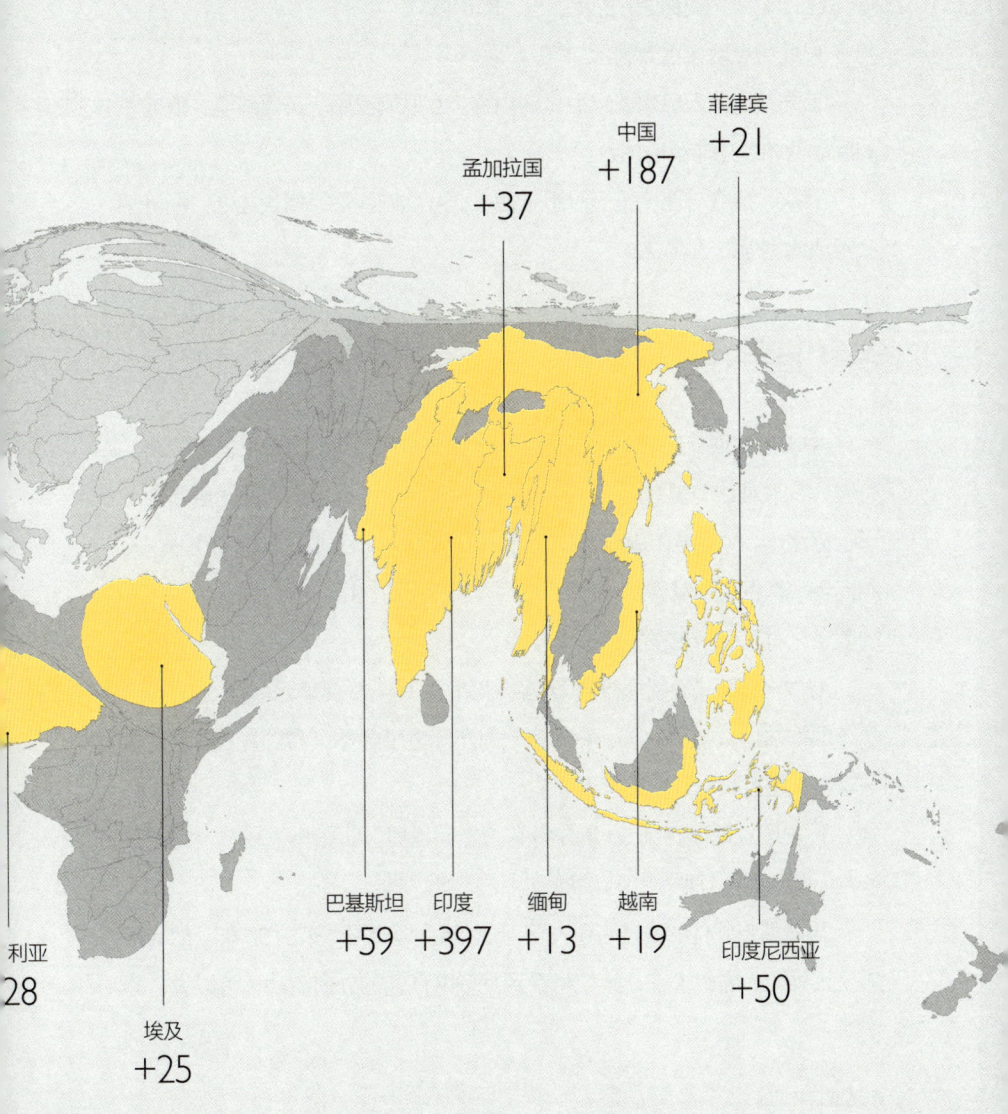

菲律宾
+21

中国
+187

孟加拉国
+37

巴基斯坦　印度　　缅甸　　越南
+59　　　+397　　+13　　+19
　　　　　　　　　　　　　印度尼西亚
　　　　　　　　　　　　　+50

利亚
28

埃及
+25

V12 市场将引领世界进入互联网的下一个飞跃发展。以全球尚未联网的人口而言，近五成在中国、印度、巴基斯坦和孟加拉国。虽然印度的互联网用户十多年间才从 550 万人增加到 1 亿，然后又花了 5 年才发展到 3.75 亿人，但这个数字在 2020 年可高达 6 亿。从互联网发展的速度来看，前十大市场中的六个都属于 V12。像孟加拉国和缅甸那样的低技术市场，正迎头赶上成为"直接使用智能手机"的市场。

由此可见两大重要启示。

首先，这些人口想要本地化的内容。互联网虽始于英语环境，但成熟的互联网如今是非英语体系。

其次，速度与连接是一对姐妹花。在互联网渗透率增长之处，经济都会不成比例地提速增长。

具有中国特色的互联网

中国是体现上述两种启示的范例：中国的互联网已经走出自己的路。有时，我很难让美国客户相信，中国的数字生态系统已比美国的更复杂，影响更深远。"长城防火墙"充当感知屏，成了诽谤中国的众多论据之一。然而现实情况是，就像邓小平理论于社会主义的作用一样，具有中国特色的数字化对互联网也发挥了极大作用。

1987 年 9 月，在中国科学院高能物理研究所——奥美北京办公室往西，几个地铁站远，中国发送了它的第一封国际电子邮件。那封著名的邮件标题写着：越过长城，走向世界。

但中国互联网在前 30 年并没有"走向世界"，相反，基本上它在很多方面都与世界互联网平行发展，并无交集。

虽然那封邮件的发送者误判了前 30 年，但对接下来的 30 年，他的预测是正确的。展望未来，我们将看到互联网创新的外向流动。可以说，非中国的互联网将越来越像中国同行，并与之看齐。随着这个变化的发生——其实已经发生了——为了解如何应对挑战与机遇，营销人员将会以中国为参照，因为其中国对手几年前已经走过这条崎岖山路，他们经验丰富。

每个评论家都用各自的方式来描述中国的互联网规模，比如到2015年底的网民人数为6.88亿[3]。为了强调这个数字有多大，还会有人这样比喻，中国的网民数是美国人口的两倍，或中国的网民数比德国、伊朗、土耳其、法国、泰国、英国、意大利、哥伦比亚、西班牙和加拿大等国的人口之和还要多。更机智的中国观察员可能会说，中国的网民数比全球的青少年人口还多。

怎么可能如此？而且这般快速？

首先，是政府。中国领导人相信，互联网是现代社会的基础。最早的论据是：中国政府在1988年拨款建了中国第一个电子邮件系统（通过分组交换技术），为包括上海、北京和广州在内的九大城市实现了政府机构与学术机构之间的数字连通；1993年8月，李鹏总理批准了一项300万美元的财政支出，着手建设被称为"金桥工程"的国家数字网络，目的是让公众能够访问公开的经济信息；分水岭事件发生在1994年，基于美国Sprint公司提供的基础设施，中国的互联网与全球互联网实现连通。之后的几年，中国的计算机科学家和电气工程师与他们的外国同行沟通交流——主要是美国和日本，加速了中国的互联网发展。今天，中国只有一小部分人口——2 000万农村人口没有实现宽带接入，中国政府正在努力实现他们的联网工程。

同时，中国政府也保护发展中的本土平台。

其次，国有大型传统媒体存在缺口，而新媒体可以果断补缺。因觉得传统媒体乏味不靠谱，中国网民转而在相互间寻找新想法、新鲜事：社交媒体正好补缺。同样，零碎而陈旧的线下零售环境存在缺口，卖家因此能迅速建立大规模的线上分销网络。

西方对中国互联网的主流看法是，它受到政府审查的致命压制。其实不然。现有的管控几乎没有遏制住网民们的疯狂使用。这不是为审查辩护，只是实话实说而已——如果没在中国真正生活、工作过，你会很难接受这个说法。中国网民完全不认为自己是没有言论自由或被限制的群体，他们在网络上的言行完全出于自愿。我们知道，因为我们随时观察他们。

这可能看起来是一个普通的办公室，但实际上不是。我们在上海的奥美公司密切监控实时的指标，为跨社交平台活动，譬如微信、微博和百度提供即时指标。

欢迎来到 BAT

BAT 是中国互联网的三大巨头：百度，中国最大的搜索引擎平台；阿里巴巴，中国第一电商平台；腾讯，中国最大的即时通信应用程序的所有者。

BAT 由"三大王者"执掌，在各自的领域大放异彩：李彦宏，身家数十亿美元的百度创始人，其搜索引擎占中国市场份额的 80%，堪称现象级；马云，自学成才的商界大亨，在 1999 年推出了电商巨人阿里巴巴；马化腾，腾讯创始人，即时通信的先驱，推出了微信——全球最大的即时通信平台。

顺延中国历史的主题，每一位王者都会建设一个尽善尽美的王国。

赢家能否通吃？这叫作单一帝王综合征。所以，它们现在都有各自的视频网站：百度视频，天猫影院（TBO），腾讯视频。

它们还越来越多地贴近客户，提供一站式服务：于是，阿里巴巴试图用其媒体与内容，与客户的物流相捆绑。这不只是要取消广告代理商，更像是把代理商踢出局。庆幸的是，个别产出的结果并不亮眼，这就是一般化难以战胜专业化的典型例子。

创新是 BAT 的驱动力。创新始于新浪微博，起初它的功能跟推特类似：每条最多 140 字，按更新的时间倒序排列。后来，它开始做更多的创新之举。推特也随之改进，比如添加了视频功能。

不过，最令人瞩目，也最具革命性的创新是微信。作为一款通信、社交和商业应用，它推动了二维码在中国的使用——这种技术在西方几乎无人使用。

在中国，因为微信，二维码的扫描已无处不在：朋友用它来交换联系方式，营销人员用它来代替一长串链接，商家用它来买卖支付。奥美中国的员工名片上都印着二维码。

李彦宏，毕业于纽约州立大学布法罗分校。公司起名百度，参考了一句宋词"众里寻他千百度"，意为寻找自己的梦想。

马云，精瘦、魅力十足，根据某些数据，他可能是中国首富。在成为一名意志坚定的企业家之前，他面试找工作被拒了30次，这点很多人都知道。他还是中国自信的面孔和声音代表。

马化腾，1998年创立腾讯。相较于他人，马化腾更低调，甚至有点神秘。为了让公司继续维持下去，他在不同时期做过很多最底层的工作。

/ 三位王者：百度的李彦宏，阿里巴巴的马云，腾讯的马化腾，他们分别执掌中国最大的搜索引擎、电商和即时通信平台。

其绝杀优势是跨功能性。数百万用户只用微信，就能跟朋友分摊费用，购买鲜花，甚至预约医生看病。在这方面，脸书、推特和其他西方社交平台都远远落后于微信，但在未来几年，它们将争相给用户提供丰富、类似的多功能体验。

微信在中国依旧是使用率最高的通信应用程序（这让人印象深刻，本书出版前6年才有的微信），而WhatsApp的广告商们正拼命让WhatsApp能为其所用。微信本身很清楚，它正在从一个平台蜕变为一个生活品牌：它不想被任何之前有过的事物所定义。微信的日平均使用频率是11次。

顺便提一下，对于广告代理商而言，微信改变了我们与中国客户间的联络方式。我们在微信上展示作品，而客户也多半是用微信反馈。

另外，中国有一种缺乏时间"过度思考"的情况。我发现，在中国开展业务的西方广告主常抱怨说，他们缺少策略：中国客户不做评估就

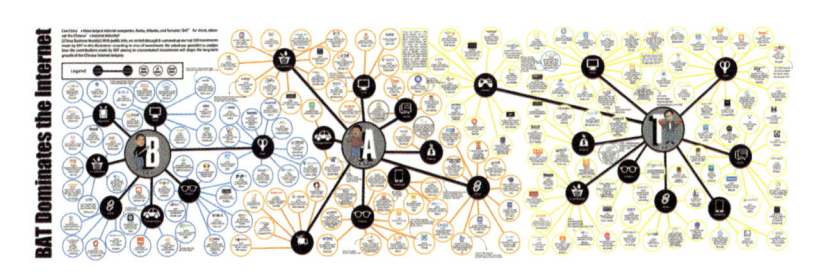

这是我们给在中国的客户解释互联网时用的示意图。BAT 是主导，他们在其主打业务上，各自都有近乎垄断的地位。百度主打搜索，是中国版的谷歌。阿里巴巴主打电子商务，事实上，阿里巴巴是世界上最大的电商企业（就销量而非营收而言），它的法宝是淘宝和天猫——中国两大主要电商网站。腾讯主打社交，拥有微信（基于手机应用的庞大、创新的社交 App）和 QQ 即时通信服务。这些只是它们的主打业务链，此外，BAT 还主导了中国的旅行、电子支付、地图、游戏、娱乐、新闻和安全等业务。

匆忙执行，而这对西方客户来说是匪夷所思的。这无关懒惰或不严谨，他们更可能是要去合理响应大众对短期热度的关注或媒体碎片化——我们似乎能在西方看到更多这样的趋势？中国广告主想得少却做得多，他们的做法是否正确，时间自会证明。

中国的社交与数字创新的输出，是个必然会持续下去的趋势。中国的广告主甚至有理由自鸣得意，因为他们的西方同行急着要弄懂其中的变数，而中国的营销者们已在这个新世界取得了成功，我们能从他们身上学到什么？

社交就是一种心态

成功的中国品牌，已跳过在组织内设置独立的社交乃至数字部门这个阶段，避免了西方常常阻碍成功的壁垒式组织架构。

在中国，成也社交，败也社交，社交对品牌的影响力比任何其他国家都明显。在中国这个全球联网群体最庞大的国度，91% 的人有至少一个社交媒体账户，在社交平台上人均关注 8 个品牌，这些用户对他们同侪的品

16 全球新格局　425

牌选择有着巨大的影响力。

尽管处于重要地位，社交并未被当作独立团队，独立做项目，或独自活动。社交，从来都不是独立运作。

广告主知道，要在社交上取得成功——得到大众对自己品牌的正面评价——不一定要做"社交"。广告主知道，最好的社交宣传并非是社交活动。最好的社交宣传，按照创造积极口碑这个指标衡量，是优秀的电视广告、精彩的事件营销、出色的公关活动，还有高质量的产品。

要想在中国成功，就要在心系社交的同时，跳出社交框来行事。

社交与电子商务之间的互通互联性

更多电商促销与独家产品，在打造时就把宣传活动谨记在心。雷朋和宝格丽等品牌的产品发布，针对中国的应用程序——类似于 Instagram 的图片社交平台"好赞"（Nice）和类似于 Vine 的社交 / 视频平台"美拍"进行创作设计。

运用网络社群与消费者共同发展产品

中国的营销人员能熟练地倾听在线对话。有时，整个社群都在线上互动，以进行新产品迭代。看看小米。有些人称小米这家智能手机生产商是史上成长最快的科技公司之一，其成功部分归因于在线社群，因为它每周都会为更新的操作系统提供建议与反馈。

广播复活了吗？

中国的人均播客消费比其他国家都多。在中国的智能手机用户中，12% 的人表示有播客消费，相比之下，该比例在美国和英国分别为 5% 和 4%。此外，中国的音乐消费增长更快，中国的营销人员迅速予以回应，让音频广告复活；而在西方广告界，音频广告多年来都是一潭死水。

英国旅游局

名字有何含义？
结果不胜枚举…

在有钱旅行的年轻中国人心目中，相较其他国家，英国有着不太欢迎游客的名声。

所以，奥美协助英国旅游局——负责英国旅游业的政府组织，在语言使用上做得更好。怎么做？让中国人重新命名英国的地标！

这是史上首次，一国邀请另一国的人为其著名景点命名。活动始于英国驻华大使对中国大众的一次公开呼吁，投放在影院和户外广告上，号召中国人在线为100多个英国标志性景点起名字。

大众积极响应了这一挑战。有人建议把诺丁汉郡的舍伍德森林（Sherwood Forest）改名为"侠盗林"，还有人给伦敦的碎片大厦（the Shard）起名"摘星塔"，伦敦的地标建筑瑞士再保险总部大楼被形象地称为"小黄瓜"。

之后，更激动人心的活动来了——我们邀请中国网民亲自到英国，给地标宣示命名权！前后有1.3万多人参与活动，其中有位披头士的铁粉最先跑

来将艾比路（Abbey Road）改名为"爱别路"。最后，对每一位参与者的奖励是，他们所建议的新名字都会出现在维基百科、百度和谷歌地图上。

此次不同凡响的营销活动，通过一个社交创意，释放了在线的宣传力，在传统媒体上也表现不俗。此次活动在中国社交网络上的曝光量达3亿多次，在自由媒体上创收约1500万元人民币。但最大的成功是什么？中国人觉得英国人不那么冷漠了的，那一年，中国去英国旅游的人数增长了27%。

把互联网文化带到大众市场

中国的互联网文化渗透到主流文化的速度比西方要快，中国的广告主已迅速利用了这一点。FatCat宠物玩具是给猫猫狗狗准备的系列毛绒玩具，色彩绚丽，价格便宜（每件不到2美元），目前在阿里巴巴的全球速卖通电商网有售，但只有那些选择加入讨论产品的人才能下单。换言之，社交媒体是解锁该产品购买权的关键。通过社交平台与人互动这一简单行为，被视为购买产品的一个诱因。

移动非洲

如果中国是数字速度的第一代典范，那我认为，赤道非洲将成为第二代，以移动钱包为中心的移动革命起了作用。东非和西非海岸线的电缆铺设，让大众用得起智能手机。肯尼亚的智能手机销量占了手机销量的五成。不过，创新在此处就是指移动支付。赤道非洲拥有世界上大部分的移动货币账户，如此一来，将所有无银行账户的人，与一个具有选择权和安全性且通常无须现金运作的世界相互连接。

这是怎么发生的？

一组研究人员发现，乌干达、博茨瓦纳和加纳的消费者用手机通话时间代替货币进行交易。这引起了肯尼亚一家移动网络运营商的注意，在 2007 年，这家运营商支持推出了转账用的移动系统 M-Pesa。自那以后，M-Pesa 系统在规模、范围和到达率等方面都取得长足发展，在很多非洲国家，以及印度和东欧都可见 M-Pesa 的身影，它还整整占了肯尼亚国内生产总值的 25%。M-Pesa 还催生了另一个叫 M-Kopa 的业务，该业务让乡村地区的人只需每月用无线方式支付少量月费，家中就能有太阳能照明，并给移动手机充电。其他替代的支付形式也正促使商务在银行服务匮乏的社区发展，从阿富汗的比特币，到孟加拉国的 bKash，再到印度的 PayTM 不等。

移动支付文化带动了一些令人振奋的发展。尼日利亚的电子商务起步较晚，要大范围采用网络购物，着实面临不少障碍：配送成本，担心能否收到正确的产品，担忧在线支付的安全性。不过，看看架构灵活，付款方式以移动优先，又是货到付款的 Jumia 吧，它现在可是尼日利亚最受信赖的电商品牌。

最后，非洲经济中广受欢迎的信用合作社叫 chama。它为消费者提供了创建"虚拟商店"的手段，用于批量采购与分销，并惠及个别消费对象。通过即时通信应用程序发信息或公告，提供便捷管道，移动优惠券和移动支付则帮助交易支付顺利进行。

全球化的终结？

对营销人员和传播工作者来说，"正确塑形"这个新世界是关乎存亡的挑战。

当然，一切取决于你主要是个本土品牌，还是一个国际品牌。

本土品牌如今不再了无生气，或呈现"我也一样"的傀儡德性。我们有过半的业务都是本土品牌，它们运用了其全球竞争对手使用的所有工具和技术。而且，它们还有个巨大的优势：距离消费者特别近。很大程度上，这让本土品牌能够进行数字优先的思考，而国际品牌则倾向于平台优先（因为要寻求规模效益）、数字第二。

无论何时去马尼拉，我都有一种无法抗拒的渴望，想吃欢乐蜂（Jollibee）的桃子芒果派。没错，我强烈推荐它，这是你能找到的最美味的甜点之一，只要身处菲律宾群岛，我都放飞自我，尽情享受它的美味。欢乐蜂引领菲律宾的快餐业，远在麦当劳和肯德基之上，它填补了通常被麦当劳占据的"刚需空间"，而麦当劳一直是其强悍的对手。麦当劳推出"乔伊的鸡里有什么"（What's in Joy's Chicken?）广告活动，六个名字都叫乔伊（Joy，欢乐）的女性一致推崇麦当劳的炸鸡，于是欢乐蜂用强烈的菲律宾民族自豪感大力回敬——"欢乐鸡国度"（#ChickenJoyNation）。至今，欢乐蜂的地位都未被撼动。

地方主义的一个范例是 Wardah，一个印度尼西亚的个人护理品

/ 菲律宾的炸鸡之战：当麦当劳推出炸鸡时，菲律宾本地品牌欢乐蜂用它的 ChickenJoy 予以回应，迅速确立它的地位。

牌，专为进步穆斯林的清真习俗而设计。它通过运用"美丽心灵"（#CantikHariDati）等主题标签，与消费者进行数字互动，还在官网上发布用户的推特和Instagram帖子，为顾客提供其他真实用户的使用反馈，以便他们效仿，这个品牌在印度尼西亚富饶的社交环境中得以兴旺发展。

同时，国际品牌不再享有天生被消费者偏爱的特权。研究表明，在V12市场，只爱本土品牌的消费者数量是偏爱国际品牌的两倍。当然，大多数人依然会两者都买。

不过这让国际品牌陷入两难境地。我们联合利华的客户乔安路（Alan Jope）说："这是让营销进入魔方世界。"

你有个本土竞争对手，运用数字媒体，在二线城市的新渠道成立了一家专门针对千禧世代的业务。对此，在伦敦或纽约，你拿不出什么即兴的防御策略。尽管电视时代，我们通过文字翻译，或做一些小小的本地化文化嫁接，让一则广告全球通用，但数字时代，玩法就不同了。为了竞争，你必须要数字化（保守来看，至少也得分配20%的全球预算在数字化上）。而要做到数字化，一定程度上你必须本土化。这并不是说，全球化的数字活动不存在。当然存在，只是，它是通过层级过程产生作用：全球化的策略，全球化的创意平台，全球化的数字作业剧本——但在某一个节点，所有的剧本都让位给高度本土化、灵敏的本地战场来接管。这是一种非常精确的平衡艺术，因为传播如今遇见了政治。可有人在发挥数字化影响力的同时，依然对策略与创意的定义负责？或者，是否有人由本地操控预算和"非本地所创"的感觉所驱使，沉溺于一种本地自重感，对于品牌全球整体性而言，却可能是不负责任的行为？看来，此议题在数字时代，将是持续不断的长久争论。

"魔方营销"因跨国企业缺乏弹性而更加复杂。过去10年，我经历过的最大变化是市场下滑，整个市场都走向"黑暗"。极其讽刺的是，许多暗沉市场的未来，原本被一片看好。

引人关注的原因难以回答，不过其结果却无法避免，就像长期的授权经营竞争优势一样。此时此刻，新的亚洲品牌可填补真空。

日本是个完全不同的类型。20世纪70—90年代，日本的价值观显著地改变了跨国企业的利润表。现在，日本好像已经弯腰鞠躬，并礼貌地退出了国际企业活跃的世界。

魔方综合征不只影响了西方品牌。回到2004年10月，我组织了一场研讨会，旨在讨论中国企业如何走向全球，这恰与中国政府要打造中国品牌的目标一致。研讨会的地点选在杜佛古堡，赫塔·奥格威回忆说，一群起步较早的中国全球化先锋引以为惧的，居然不是全球市场的复杂性，而是建于13世纪的杜佛古堡卧室里的幽灵。十多年间，中国品牌代

Dabur是个印度的美容品牌，拥有深厚的本土血统。它对印度思想的强大文化流有着细致的理解——阿育吠陀，这是一个经过千年进化的体系，与印度独特的疗法和草药复方有关。通过讲述各种原材料生动有趣的故事，以回应式的沟通方式，在门户网站展示美丽的视频。它不仅有传统定位，还是个有文化的时尚品牌。Dabur利用这些深厚的本地渊源来抵御国际竞争。

在广东深圳的华为园区内有 3 万多名员工。华为将是未来最典型的跨国企业之一。

表世界第二大经济体硬实力的柔软面。

虽说如此，并不是他们觉得全球化简单易行。事实上，他们觉得这很棘手。由于传统的层级构架，中国企业对全球的矩阵流动管理很陌生。此外，很多中国企业，其文化中都带有"制造业优越心结"的烙印，还不愿意按国外客户的品位来配置产品，因为这与其国内客户的要求截然不同（现在正在改变）。心想：我的产品在一个 13 亿人的市场都卖座，为何需要改变？

在所有中国企业中，最努力并成功致力于数字时代打造品牌的企业是华为。

在华为的深圳总部开会，完全不同于其他地方。这个不同，无关于其庞大的多建筑园区（能容下近 6 万人办公，大多看起来像学生），无关于令访客拍案叫绝的巴比伦建筑风格，也无关于这个只有 32 年历史的企业所带给人的震撼。确切地说，这个不同，来自会议中散发的绝对勇敢、有干劲儿的能量，来自一切都由一种布道般又务实的热情所驱使的感觉。

是什么在驱动？是数字时代出现的最有趣的商业文化之一，以及任正非的一手创造，他理应在全球数字万神殿中占有一席之地，但至今仍被西方不公正地拒于门外。他的目标非常清晰：在海量数据中，"谷歌提供水，我们提供管道"。鞭策他的是一种历史感和哲学感，还有未来感（譬如，他鼓励华为顶尖的20位经理人去学习16世纪以来的大国兴衰历史，他欣赏1688年的英国光荣革命，他也喜欢引用威灵顿公爵的话）。

或许，以上种种原因，形成了他独树一帜、交织东西视野的"和时代"。华为文化颂扬"灰色"。汉语里"灰"是指黑色与白色间的那些阴影。它意味能够灵活应变，能够妥协，能够"控制节奏"，同时不失方向感。这并不意味着软弱。"狼"是华为经常使用的动物隐喻，还有一种独特的中国"动物"——传说中的"狈"。狼的前腿长，后腿短；狈的前腿短，后腿长。"狼狈合作的组织才是最佳进攻组织"，任正非如是说。无论华为文化有多机敏，有多像狈，它都鼓励所有华为人不断地进行自我批评——中国版的"永不自满"："古人都能专设三省吾身的屋子。我们就不能学着反思失败？"这样的反省，促成华为非凡的成功。华为将是第一个全球化的中国品牌——一个恰好来自中国的国际品牌。

华为、海尔和联想都将继续走全球发展之路。与来自印度、墨西哥和印度尼西亚的其他"新全球化企业"一起，成为新全球化的第一道浪潮。它们还将成为数字经济体的一部分，成为1982年还无法想象的"双向"世界的一部分。

记住我说的话，华为将是中国第一个真正的全球化品牌。这个《鲨鱼舞者》宣传广告，是我们为华为设计的一次早期内容实验。该广告完美地强调，触控的力量让我们沟通。华为是一个主动出击的品牌。

16 全球新格局

17.

文化、勇气、客户与响板

Ogilvy

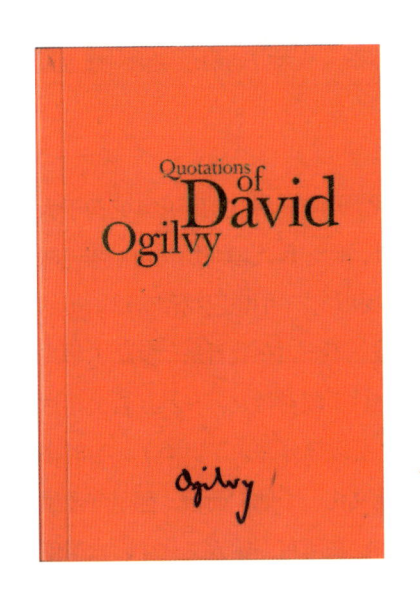

/ 奥美深感幸运，因为创办人的语录取之不尽，用之不竭。作为一家广告代理商，我们把大卫的教导珍藏在这本小红书中，作为我们历久弥坚的公司文化指南。

　　那是 20 世纪 80 年代末，塞维利亚一个闷热的春天傍晚，又一个培训项目结束了，我们既疲惫又放松，于是来到一个酒吧。突然，我们当中传来鞋跟敲击地板的嗒嗒声，像暴风雨一样打破了大伙儿的百无聊赖，团队一下子放开了。那是诺斯特·凡尼斯潘（Jost van Nispen），一个与优雅有点距离的安达卢西亚人，但绝对是他那一代里最杰出的直效营销人员之一。作为一个荷兰人，他搬到西班牙后，对当地痴迷不已，还自学了舞蹈。他表演时鼻孔张开，看起来非常靠谱。随后，响板响起来了。

　　一阵鼓掌欢呼。不知何故，当晚的记忆——响板的嗒嗒声就牢记在我的脑海里。我一路走来，基本上平凡不已，稍纵即逝，不怎么有趣的职业生涯中，数以百计大同小异的记忆中，只有当时在场的有缘人让我回味无穷——这一切就像情感般沉淀累积，久而久之创造了一种文化。

　　如果企业文化得以奖赏人们难能可贵的诸多记忆，并被视为至宝善加珍藏，将大有裨益。大卫·奥格威就创建了如此一般的文化——业界最强有力的文化之一，彼此分享共同的意义体系，从大卫的语录到他对红色近乎盲目的执迷。

常有人要求我定义这种文化。

我回答说，这是一种以人为本的文化，而非机械式的僵化。它源于大卫对人的兴趣与喜爱（非常无趣的人除外，他建议代理商切勿对枯燥无味的阿猫阿狗伸出援手）。在这方面，大卫跟比尔·伯恩巴克和李奥·贝纳站一队，与他曾经的连襟罗瑟·里夫斯截然不同。在我看来，罗瑟·里夫斯无论置身生活或事业，基本上都以机械性手段对待之。在其广告公司达彼思被卖掉时（2003年卖给WPP集团，所以部分并入了奥美），当时在达彼思的幸存者说，达彼思完全没有企业文化。于他们而言，那时就像是从劳改营出来，走进了大教堂。放眼望去，在所有创始人文化中，大卫创建的文化，热情洋溢，活力四射，依然是个中翘楚，无出其右。（当然，各位也知道，本人的偏见表露无遗。）

在我之前的所有领导者，和我都不约而同积极宣扬大卫的文化。文化之所以气势磅礴，是因为融合了何谓好广告的观点，搭配基本原则的好品行与文明礼仪等元素。

我们无视所谓的非此即彼，反倒是一个彼此共和的大范例。大家越开心，作品越出色。有人曾不怀好意地说，加入奥美更像是加入独门教派，而非加入一家代理商。不过，细想之下，我们的文化似乎发挥了作用。诚如其他强大的代理商品牌所发现的一般，适时地服用我们开给客户的"处方药"，导致多年来想加入奥美的人多，而离开的却相对少。

如何让组织集体勇敢前进的相关理论，坊间从不匮乏。请允许我加上一条自己的观点，它或许因我在创意代理商机构工作而有所偏颇。

我认为，这直接关系到领导层在多大程度上，无时无刻不灌输一种对企业现状感到不满的意识。勇气不是从"必须勇敢"的官方强制令散发而出，而是源于自身对现状缺乏安全感，不断思考：目前做得不到位，却看别人做得更好；当前欠缺某样东西；自己要往前再跳跃；如果不做出点大创意，自己就会……诸如此类的想法。勇气因不自满而生。

哲学家何塞·奥尔特加·伊·加塞特捕捉到了人们内心的躁动不安，对可能存在之知识和常常不知所措的感觉：

> 人的本质是不满，永不自满；一种没有爱人的爱情，一种怀念逝者的苦痛。[1]

何塞于20世纪40年代在阿根廷写下了这段话，而大卫也经意或不经意间用了同样的措辞："我们对自己的表现养成一种永不自满的习惯，这是消除自鸣得意的解药。"

因为不自满，你撕了稿子重来；因为不自满，你把客户还没想到的东西先行提案；因为不自满，你打破了某个品类的惯例；因为不自满，你扔掉了感觉不对头的调研结果。

曾有人让我用名人组队，打造我理想中的广告代理公司。我以永不自满为依据，选了他们。进入BFME，来看看这家初创企业会是什么样。

BFME

从未登上《广告时代》（Ad Age）或《战役》（Campaign）杂志封面的广告代理初创公司

BFME

史上最杰出的广告代理商？为永不自满而设，从历史人物中招募。下面就是我挑来经营广告公司的人选。

莎拉·贝恩哈特（Sarah Bernhardt）（1844—1923）

像王尔德笔下"圣洁的莎拉"，这位女演员周身的血液里都流淌着不自满。为了让自己更好地演绎出死亡的感觉，她躺在棺材里睡觉。将死之际，她选择躺到五楼去。有位访客问她为什么，她说："那ால当有人走进我的房间时，他仍然气喘吁吁。"这就是吸引客户的热情。她是客户总监。

克里斯托弗·马洛（Christopher Marlowe）（1564—1593）

他是一位剧作家，是用金钱可以买到的最好的语言大师，也是个好酒友。遗憾的是，不自满杀死了他——他死于一次酒馆斗殴。他笔下的主人公，某种程度上比同时代更为出名的莎士比亚写出来的更嬉皮。他的语言吓死人，比如垂死的帖木儿大帝说："来，让我们逆着天国的力量前进 / 然后，在苍穹布下黑色的长条旗 / 以示对神明的屠杀。"再多来点"黑色的长条旗"吧。他是创意总监。

西格蒙德·弗洛伊德（Sigmund Freud）（1856—1939）

他是一名维也纳的煽动分子，为了找到洞察，能无情地探究人类的潜意识。他是企划人员。在《文明及其不满》（*Civilization and Its Discontents*，1930）一书中，他视爱情为刺激创意的方式，帮我们重新找到丢失了的自我。"这种生活方式让爱成为万物的中心，在爱与被爱中寻找所有的满足。"我从未见过源于憎恨的大创意，但厌恶消费者、厌恶客户的情况却惊人地常见。

查尔斯·伊姆斯（Charles Eames）（1907—1978）
蕾·伊姆斯（Ray Eames）（1912—1988）

这对夫妇赋予设计在文化与社会两方面的重要性，这种设计为战后的美国注入了活力，并塑造了 20 世纪。除了永不自满之外，还能说他们什么呢？在洛杉矶威尼斯的一个改装车库，查尔斯的机械思维与蕾的前卫审美相融合，把抽象变成美丽又实用的设计。正如查尔斯所说："细节并不是细节。细节造就了设计。"我的一位前老板常反复说："记住，上帝就在细节之中。"当时，我还不懂为什么。查尔斯和蕾负责用户体验团队。

在《奥格威谈广告》中，大卫把经营广告公司所需要的品质描述为：

……热情之士，保持知识性的诚实不欺，有勇气面对艰难的决策，在逆境中不屈不挠。他们大都具有天然魅力，从不霸凌。他们鼓励向上沟通，同时也是很好的倾听者。

以上都不变。

不过，数字时代对有志于经营广告公司的人，会有一些非常具体的要求。这里我们要补充另外三个。

1) 你必须善于化繁为简：因为一切都如此复杂，所以管理者不能像以往那样经常指挥就好。复杂性法则断言，不是他们，而是复杂性本身驱动产出结果。在一个项目或任务中，确认简单的核心需求，急需智力的敏锐度。讽刺的是，笨蛋都不是极简主义者。然后，不论是筹划、处理，还是交付的时候，都要无情剔除一切不必要的东西。"是否有真正的必要？"清醒时的每一分钟，肩头那只学舌的鹦鹉都应该不停地提问。善用清晰简洁的语言提炼出目标，以此区分谁是伟大的极简主义者，谁是还不错的普通人。

2) 你必须是个协作者，因为再也没有任何东西真正与世隔离：无论个人还是现今的商业，都不是孤岛。一些管理者自以为是，小心翼翼地保护他们以为是专有技能的工作。这种"唯我独有的专属性"不过是妄想症，在万物互联的世界，它即使存在，用处也不大。我能甄别出两类人：鳄鱼，只在意自己那杯羹有多大；狮子，自己动手做羹汤。如果你拥有知识产权，与人协作会让你的功力大增而非削弱。如果你雄心勃勃，还可以善加运用他人的技能与资产。从不确定性中获益，而且乐在其中，让你出人头地，成就非凡。确定性有如一剂安眠药，让心胸狭窄之人睡得死沉。

3) 你必须心怀好奇，因为缺乏好奇心，你就无法吸引所需要的员工。现在，最出色的人才都是好奇心驱动一切。他们不会对身份、金钱或常规的成功感到兴奋，但他们都有一颗永不满足的好奇心——好奇心让他们焦躁不安、骚动不已，从而获得创新力。企业能学习吗？如果有一个引爆点，就是让好奇心至少去矫正组织自然而然遵循常规的倾向。这样一来，企业便可学习。此时，好奇心会随着自身聚集一种不同凡响的魅力，也会扼杀一直扯后腿且让人上瘾的舒适感。

伙伴与仆从

以上种种，无论我自以为有多正确，如果不放入我们缘何至此的情境中，就毫无意义。"如果没有客户，这会不会是件好事？"对所有广告代理商而言，无论身处哪家公司，无论置身哪个层级，这都是一个老掉牙的大哉问。

也许可能是。

不过，与其指望客户们消失，不如想想，如何把他们转化成支持者，这样对我们的生存可能更有助益。

到底是什么可以搭建代理商与客户间的理想关系，这个矛盾的命题很容易让人摇摆不定。

> 种瓜得瓜，客户获取他们应得的广告。我知道，有些客户令人诅咒，有些人却带来灵感。西方人说：千万别养犬自吠。既然有人代劳，何必自己动手。即使是傻瓜也能写出个烂广告，但只有天才客户懂得松手，让好广告产出。[2]

自那个时代以来，英国和美国的广告协会都在努力塑造广告的专业形象，使之与会计或建筑业相提并论。某种程度上，它们成功了，虽然这种努力由于过度推动策略的地位，反而牺牲了创意的角色。对此，数字革命具有矫正作用。

上述努力鼓舞了我们的看法：我们是客户的合作伙伴。我们经常恳求与他们建立伙伴关系。此外，确认无疑也始终不变的事实，就是最出色的作品都是源于具有深度与长期的双方合作，其中的核心就是伙伴关系，也是一种共享成果的责任感。

伙伴关系综合征的危险之一，就是代理商无从判断，客户实际上要花多少时间跟我们讨论。我们看不到客户面临的压力，看不到客户做事的其他优先次序，甚至无从知悉因一次欠佳的回应所浪费的时间，以及带给客户的为难之处。

同时，当我们对伙伴关系思考太多，也会不知不觉沉迷于一种安全感。我们是服务业，伙伴关系的好坏，取决于我们上一次的作品是否备受喜爱（或者，次重要的，有效与否）。大卫直观地认清了问题所在，并对此直言不讳。

他会很快指出，哪个流程慢了下来，流程的哪个环节产出了烂广告。正如他在书中所说：

> 有一家全球化的大企业，容许公司从上到下五个层级来反复评价其广告，每层都有否决权，但只有CEO拥有最终批准权。

17 文化、勇气、客户与响板

千万不要让多于两个层级的人过滤审视代理商的作品。

我认为其原因在于，对于会计师而言，一套账目基本上是可以客观评价的东西，而我们则不然，在完成所有的战略工作之后，我们必须卖出产品，而产品总是带有一定的主观性。通过对一些主观事物进行最终承诺的过程，劝诱、鼓励和帮助客户，需要一种保有高水平情感成分的服务技能。在累积多年的经验之后，成功的广告人早已具备这种本能。这正是客户很难成功跨到关系的另一端，变成广告人的原因——目前也有极少数这样的例子，但是我很难说出一个转型成功的名字。

其实很简单，主人很难摇身一变成为仆从。所以，无论离实现伙伴关系的愿望有多近，我们都应该记住，我们是伙伴，也是仆从，这也是我在培训一代又一代的新人时，都会刻意提醒的。无论我们有多不情愿承认，本质上，我们都是服务人员。

虽说如此，但有一点可以转变客户与广告代理商之间的关系，那就是真心诚意喜欢客户。这个说法看似老生常谈，但像很多显而易见之事一样，仍然值得大书特书。我有不少变成我好友的客户，我们致力于为他们产出最好的作品。作为回报，他们给我们以信任与喜爱。相反，当我们不爱客户时，他们能迅速察觉到。我培训时常说，要把新客户设想为一只受过若干训练但缺乏安全感的狗狗：它们可以嗅到敌意，无意间发现恐惧。

或许，我们对客户的尊重已随着时间而减弱。我参加的第一次客户会议非常正式。在20世纪70年代，当英国牛栏（Cow & Gate）客户从威尔特郡到访我所在的伦敦灵狮时，那可是个大日子。我们先做了彩排过的展示，然后去一家私人餐厅享用丰盛的午餐，直到他们要去赶傍晚的火车回家。我是第一次安排这样的午餐，当我被问及餐桌中央的冰雕要用什么做装饰时，我大吃一惊。后来，我选了一只戏球的海豚。

在数字时代，用虚拟技术展示创意和项目很平常，可通过视频会议，在中国甚至可以通过微信进行。但我认为，这不应取代我们与客户的个人接触——面对面，从工作转到生活。事实上，数字时代让后者不可或缺，这也解释了，为何很多数字微店无法成长，因为它们没有服务的基因。

现在比以往有过之而无不及，我们更需要把去个性化的事物重新赋予个性化。

此时此刻，值得再听一听响板的声音。如果作品出色，客户与广告代理商之间共有的文化兴趣，永远会是最强的纽带。根据我的经验，看似趣味盎然的代理商，总是比乏善可陈的同行更吸引人。

有时，我会在某个办公室负责人呈送的目标清单里看到"乐趣"这一项。我知道，那间办公室之前毫无乐趣可言。至少，我想，乐趣如今被认为是必要的需求。不过，乐趣这档事，并非来自高层，而是从下而上汹涌冒出。就像弗拉明戈舞，散发一种自动自发、热情奔放、无法掌控的特质。

大家动起来，一起跳舞吧！

结语

Ogilvy

大卫·奥格威屈服于出版商的甜言蜜语,在《奥格威谈广告》一书中做了13则预言。我也效仿他,预言如下:

1) 尽管身处转型中,电视仍将继续扮演关键媒体的角色。
2) 印度将成为全球最具吸引力的广告市场。
3) 就人类整体而言,手机将和枕头一样重要。
4) 在未来,"内容"不再是不受欢迎之字眼,将会日益发挥作用,不仅提供服务给顾客,而且更能有效区分品牌。
5) 微信势将超越脸书。
6) 虚拟现实将在全球占一席之地,但无法征服宇宙。
7) 顶尖的写作技巧势必带来高溢价,因为供应量正逐日减少。
8) "清一色"的纯粹代理商,或枯萎不振,或加入主流行列。
9) 政治候选人将继续运用不诚实的广告宣传。
10) 新兴的亚洲跨国企业,将创造全球最具动能的品牌。
11) 广告是艺术或是科学的争论,将一直持续下去,永无达成共识之日。
12) 戛纳创意节日后将有所变化,更加纯粹地以创意为主的广告奖会脱颖而出。
13) "数字化"一词,终将从人们眼里消失。

致谢

首先，我要感谢拉米，忍受我假期和周末写书时的不断打扰，同时在全书的写作过程中为我提供了清晰的思路。

我还要感谢奥美的各位前辈：比尔·菲利普、格雷厄姆·菲利普、肯·罗曼和夏洛特·比尔斯。没有他们，就没有奥美的今天。特别致谢以下几位：夏兰泽（Shelly Lazarus）女士，我的前任，无论在亚洲还是在纽约，都给予我指引与支持；苏腾峰（John Seifert）先生，我的继任，他一直都热心支持本书的写作；赫塔·奥格威女士，她在我的整个职业生涯中都给予我鼓励、款待与友谊，她是我们与大卫之间的直接纽带，所有奥美人都对此感同身受并倍加珍惜；乔尔·拉菲尔森先生，他从大卫写书时就慷慨贡献他的智慧，期望他能原谅我这本书中可能出现的谬误。

书中的智慧都是集体成果，而非我个人所为。非常感激这些年我在奥美的同事们。我的创意合伙人谭启明，"精英中的精英"，没有他，就没有今天的我。同时，我十分有幸与两位无比优秀、与众不同的战略家共事，本·理查兹与科林·米切尔；还有我的副董事长和咨询部负责人卡拉·亨德拉。此外，所有出色的奥美同事都是我不可或缺的合作者，谢谢费思桐、柯锐思、罗里·萨瑟兰、凯文·卡特、皮尤什、潘迪、博德沛、肯特·韦泰、托马斯·克兰普顿、马丁·兰格、皮特·戴森、马克·莱纳斯、玛德琳·裘彻、茱莉亚·斯坦福斯、希莉娜、简穆罕默德、德鲁·巴拉特、卡洛斯·努涅兹、保罗·马西森、麦德奇、比约恩·斯特尔、马格努斯·艾文森、藤田实、铃木真希、小田桐昭、麦克·麦克费登、杰里米·韦布、玛德琳·迪·诺娜、杰米·普列托、肖恩、马齐、马克·因麦尔斯巴赫、拉吉夫·拉奥、马弗·康蒂、朴美惠、贝思、安拉·西亚、塞布丽娜·艾伦、罗伯特·李尔、彼得·德卢卡和利亚姆·帕克。

衷心感谢奥美所有的技术负责人、全球业务团队负责人、客户与创意团队，协助我收集所有相关材料。

感谢史蒂夫·戈德斯坦、斯泰西·瑞安－尼利厄尼和劳伦·克兰浦西给予我的实际支持，还有"我的幕僚团队"：尼古拉·伯尤寇、亚历山大·巴农、哈雷·萨弗特与约翰·凡拉诺。感谢琼·休伯、玛丽亚·麦卡锡、莱尔德·史蒂夫瓦特、艾伦·皮尔斯、埃莉诺、曾、艾琳·卡拉彻、林恩·威斯顿和阿琳·理查森，他们协助我所做的工作，远超其职责所在。

杰里米·卡茨与萨玛·塔希尔·汗协助我在奥美著成此书，萨玛从头到尾都给予我各方面的重要助力。马克·德温斯也给了我极其宝贵的帮助，段清（Tuan Ching）、朱希·帕克与杰斯·宣贡献了很多设计元素。

在此，我衷心感谢以上所有人。

此外，我也衷心感谢我的客户。很荣幸能结识他们，与他们一起工作。这里只列举出部分客户，是他们推动奥美这个"伙伴"做出越来越出色的作品：约翰·海斯、艾莉森·贝恩、托尼·帕尔默、克里夫·希尔金、日希·迪因格拉、基思·韦德、马克、马蒂、沃尔特·苏西尼、史蒂夫·迈尔斯、斐尔南多·马查多、乔恩·岩田、巴拉特·普里、菲尔·查普曼、尼基尔·饶、达娜·安德森、萨尔曼·阿明、安·穆克基、帕特里斯·布拉、汤姆·布达、吉克·潘达维斯、肖恩·墨菲、克里斯汀·欧文斯、莫林·希利、彼得·诺塔、珍妮特、塞内琪雅、哈维尔·桑切斯·拉梅拉什和鲁道夫·埃切维里亚。

出版本书的想法源自卡尔顿出版集团的乔纳森·古德曼，然后他就不断推动、激励我写作，直到我答应动笔。我要感谢他，感谢编辑艾莉森·莫斯和杰玛·麦克拉根·拉姆，感谢美术指导拉塞尔·诺尔斯，感谢卡尔顿出版集团的所有人，是他们把我杂乱无序的文字和图片变成了实体书籍。

最后，还要感谢无私奉献时间与知识的五位"广告巨匠"：鲍勃·格林伯格，镜明，马丁·尼森霍尔茨，马蒂亚斯·帕姆－詹森，查克·波特。还要感谢托马斯·简舍默、拉塞尔·戴维斯、瑟吉特·巴拉、菲尔·伦波、蒂姆·派珀、亚当·史密斯、杰夫·鲍曼和罗伯·诺曼。

注释

第3章 短行军

1. Orrin Edgar Klapp, Opening *and Closing*, Cambridge University Press, 1978.
2. John Lorinc, "Driven to Distraction", *The Walrus*, 12 April 2007.
3. Quoted in The Slant, Grapeshot Q&A, grapeshot.com, 28 May, 2015.

第4章 数字生态系统

1. Steve Miles, 演讲。
2. Pete Blackshaw, quoted in *The Internationalist*, February 20, 2015.
3. Holt, Douglas, *How Brands Become Icons*, Harvard Business School Press, 2004.
4. Professor Mark Ritson in *Marketing Week*, 10 May 2012.

第6章 后现代品牌

1. Holt, Douglas, 同上。
2. Arthur W. Page Society, "The Authentic Experience", An Arthur W. Page Society Report.

第7章 内容为王,但含义为何?

1. Charlene Jennett, Anna Cox, et al, "Measuring and Defining the Experience of Immersion in Games", *International Journal of Human-Computer Studies*, 66 (9): 641—666, September 2008.
2. Jamie Madigan, "The Psychology of Immersion in Video Games", psychologyofgames.com, 27 July 2010.

  3 Robin Sloan, "Stock and Flow", Snarkmarket, 18 January 2010.

第 8 章　数字时代的创造力
  1 Tim Broadbent, *The Ogilvy & Mather Guide to Effectiveness*, 2012.
  2 Les Binet and Peter Field, "Marketing in an Era of Effectiveness", World Advertising Research, 2007.
  3 阅读大卫最伟大的演讲，以及他的很多值得留存的手稿，可以参考《广告大师奥格威：未公诸于世的选集》(*The Unpublished David Ogilvy*) 一书，1986 年。
  4 谭启明，公司内部备忘录，2009 年。

第 9 章　数据：数字时代的硬通货
  1 Binet and Field，同上。

第 10 章　"唯有连接"
  1 John Battelle, "The Database of Intentions", John Battelle's Search Blog, 2003.

第 11 章　创意科技：甜蜜点
  1 Peter Merholz and Don Norman, "Peter Merholz in Conversation with Don Norman about UX and Innovation", Adaptive Path, December 2007.

第 12 章　三大战场：社交媒体、手机与全时商务
  1 杰夫·贝佐斯在亚马逊首页介绍 Kindle 电子书的开场信。

第 14 章　数字时代的五大广告巨人
  1 "御宅族"源自日语，指对某些事物着迷，足不出户的人。
  2 Advertising Age, February 2014.

第 15 章　我的头很痛！
  1 David Ogilvy, *Ogilvy on Advertising*, 1985, p.217.
  2 Antonio R. Damasio, D. Tranel and Hanna Damascio, "Face Agnosia and the Neural Substrates of Memory", *Annual Review of Neuroscience*, 13(1), 89—109.
  3 Chris Graves, "Brain, Behavior, Story", Ogilvy Public Relations, 2014.
  4 Sutherland, Rory, (2014, December) This Thing For Which We Have No Name, [Edge Interview], retrieved from www.edge.org/conversation/rory_sutherland-this-thing-for-which-we-have-no-name.
  5 Richard H. Thaler, *Misbehaving: The Making of Behavioral Economics*, W. W. Norton & Company, 2015.
  6 Dolan, P., Hallsworth, M., Halpern, D., King, D., Metcalfe, R., Vlaev, I. (2009) MINDSPACE: Influencing Behaviour Through Public Policy. London: Cabinet Office

& Institute for Government.

7　　Lisa Shu, Francesca Gino, Max Bazerman, et al, " When to Sign on the Dotted Line? Signing First Makes Ethics Salient and Decreases Dishonest Self-Reports ", Working Paper 11—117, Harvard Business School, 2011.

第 16 章　全球新格局

1　　中国中央电视台的《新闻联播》节目，日收视人数约 1.35 亿人次，是广告收费最高的时段之一，2013 年的广告时段售价高达 540 万元。

2　　Data from the World Bank, February 2017, retrieved from http://databank.worldbank.org/data/download/GDP.pdf and Robbie Gramer, " Here's How the Global GDP is Divvied Up ", Foreign Policy, February 24, 2017.

3　　根据中国互联网络信息中心（CNNIC）的统计。

第 17 章　文化、勇气、客户与响板

1　　José Ortega y Gasset (1916), from his course lecture, " Historical Reason ", Buenos Aires, 1940.

2　　David Ogilvy, *Ogilvy on Advertising*, 1985, p.67.

3　　Bond, R. M. , Fariss, C. J. , Jones, J. J. , Kramer, A. D. , Marlow, C. , Settle, J. E. , and Fowler, J. H. (2012). A 61-Million-Person Experiment in Social Influence and Political Mobilization, *Nature*, 489 (7415), 295—298.

其他参考资料：

Jeffrey Bowman, *Reframe the Marketplace*, Wiley, 2015.

Richard Dawkins, *The Selfish Gene*, Oxford University Press, 2016 (40th Anniversary Edition).

Paul Feldwick, *The Anatomy of Humbug*, Troubador Publishing, 2015.

Paul Ford, " What is Code? ", *Businessweek*, 11 July 2015. (Bloomberg.com/graphics/2015-paul-ford-what-is-code/).

" Timeline of Computer History ", The Computer History Museum Shelina Janmohamed, *Generation M*, I. B. Tauris, 2016.

Arthur Koestler, The Act of Creation, Last Century Media, 2014.

Rick Levine, et al, *The Cluetrain Manifesto*, Basic Books, 2000.

Dimitri Maex, *Sexy Little Numbers*, Crown Business, 2012.

Nicholas Negroponte, *Being Digital*, Vintage, 1996.

David Ogilvy, *Confessions of an Advertising Man*, Southbank Publishing, 2012.

David Ogilvy, *Ogilvy on Advertising*, Prion Books, 1983.

David Ogilvy, *The Unpublished David Ogilvy*, Profile Books, 2014.

Piyush Pandey, *Pandeymonium*, Penguin Books, India, 2015.

Rosser Reeves, *Reality in Advertising*, Widener Classics, 2015.

Kunal Sinha and David Mayo, *Raw: Pervasive Creativity in Asia*, Clearview, 2014.

图片来源
说明

本书出现的图片得到了以下来源的许可，在此表示感谢：

第 X 页 © 奥美集团；第 XI 页 © 奥美集团；第 4 页 © 杰克·博斯（Jack Boss, jfboss@uoregon.edu）插图出处："Schenkerian-Schoenbergian Analysis and Hidden Repetition in the Opening Movement of Beethoven's Piano Sonata Op. 10, No. 1," Music Theory Online 5/1（January 1999），本书中的图片引用得到了作者的书面许可；第 5 页 © 乔尔·拉菲尔森；第 9 页 © 杨名皓；第 14 页上图 © SRI International；第 14 页下图 © SRI International；第 17—21 页 © 奥美集团；第 22 页 © 爱彼迎；第 24 页 © 谷歌；第 25 页 © 雀巢；第 31 页 © Luma Partners LLC 2017；第 33 页图片来源不明；第 37 页 © 星巴克；第 39 页，Chris Willson/Alamy Stock 作品；第 49 页左图 © 飞利浦；第 49 页右图 © 脸书；第 56 页 © 奥利奥；第 57 页 © John St.；第 64 页 © The Young Turks, LLC 版权所有；第 68 页 © 联合利华；第 69 页 © 奥美集团；第 70 页 © 联合利华；第 77 页 ©《时代周刊》；第 80 页 © 美国电话电报公司；第 84 页 © 可口可乐；第 85 页上图 © 英国保诚；第 85 页下图 © 英国保诚；第 93 页 © 尊尼获加；第 94 页 © 丰田；第 96 页 © IBM；第 97 页上图 © 联合利华；第 97 页下图 © 可口可乐；第 100 页 © Chiptole；第 102 页 © 美国运通；第 105 页 © 飞利浦；第 107 页 © 飞利浦；第 109 页 © 宝洁；第 110 页上图 © 宝洁；第 110 页下图 © 安德玛；第 112 页上图 © 蜂蜜女佣；第 112 页中图 © 联合利华；第 112 页下图 © 汉堡王；第 113 页 © 奥美集团；第 121 页 © 宝马；第 123 页 © UPS；第 125 页 © 红牛；第 129 页 © 美国庄臣；第 131 页下图 © 可口可乐；第 134

页©欧洛普卡公司；第136页©联合利华；第137页©UPS；第139页©Chipotle Mexican Grill；第140页上图©可口可乐；第140页下图©雀巢；第141页©雀巢；第143页©雀巢；第145页©谷歌；第146页上图©纽约巴尼斯百货；第146页下图©高通；第148页上图©美国运通；第148页下图©金佰利；第149页©福特汽车公司；第150页©雀巢；第151页©可口可乐；第159页©亿滋国际；第161页©亿滋国际；第165页©奥美集团；第166页©奥美集团；第167页©奥美集团；第169页©奥美集团；第170页©奥美集团；第175页©奥美集团；第176页©宝洁；第177页©宝洁；第180页©罗伯特·希思博士；第187页上图©美国卡夫食品旗下奥斯卡·梅耶；第187页下图©斯特芬·比尔哈特（Steffen Billhardt）作品，©托马斯·比尔哈特（Thomas Billhardt）作品；第188页©可口可乐；第191页©华盖创意；第194页©沃尔沃/Forsman & Bodenfors；第197页©奥美集团；第200页©英特尔公司；第201页©IBM；第202页©罗伯特·拉赫曼（Robert Lachman）/《洛杉矶时报》，引自华盖创意；第203页©奈尔·法兰奇，©谭启明，©奥美集团；第209页©IBM；第215页©CNN Money，©大都会人寿保险公司；第217页©百保力；第219页©英国航空；第220页©IBM；第221页©IBM；第236页©雀巢；第249页©高通；第251页©奥美集团；第258页©《彭博商业周刊》；第260—261页©奥美集团；第263页©奥美集团；第265页，斯科特·布林克尔制作（@cheifmartec.com）；第267页©奥美集团；第268页©野格 Mast-Jägermeister；第269页©德国国家卫生信息中心；第270页©Monica Wisnlewska/Shutterstock.com；第271—272页©Bottle Rocket；第274页©亚马逊；第275页©Niantic，©任天堂；第276页©Niantic，©任天堂；第277页上图©comScore；第277页下图©Niantic，©任天堂；第282页©comScore；第285页©奥美集团；第286—287页©奥美集团；第291页©奥美集团；第291页（背景图）©Olena Yakobchuk/Shutterstock.com；第293页©飞利浦；第297页上图©雀巢；第297页下图©汉堡王；第298页©NPR；第299页©Bottle Rocket；第303页©CFA Properties, Inc.；第304页上图©乐高集团；第304页下图©喜达屋集团；第305页©亚马逊；第306页©marketoonist.com；第309页©阿迪达斯；第313页上图©巴塔哥尼亚；第313页下图©巴塔哥尼亚；第314页©巴塔哥尼亚；第316—317页©亚马逊；第322页上图©皮尤什·潘迪；第322页下图©皮尤什·潘迪；第323页下图©Engagement Citoyen；第332页©印度旅游局；第333页©印度旅游局；第335页©开普敦旅游局；第336页上图和中图©瑞典旅游协会；第336页下图©昆士兰旅游局；第337页©联合利华；第338页©联合利华；第339页©巴特西猫狗之家；第340页©谷歌；第341页左图和上图©泰国WWF；第341页下图©英国皇家救生艇协会；第342—343页©奥美集团；第345页©雀巢；第350页©鲍勃·格林伯格；第356页©奥美集团；第357页

©耐克；第 359 页©镜明；第 362 页©镜明；第 363 页©优衣库；第 366 页©马丁·尼森霍尔茨；第 368 页为玛莎·斯图尔特（Martha Stewart）作品；第 371 页©马蒂亚斯·帕姆—詹森；第 374 页©瑞典邮政，©马蒂亚斯·帕姆—詹森；第 375 页© Milko，©马蒂亚斯·帕姆—詹森；第 377 页©戛纳金狮，©马蒂亚斯·帕姆—詹森；第 379 页©查克·波特；第 383 页©宝马 MINI；第 386 页© CP&B；第 388 页©汉堡王；第 389 页©达美乐比萨；第 403 页左图©金佰利；第 405 页右图©金佰利；第 405 页右上图©奥美集团；第 405 页左中下图©乔治·T. 米勒；第 405 页右中下图©奥美集团；第 405 页左下图©阿莫尔·沃森（Armorer Wason）；第 406 页右中上图©奥美集团；第 406 页右中下图©柯锐思；第 406 页右下图©杜蕾斯；第 407 页右上图© JasonVale；第 407 页右中上图© Grubs；第 407 页右中下图©雀巢；第 407 页右下图©英国公共卫生部；第 413 页，经摩托罗拉移动公司许可复制使用，© 2004，摩托罗拉移动公司；第 415 页© Pedilite Industries；第 418—419 页©奥美集团；第 422 页©奥美集团；第 424 页©奥美集团；第 425 页© BAT/ 奥美集团；第 427 页上图和右图©英国旅游局官网；第 430 页左图©快乐蜂食品集团；第 430 页右图©麦当劳；第 432 页© Dabur；第 433 页©华为技术有限公司；第 435 页©华为技术有限公司。

图书在版编目（CIP）数据

奥格威谈广告：数字时代的广告奥秘/（英）杨名皓著；庄淑芬，高岚译. -- 北京：中信出版社，2019.8

书名原文：OGILVY ON ADVERTISING: IN THE DIGITAL AGE

ISBN 978-7-5086-9501-3

Ⅰ. ①奥… Ⅱ. ①杨… ②庄… ③高… Ⅲ. ①广告学 Ⅳ. ①F713.80

中国版本图书馆CIP数据核字（2018）第217644号

OGILVY ON ADVERTISING: IN THE DIGITAL AGE by MILES YOUNG
Text copyright © Ogilvy & Mather 2017
Design copyright © Carlton Books Ltd 2017
This edition arranged with CARLTON BOOKS through Big Apple Agency, Inc. Labuan, Malaysa.
Simplified Chinese translation copyright ©2019 by CITIC Press Corporation
ALL RIGHTS RESERVED

本书仅限中国大陆地区发行销售

奥格威谈广告——数字时代的广告奥秘

著　　者：[英]杨名皓
译　　者：庄淑芬　高岚
出版发行：中信出版集团股份有限公司
　　　　　（北京市朝阳区惠新东街甲4号富盛大厦2座　邮编　100029）
承　印　者：北京盛通印刷股份有限公司

开　　本：880×1230mm　1/32　　印　张：15　　字　数：405千字
版　　次：2019年8月第1版　　　　印　次：2019年8月第1次印刷
京权图字：01-2019-3286　　　　　广告经营许可证：京朝工商广字第8087号
书　　号：ISBN 978-7-5086-9501-3
定　　价：88.00元

版权所有·侵权必究
如有印刷、装订问题，本公司负责调换。
服务热线：400-600-8099
投稿邮箱：author@citicpub.com